U0800432

高速铁路联调联试及运行试验

（第二版）

朱国志　编著

中国铁道出版社

2013年·北　京

内 容 简 介

本书系统阐述了高速铁路联调联试及运行试验工作内容、工作组织、各项安全、行车组织、非常情况下的工作处理、需统筹做好的有关工作、运行试验工作等，首次对高速铁路联调联试及运行试验工作进行了系统的理论探索，对新建时速200 km及以上的高速铁路、城际铁路、市域铁路和以客运为主的铁路联调联试及运行试验工作具有实际的指导作用。可供新建时速200 km及以上的高速铁路、城际铁路、市域铁路和以客运为主的铁路联调联试及运行试验人员工作参考，也可供有关院校师生、工程技术人员等学习参考。

图书在版编目(CIP)数据

高速铁路联调联试及运行试验/朱国志编著．—2版．—北京：中国铁道出版社，2013.12

ISBN 978-7-113-17814-7

Ⅰ.①高… Ⅱ.①朱… Ⅲ.①高速铁路—调试方法②高速铁路—运行试验 Ⅳ.①U238

中国版本图书馆CIP数据核字(2013)第300067号

书　　名：高速铁路联调联试及运行试验(第二版)
作　　者：朱国志

责任编辑：曹艳芳　　**编辑部电话**：010-51873017　　**电子信箱**：chengcheng0322@163.com
封面设计：郑春鹏
责任校对：龚长江
责任印制：郭向伟

出版发行：中国铁道出版社(100054，北京市西城区右安门西街8号)
网　　址：http://www.tdpress.com
印　　刷：北京盛通印刷股份有限公司
版　　次：2013年9月第1版　　2013年12月第2版　　2013年12月第1次印刷
开　　本：787 mm×1 092 mm　1/16　**印张**：17　**字数**：264千
印　　数：1～10 000册
书　　号：ISBN 978-7-113-17814-7
定　　价：56.00元

版权所有　侵权必究

凡购买铁道版图书，如有印制质量问题，请与本社读者服务部联系调换。电话：(010)51873174(发行部)

打击盗版举报电话：市电(010)51873659，路电(021)73659，传真(010)63549480

前　　言

高速铁路联调联试及运行试验是高速铁路建设的重要组成部分，是运营准备的必要环节和重要环节。在上级的正确领导下，在有关单位的共同努力下，自2008年以来，武汉铁路局先后组织进行并圆满完成了中国高速铁路第一条时速250 km的合武铁路、第一条时速350 km长大干线的武广高速铁路以及时速200 km的汉宜铁路、时速350 km的郑武高速铁路等高速铁路联调联试及运行试验工作。本书是上述高速铁路联调联试及运行试验工作实践真实、丰富、全面的系统总结和理论探索，是中国高速铁路运营单位、测试单位、建设单位等广大参试人员辛勤工作的生动缩影和历史记录。

通过对大量高速铁路联调联试及运行试验工作实践的整理、总结、提炼，本书系统阐述了高速铁路联调联试及运行试验工作内容、工作组织、各项安全、行车组织、非常情况下的工作处理、需统筹做好的有关工作、运行试验工作等，首次对高速铁路联调联试及运行试验工作进行了系统的理论探索，对新建时速200 km及以上的高速铁路、城际铁路、市域铁路和以客运为主的铁路联调联试及运行试验工作具有实际的指导作用。

希望本书对高速铁路联调联试及运行试验工作有所启示、借鉴、指导。由于本书是在实践基础上进行的首创性系统总结和理论探索，以及时间仓促、水平有限等原因，难免存在错漏和不妥之处，敬请读者批评指正。

2013年6月

再 版 说 明

本书第一版出版后,广受高速铁路联调联试及运行试验人员等欢迎,第一版出版数量已无法满足广大读者需要。同时,鉴于高速铁路联调联试及运行试验有关规定的修改情况,结合有关实际对本书进行了此次再版。

2013 年 12 月

目　　录

第 1 章　高速铁路联调联试工作内容

1.1　高速铁路联调联试概念和目的

高速铁路联调联试是指在高速铁路工程完成静态验收，确认达到联调联试条件后，采用测试列车和相关检测设备，对高速铁路各系统的功能、性能、状态和系统间匹配关系进行综合检测、验证和调整、优化，使整体系统达到设计要求，满足以设计速度开通运营的要求。

具体而言，高速铁路联调联试是以高速铁路开通运营时一次达到设计速度为目标，在工程静态验收合格后，采用检测列车、测试动车组、综合检测列车等和相关检测设备在规定测试速度下对全线各系统进行综合测试，评价和验证供变电、接触网、通信、信号、客运服务、防灾等系统的功能，验证路基、轨道、道岔、桥梁、隧道等结构工程和振动噪声、声屏障、电磁兼容、综合接地及列车空气动力学等适用性；检验相关系统间接口关系；对全线各系统和整体系统进行调试、优化，使各系统和整体系统功能达到设计要求，为高速铁路的开通提供科学依据。

高速铁路联调联试过程中，动态检测工作结合联调联试工作进行。动态检测是通过采用测试动车组和综合检测列车等，根据设计和相关技术标准，在规定速度范围内对系统功能、动态性能和系统状态进行检测。动态检测结果为动态验收提供依据。

1.2　高速铁路联调联试测点和工况选择

客运服务系统测试选择在典型车站进行。

防灾安全监控系统现场监测点测试采用抽测的方式。其中大风监测点抽测比例应不低于监测点总数的 30%；雨量监测点抽测比例应不低于监测点总数的 30%；异物侵限监测点抽测比例应不低于监测点总数的 30%。

轨道结构动力性能、道岔动力性能、供变电系统、综合接地、电磁兼容、振动噪声、路基及过渡段动力性能、桥梁动力性能和隧道内气动效应等均选择在全线代表性地面测点进行测试。列车空气动力学响应测试选择在长度等符合测试条件要求的隧道进行。

1.3 高速铁路联调联试测试列车及速度

依据《高速铁路工程动态验收技术规范》(TB 10761—2013)等有关规定,试验列车最高检测速度应达到高速铁路工程设计速度的110%,道岔侧向通过最高速度应比设计速度增加10 km/h。

1. 综合检测列车和测试动车组

综合检测列车是指安装有轨道状态、弓网受流、车辆动力学、通信、信号等专业检测系统的专用动车组。测试动车组是指根据运营和测试需求采用的实际运营动车组。动车组逐级提速联调联试、接触网静态几何参数非接触式检测等均采用装有检测设备的综合检测列车进行;列控系统功能验证采用装备有满足测试要求的不同类型列控车载设备的动车组进行。

因此,当设计时速为200 km铁路联调联试时,单列动车组联调联试最高检测速度为220 km/h,正线逐级提速试验的速度级为160 km/h、180 km/h、200 km/h、210 km/h、220 km/h,一般每个速度级运行可3个往返;正式试验前,进行地面测点的5 km/h准静态标定;重联动车组正线逐级提速联调联试的速度级为180 km/h、200 km/h,一般每个速度级运行可3个往返;试验过程中,根据测试数据,在符合行车安全标准前提下逐级提速;动车组按ATP隔离模式控车。当设计时速为250 km铁路联调联试时,单列动车组联调联试最高检测速度为275 km/h,正线逐级提速试验的速度级为180 km/h、200 km/h、220 km/h、230 km/h、240 km/h、250 km/h、260 km/h、275 km/h,一般每个速度级运行可3个往返;正式试验前,进行地面测点的5 km/h准静态标定;重联动车组正线逐级提速联调联试的速度级为200 km/h、210 km/h、220 km/h、230 km/h、240 km/h、250 km/h,一般每个速度级运行可3个往返;试验过程中,根据测试数据,在符合行车安全标准前提下逐级提速;动车组按ATP隔离模式控车。当设计时速为350 km铁路联调联试时,单列动车组联调联试最高检测速度为385 km/h,正线逐级提速试验的速度级为180 km/h、200 km/h、220 km/h、240 km/h、260 km/h、280 km/h、300 km/h、310 km/h、320 km/h、330 km/h、340 km/h、350 km/h、

360 km/h、370 km/h、380 km/h、385 km/h，在测试数据正常情况下，一般 260 km/h 及其以上速度级运行可 3 个往返；正式试验前，进行地面测点的 5 km/h 准静态标定；重联动车组正线逐级提速联调联试的速度级为 250 km/h、300 km/h、320 km/h、330 km/h、340 km/h、350 km/h，一般每个速度级运行可 3 个往返；试验过程中，根据测试数据，在符合行车安全标准前提下逐级提速；动车组按 ATP 隔离模式控车。

18 号道岔侧向通过测试速度级为 70 km/h、80 km/h、90 km/h，30 号道岔侧向通过测试速度级为 100 km/h、110 km/h、120 km/h、130 km/h，42 号道岔侧向通过测试速度级为 150 km/h、160 km/h、170 km/h，50 号道岔侧向通过测试速度级为 150 km/h、180 km/h、200 km/h、210 km/h、220 km/h、230 km/h，一般每个速度级运行可 3 个往返；正式试验前，进行道岔测点的 5 km/h 准静态标定；试验过程中，根据测试数据，在符合行车安全标准前提下逐级提速。

接触网静态几何参数非接触式检测时，动车组运行速度不超过60 km/h。

信号系统联调联试时，动车组采用 ATP 控车运行。

全线拉通试验时，动车组采用 ATP 控车运行，按目标距离模式曲线贴线运行。

2. 普速旅客列车

采用有关铁路局提供的普速旅客列车进行普速旅客列车停靠站台、列车区间运行时分校核等试验，普速旅客列车编组为：机车＋符合试验要求、数量要求、速度要求的客车。试验速度级为 120 km/h、140 km/h、160 km/h，普速旅客列车最高测试速度根据具体情况确定，一般每个速度级运行 1～4 个往返；试验过程中，根据测试数据，在符合行车安全标准前提下逐级提速。

3. 货物列车

采用有关铁路局等提供的符合试验要求、数量要求、速度要求的空重货车等进行编组。试验重车需按标记载重装载，并按有关规定进行加固。参试货车需技术状态良好，定检不过期。货物列车试验速度级为 80 km/h、90 km/h、100 km/h、110 km/h、120 km/h，货物列车最高测试速度根据具体情况确定，一般每个速度级运行可 3 个往返；正式试验前，进行地面测点的 5 km/h 准静态标定；试验过程中，根据测试数据，在符合行车安全标准前提下逐级提速。

18号道岔侧向通过测试的速度级为70 km/h、80 km/h、90 km/h，30号道岔侧向通过测试的速度级为100 km/h、110 km/h、120 km/h、130 km/h，一般每个速度级运行可3个往返；正式试验前，进行道岔测点的5 km/h准静态标定；试验过程中，根据测试数据，在符合行车安全标准前提下逐级提速。

运行图参数测试货物列车采用有关铁路局实际运用列车，须满足牵引质量等编组需求。

4. 检测列车

检测列车是指由牵引机车和电务试验车、轨道检查车、接触网检测车等专业检测车辆组成的列车。

检测列车编组可为：内燃机车＋电务试验车＋轨道检查车＋接触网检测车＋内燃机车，或内燃机车＋隔离客车（车辆最高运行速度为160 km/h）＋综合检测车＋隔离客车（车辆最高运行速度为160 km/h）＋内燃机车。对新建线路的轨道、接触网等进行检测和线路、环境等确认，在条件具备情况下，检测列车最高运行速度可为160 km/h。

1.4 高速铁路联调联试工作内容轮廓安排

除信号系统联调联试外，其他系统联调联试均可在逐级提速阶段的联调联试过程中进行。但因为电力远动系统、客运服务系统、防灾安全监控系统等一般工期在后，所以，这些系统的联调联试一般在整个联调联试后期进行。

1.5 高速铁路联调联试工作内容

1.5.1 轨道联调联试

1.5.1.1 联调联试目的

根据轨道状态检测和车辆动力学响应、轨道结构动力性能、道岔动力性能测试结果数据，指导轨道状态进行调整和优化，满足列车运行的安全性、稳定性、平稳性要求，为动态验收提供依据。

1.5.1.2 测试内容

1. 轨道状态检测内容

(1)轨道几何状态：

主要检测轨道高低、轨向、轨距、水平、三角坑、轨距变化率等轨道几何参数。

(2)车辆振动响应：

主要检测车体横向加速度、车体垂向加速度等动态响应参数。

2. 车辆动力学响应测试内容

(1)运行稳定性：

测试脱轨系数、轮重减载率、轮轴横向力、横向稳定性(构架横向加速度)等指标。

(2)运行平稳性：

测试车体振动加速度(垂向、横向加速度)，计算平稳性指标。

3. 轨道结构动力性能测试内容

(1)轮轨力：

根据地面测试列车通过时的轮轨垂直力和水平力，计算脱轨系数、轮重减载率及轮轴横向力等指标。

(2)轨道结构位移：

测试有砟轨道线路的轨枕横向位移、无砟轨道线路的轨道板横向位移、钢轨横向位移及动态轨距变化量；测试钢轨垂向位移、轨枕/轨道板垂向位移等指标。

(3)轨道结构振动：

测试钢轨、轨枕、轨道板/道床板、底座/支承层、梁面/路基面等垂向振动加速度。

(4)其他动力性能：

测试轨道结构其他动力性能内容。

4. 道岔动力性能测试内容

(1)轮轨力：

根据地面测试列车通过道岔时的轮轨垂直力和水平力，计算脱轨系数、轮重减载率及轮轴横向力等指标。

(2)道岔平顺性：

根据测试列车直侧向通过道岔时的平稳性指标，评判道岔的平顺性。

(3)道岔区轨道结构横向稳定性：

测试翼轨、护轨的轨头横移，尖轨尖端前基本轨轨头横向位移，导曲线区段钢轨轨头横向位移，逆向进岔时尖轨尖端开口量。

(4)道岔区钢轨垂向位移：

测试道岔区转辙器、导曲线、辙叉等区段钢轨垂向位移。

(5)轮轨垂直力过渡：

测试轮轨垂直力在尖轨和基本轨上的过渡范围和量值。

(6)转换设备性能：

静态测试：测试尖轨、心轨转换阻力，转换夹异物测试。

动态测试：测试尖轨、心轨牵引杆件动态应力，尖轨、心轨部分密贴检查器位置尖轨(心轨)与基本轨(翼轨)动态位移，密贴检查器振动加速度，转辙机振动加速度。

1.5.1.3　测试方法

1. 轨道状态检测方法

采用装备有关设备、具备精确定位功能的轨道检查车和综合检测列车进行轨道几何状态和车辆动态响应加速度检测。

2. 车辆动力学响应测试方法

采用测力轮对测量轮轨作用力，计算脱轨系数、轮重减载率、轮轴横向力；在轴箱上方的构架上安装横向加速度计，测量构架的横向振动，判断转向架的横向稳定性；在转向架中心横向偏移 1 m 位置车厢内的地板面上安装横向和垂向加速度计，测量车体的振动，计算车辆的运行平稳性指标。

3. 轨道结构动力性能测试方法

(1)轮轨垂直力和水平力：

根据有关要求，采用有关方法测试列车以不同速度通过轨道结构动力性能测点时的轮轨垂直力和横向水平力，据此计算脱轨系数、轮重减载率及轮轴横向力等指标。

轮轨垂直力采用垂直力标定架现场标定，在综合检测列车或试验货物列车 5 km/h 通过测点时进行准静态标定和校核；轮轨水平力采用水平力标定架现场标定。

(2)轨道结构位移：

采用应变式或差动式位移计测试各项变形参数。应变式位移计采用塞尺现场标定；差动式位移计在实验室标定。

(3)轨道结构振动：

采用加速度计测试钢轨、轨枕、轨道板(道床板)、底座、梁面或路基面垂向振动加速度等项目。

4．道岔动力性能测试方法

(1)道岔安全性：

根据有关要求，采用有关方法测试列车以不同速度通过道岔动力性能测点时的轮轨垂直力和横向水平力，计算脱轨系数、轮重减载率及轮轴横向力等指标。

轮轨垂直力采用垂直力标定架现场标定，在综合检测列车或试验货物列车5 km/h通过测点时进行准静态标定和校核；轮轨水平力采用水平力标定架现场标定。

(2)道岔平顺性：

通过在试验列车转向架中心横向偏移1 m位置车厢内的地板面上安装横向和垂向加速度计，测量车体的振动，计算试验列车直侧向通过道岔时的平稳性指标，评判道岔的平顺性。

(3)道岔区轨道结构横向稳定性：

采用弹片式位移计测试道岔区段尖轨、基本轨横向弹性位移，结合轮轨相互作用力评判道岔结构的稳定性。

(4)道岔区钢轨垂向位移：

采用弹片式位移计测试道岔区段钢轨垂向位移，结合岔区扣件节点设计静刚度评估岔区轨道刚度的合理性、均匀性及和区间轨道刚度的匹配性。

(5)轮轨垂直力过渡：

通过测试作用在曲基本轨上的垂直力，计算出曲基本轨和直尖轨上的垂直力承担比例，分析轮轨垂直力的过渡范围和量值。

(6)转换设备性能：

静态测试：采用测力销测试转辙机的转换阻力。

动态测试：采用有关方法测试转辙机动作杆、销轴、表示杆应力以判定道岔转换的强度和动力性能，采用弹片式位移计测试密贴检查器位置尖轨(心轨)与基本轨(翼轨)的动态位移，采用加速度计测试密贴检查器和转辙机振动加速度。

各项位移测试采用塞尺现场进行标定；用标准应变源对动态应变仪

进行校核及导线误差的修正。

1.5.1.4 评判标准

《轮轨水平力、垂直力地面测试方法》(TB/T 2489—94)、《高速铁路工程动态验收技术规范》(TB 10761—2013)、《客运专线 300～350 km/h 轨道不平顺管理值审查意见》(科技基〔2008〕065 号)等。

1.5.1.5 配合要求

(1)联调联试前,设计单位以电子文件方式提供最终运营里程的线路文件(内容包括轨道类型、路基和桥梁类型、长短链、曲线半径、方向、长度、缓和曲线长度、超高、线路坡度、车站和分相点位置等)。

(2)联调联试前,轨道线路质量应达到相关规范要求;并应对轨道的扣件螺栓复拧一遍,达到规定扭矩。道岔转换设备调试完毕,具备解锁条件。

(3)联调联试期间,需有关铁路局对动车组等列车进行必要的例行检查,确保动车组等列车的动力学性能满足联调联试要求;同时,还需派车辆检修人员上车配合。

(4)联调联试期间,如果需要对测力轮对进行探伤或更换测力轮对时,由测试单位及时提出,有关铁路局按需求做好支持配合工作。

(5)联调联试期间,为保护动车组等列车测力轮对,需要切除测力轮对的制动;为保护信号线,需对走线的车体侧门进行隔离。

(6)道岔动力性能测试时,禁止有关道岔加钩锁器。同时,测试列车在区间停车时,须留有足够的距离,以保证测试列车按试验要求的速度通过有关道岔。

1.5.2 接触网系统联调联试

1.5.2.1 联调联试目的

根据接触网几何参数、接触网平顺性、弓网受流性能、接触网性能、自动过分相测试数据结果,对接触网系统进行调试与优化,使接触网系统达到设计要求和有关标准要求,为动态验收提供依据。

1.5.2.2 测试内容

1. 接触网几何参数检测内容

主要检测拉出值、接触线高度等。

2. 接触线平顺性检测内容

主要检测受电弓所受的垂向加速度(硬点)、一跨内接触线高差(2A)等。

3. 弓网受流性能测试内容

(1)测试弓网动态接触力指标,包括最大接触力、最小接触力、平均接触力、标准差。

(2)测试弓网燃弧指标,包括最大燃弧时间、燃弧次数、燃弧率。

4. 接触网性能测试内容

(1)测试接触网静态弹性。

(2)测试接触线动态抬升量。

5. 动车组自动过分相性能测试内容

(1)测试动车组正常自动过分相的主断路器动作状态及网压变化。

(2)测试动车组过分相时的速度损失。

1.5.2.3 测试方法

1. 接触网几何参数和平顺性检测方法

(1)接触网光学非接触式测量:

采用装备有光学非接触式测量系统的综合检测列车进行60 km/h及以下速度的准静态检测,测量接触线高度、拉出值和高差等接触网几何参数。

(2)利用接触网检测车设备检测:

利用接触网检测车设备检测接触线高度、拉出值、高差、弓网动态接触力或硬点等,最高检测速度160 km/h。

2. 弓网受流性能测试方法

在动车组或电力机车上的测试受电弓上安装各种测量传感器、信号处理及传输装置,将测量信号引至动车组或电力机车内的数据采集系统中进行集中处理。在动车组或电力机车运行时,测量弓网受流性能各项参数。

3. 接触网性能测试方法

(1)接触网静态弹性测试:

采用接触网作业车,对各测点的接触网静态弹性进行测量和记录。

(2)接触线动态抬升量测试:

1)摄像法:采用摄像方式,测试试验列车通过时接触网导线振动情况,并进行图像处理分析。

2)位移法:采用接触线振动无线测量系统,进行接触线动态抬升量测试。

4. 动车组自动过分相性能测试方法

观察司机显示屏相关信息显示，记录动车组通过分相点时断电及合电里程、动车组网压变化、主断路器状态和速度损失等。

1.5.2.4 评判标准

《高速铁路电力牵引供电工程施工质量验收标准》（TB 10758—2010）、《高速铁路接触网运行检修暂行规程》（铁运〔2011〕10 号）、《高速铁路工程动态验收技术规范》（TB 10761—2013）、有关设计文件等。

1.5.2.5 配合要求

（1）联调联试前，由设计单位提供最终的全区段接触网设备基础台账数据：包括接触网平面结构图、设备结构、设备类型，曲线、坡度、桥梁、公里标位置等。

（2）联调联试前，由设计单位和测试单位共同确定接触网静态弹性、动态抬升量接触网各测试典型断面的位置；测试时，需施工单位等提供接触网作业车和作业人员配合。

（3）联调联试期间，测试人员需要登车顶进行测量设备检修时，需接触网停电。

（4）进行光学非接触式测量时，为避免取流受电弓与接触网之间的相互作用扰动接触线，升运行方向后方受电弓取流，并以不超过 60 km/h 的速度匀速运行。

（5）接触网静态弹性测试期间，接触网停电，测试区段两端的接触网挂接地杆。有关铁路局供电设备管理单位进行配合，并负责办理接触网停、送电要点登销记手续。

（6）接触线动态抬升量测试时，在接触网外侧地面采用摄像方式进行测试，对测试列车运行无影响。测试人员进出车站等时需有关单位做好配合工作。

（7）进行重联动车组测试时，有关车站等应具备动车组解编及动车组换位重联能力。

1.5.3 供变电系统联调联试

1.5.3.1 联调联试目的

测试供变电系统在测试列车各种运行条件下的性能和参数，评价供变电系统的安全性、稳定性和可靠性等。验证SCADA系统的遥控、遥信、遥测功能。根据测试结果，对供变电系统进行调整和优化，使供变电系统达到设计要求，为动态验收提供依据。

1.5.3.2　测试内容

1. 供变电设备运行参数测试内容

(1)牵引变电所：

1)测试变电所进线侧母线电压、电流。

2)测试牵引网侧母线电压、电流。

3)测试馈线电压、电流。

4)测试负序、谐波、功率因数等各有关参数。

(2)AT所、开闭所、分区所：

1)测试分区所两侧接触网末端低压电压。

2)测试供电臂上、下行末端穿越电流。

3)测试AT所两侧AT电流。

2. 供电能力测试内容

(1)测试按设计要求的追踪间隔工况下各AT分区所、AT所运行参数。

(2)测试供电臂末端并联供电、分开供电运行参数。

(3)测试越区供电条件下(非正常情况下)各AT分区所、AT所运行参数。

3. 接触网短路测试内容

测试接触网人工短路状态下的牵引变电所、AT分区所、AT所接触网短路电压、电流参数，计算各AT吸上电流比，分析短路点接触网阻抗。

4. SCADA系统功能测试内容

测试牵引变电所、分区所、开闭所、AT所及电力变配电所、箱式变电所、接触网上隔离开关等受控站牵引供电及电力供电设施综合自动化系统的遥控、遥测、遥信等功能。

1.5.3.3　测试方法

1. 供变电设备运行参数测试方法

使用微机数据采集系统，对供变电系统测点信号连续采样记录。牵引变电所、分区所、AT所测试电压、电流信号全部由电压、电流互感器二次侧连接，电压传感器并接于电压互感器二次输出(电压传感器输入阻抗

＞20 kΩ)，低阻抗电流传感器串接于电流互感器二次回路(电流传感器输入阻抗＜0.1 Ω)或电流钳于电流互感器二次线取得电流信号。

对采样结果进行有关计算和相关分析，统计归纳得出各项被测项目的有效值、最大值、波形、各奇/偶次谐波分量、变压器原次边输入输出功率、功率因数等内容。

2. 供电能力测试方法

(1)按设计要求的追踪间隔工况下，进行供变电系统测试，并将测试结果与设计参数及运行图进行校核。

(2)联调联试期间，安排被试 AT 分区所改变运行方式一次(改变该 AT 分区所两侧供电臂的并联或分开供电方式，即改变前为并联则改为分开供电，改变前为分开则改为并联供电)，测试供电臂末端并联供电、分开供电方式下的运行参数。

(3)明确越区供电测试日期，由相关部门于测试开始前后进行越区供电相关变电所、分区所的开关操作。越区供电期间，被试牵引变电所经被试 AT 分区所向相邻变电所供电臂越区供电，越区供电臂上下行按越区供电模式组织列车运行。

3. 接触网短路测试方法

在接触网短路测试地点，将接触网 T 或 F 线对地经断路器短接(或 T-F 线间短接)。连续记录短路电压、电流波形；每一次短路测试后，及时利用牵引供电综合自动化系统，提取变电所、AT 所、分区所故障点标定装置数据。

测试馈线电流、电压，短路点位置，测试短路点所在供电臂线路阻抗，验证保护动作，并记录波形。

4. SCADA 系统功能测试方法

抽样测试 SCADA 系统遥控、遥信、遥测功能。

(1)遥控测试：

在调度端对受控站开关进行远程操作，验证开关分、合操作是否正常，开关返回状态是否与实际情况一致。

(2)遥信测试：

在受控站设置各种报警信号、预告信号和动作信号，观察调度台显示信号、报警信息等是否与受控站一致。

(3)遥测测试：

在受控站使用加量设备对各测量二次回路进行加量操作，观察调度台显示的遥测值是否与现场加量值相符。

1.5.3.4　评判标准

《轨道交通　牵引供电系统电压》(GB/T 1402—2010)、《电能质量　供电电压允许偏差》(GB 12325—2008)、《电能质量　三相电压允许不平衡度》(GB/T 15543—2008)以及《铁路客运专线技术管理办法(试行)》(200～250 km/h部分)(铁科技〔2009〕116号)、《铁路客运专线技术管理办法(试行)》(300～350 km/h部分)(铁科技〔2009〕212号)、有关设计文件等。

1.5.3.5　配合要求

(1)集成商需提供被测试变电所、AT分区所、AT所的主接线图和二次接线图及继电保护整定值。

(2)集成商需提供被测试变电所电力系统引入电源的短路容量。

(3)集成商需提供短路用断路器及其他工器具。

(4)有关铁路局供电段和施工单位等人员需配合测试单位人员进入变电所、AT分区所、AT所接入测试设备。

(5)有关铁路局供电段和施工单位等需提供配合，安排越区供电测试等测试前、后相关变电所、分区所的开关操作。

(6)由有关客运专线公司组织测试单位、铁路局有关部门及单位、设计单位、监理单位、集成商、工程单位等做好短路试验方案的编制、审核和实施工作。

(7)SCADA系统需完成静态验收，并提供静态验收报告及验收点表。

(8)同时组织进行综合接地测试和电磁兼容测试。

1.5.4　通信系统联调联试

1.5.4.1　联调联试目的

通过对通信系统的功能、性能、接口等内容进行测试，验证传输、应急通信、综合视频监控等系统与其他相关系统的匹配关系，验证动车组高速运行条件下的GSM-R场强覆盖、GSM-R网络服务质量、调度通信、GSM-R应用业务等是否满足要求等。根据测试结果，对通信系统进行调试和优化，使其功能和相关性能达到设计要求，为动态验收提供依据。

1.5.4.2　测试内容

1. GSM-R 系统性能测试内容

(1)GSM-R 电磁环境：

在开始通信系统联调联试前，需对高速铁路联调联试段沿线的 GSM-R 电磁环境进行测试，掌握沿线 GSM-R 工作频段内的电磁环境，GSM-R 工作频点是否被占用或受到干扰，特别是公网 GSM 系统对 GSM-R 工作频段的干扰。GSM-R 电磁环境测试是保证后期 GSM-R 动态场强覆盖、网络服务质量、应用业务等测试结果正确的关键。

(2)GSM-R 场强覆盖：

在动车组按设计速度运行条件下测试和统计 95%时间地点概率条件下的接收电平，重点查找接收电平低于设计指标的弱场区段、越区覆盖基站和区段、基站之间覆盖范围严重不均衡区段等。根据测试结果，可对 GSM-R 基站的发射功率、天线方向角、天线俯仰角等参数进行合理调整，对 GSM-R 场强覆盖进行优化处理。

(3)GSM-R 服务质量：

包括语音通信服务质量测试、分组数据域服务质量测试，对承载 CTCS-3 级列控数据传输业务的 GSM-R 系统，还需进行电路数据域服务质量测试。

2. 通信系统应用业务测试内容

(1)调度通信业务：

在列车按设计速度运行条件下，进行调度通信系统个别呼叫、功能寻址、位置寻址、组呼、紧急呼叫、多优先级处理、铁路专用自动电话等业务测试；检测本高速铁路调度通信系统和既有调度通信系统之间的连接、信令和功能。

(2)GSM-R 应用业务：

对于承载 CTCS-3 级列控数据传输业务的 GSM-R 系统，进行 CTCS-3 级列控系统电路域数据传输业务测试。对 GSM-R 系统与 CTCS-3 级列控系统间各种接口的信令进行监测，包括 Abis 接口、A 接口、PRI 接口等。在列车按设计速度运行条件下，进行调度命令信息无线传送、列车无线车次号校核信息传送等业务系统功能和性能的动态测试。同时，对 CTC、GROS、GRIS 等接口进行验证和测试。

(3)数据网业务：

对提供给客运服务、视频监控等系统的数据网骨干层进行吞吐量、延时等指标测试，验证数据网的 VPN、安全性等功能和性能。

(4)应急通信系统功能：

测试现场至应急中心之间动态图像、静止图像和多路语音通信实时传送和显示等功能。

(5)综合视频监控系统功能和性能：

测试入侵检测等视频内容分析功能；测试综合视频监控系统与客运服务系统等视频互联互通功能；测试综合视频监控系统与动力环境监测等外部系统进行联动的功能；测试系统用户和认证授权、用户优先级权限管理功能，测试视频资源的屏蔽、限制、高优先级抢占低用户视频资源等功能，测试设备的配置、故障、性能、安全和日志管理，同时对用户、视频资源和设备的编码标识进行验证等。

3. 传输通道保护功能测试内容

(1)传输通道保护对业务应用的影响。

(2)GSM-R 基站间传输链路保护对业务应用的影响等。

1.5.4.3　测试方法

1. GSM-R 系统性能测试方法

(1)GSM-R 电磁环境：

在关闭全线 GSM-R 基站载频的条件下，利用车顶天线接收外部电磁信号，主要采用频谱扫描的方式对 GSM-R 系统使用的 EGSM 频段进行测试，找出干扰频繁出现的区段。进行高速铁路联调联试段 GSM-R 电磁环境测试时，需要关闭相邻线路的部分基站。

(2)GSM-R 场强覆盖：

承载 CTCS-3 级列控数据传输业务的 GSM-R 系统场强覆盖动态测试应分别在全部基站打开、奇数基站打开和偶数基站打开 3 种情况下进行，不承载 CTCS-3 级列控数据传输业务的 GSM-R 系统场强覆盖测试只需要在全部基站打开的条件下进行。在列车按设计速度运行条件下，测试并统计 95%时间地点概率的接收电平，重点查找以下区段：

1)接收电平低于设计指标的弱场区段。

2)越区覆盖的基站和区段。

3)基站之间覆盖范围严重不均衡的区段。

GSM-R 场强覆盖测试系统安装在测试动车组上，天线安装在动车组顶部。测试时,测量接收机锁定沿线基站载频,测试系统使用脉冲触发方式采集测量接收机接收电平数据,采样间隔 4 cm。测试系统按照 95%的时间地点概率进行数据统计,统计区间为 100 m。

(3)GSM-R 服务质量:

承载 CTCS-3 级列控数据传输业务的 GSM-R 系统电路数据域服务质量测试应在全部基站打开、奇数基站打开和偶数基站打开 3 种情况下分别进行。不承载 CTCS-3 级列控数据传输业务的 GSM-R 系统服务质量测试应在全部基站打开条件下进行。在测试动车组按设计速度运行条件下,进行 GSM-R 服务质量测试。GSM-R 服务质量测试系统安装在测试动车组上,测试天线安装在动车组顶部,利用测试手机、专用测试设备、自动拨号终端、CSD 测试服务器、GPRS 测试服务器等发起语音呼叫、电路数据传输和分组数据传输,跟踪空中接口的信令,对不同测试条件下的网络服务质量进行测试和统计。根据测试结果调整网络参数,提高网络性能。测试中需关注高速铁路联调联试段 GSM-R 系统与相邻线路 GSM-R 系统的相互影响。

2. 通信系统应用业务测试方法

(1)调度通信业务:

调度通信系统功能测试主要对调度员、车站值守人员、司机、车长、随车机械师间的话音通信进行测试,由测试人员或应用人员发起不同类型的呼叫,测试通话质量、呼叫成功率等。在相关接口上跨接协议分析仪,进行本高速铁路调度通信系统与既有调度通信系统间的互连互通测试,通过信令追踪分析本高速铁路调度通信系统与既有调度通信系统间接口的信令和功能。调度通信业务测试一般安排在 GSM-R 系统性能测试合格后进行。

(2)GSM-R 应用业务:

1)CTCS-3 级列控系统业务:承载 CTCS-3 级列控数据传输业务的 GSM-R 系统,在 CTCS-3 级列控系统功能试验过程中,通过安装在 GSM-R 核心网的 GSM-R 接口监测系统对 GSM-R 系统与 CTCS-3 级列控系统的各种接口进行监测,包括 A 接口、Abis 接口和 PRI 接口,测试通信系统为 CTCS-3 级列控系统提供电路域数据传输服务的质量和可靠性。

2)列车无线车次号校核信息传送业务:通过 CTC 系统的功能测试,

对 GROS 及相关铁路局 GRIS 和 CTC 记录数据进行分析，检查通信系统承载列车无线车次号校核信息传送业务的各种功能及其可靠性。车载测试系统自动向地面测试服务器发送列车无线车次号校核信息，地面测试服务器统计列车无线车次号校核信息的发送成功率。

3）调度命令信息传送业务：通过 CTC 系统功能测试，对相关铁路局 GRIS 和 CTC 记录数据进行分析，检查通信系统承载调度命令信息无线传送业务的各种功能及其可靠性。采用由地面测试服务器自动发送调度命令信息的方式，按照测试计划向测试动车组测试系统发送调度命令信息，接收测试用机车综合无线通信设备发送的自动确认和手动签收信息，统计调度命令信息发送成功率。

GSM-R 应用业务测试一般安排在 GSM-R 系统性能测试合格后进行。

（3）数据网业务：

采用 IP 网络分析仪测试数据网吞吐量、延时等指标。对数据网不同业务 VPN 进行互通测试，检查数据网 VPN 的功能和安全性。

（4）应急通信系统功能：

选择典型事故模拟点，确定 1 个车站接入点和 1～2 个区间接入点，将应急通信系统的现场设备连接到接入点，测试事故模拟现场至应急中心之间动态图像、静止图像和多路语音通信实时传送和显示等功能。

（5）综合视频监控系统功能和性能：

1）系统功能：在视频车站接入节点或区域节点，选取典型的视频采集点，对系统监视的画面进行调用，验证系统提供的各项功能。设置入侵场景，或者调用入侵历史图像对系统的视频内容分析功能进行验证。

2）图像质量：图像质量按照主观评价体系进行评价。同时，通过标准电视测试卡、视频图像发生器等设备测试系统图像的清晰度、色彩还原度和灰度等指标。

3）互联互通功能：在综合视频监控车站接入节点向旅客服务系统等传送视频图像信息，在旅客服务系统等端察看是否按要求接收到相应视频图像信息等。

4）联动功能：在综合视频监控车站接入节点或区域节点直接从动力环境监测等系统获取需要的告警信息，检查对这些信息的联动处理结果。

3. 传输通道保护功能测试方法

(1)传输通道保护对业务应用的影响：

在 GSM-R、调度通信、数据网等业务应用过程中，通过人工模拟故障进行传输通道的切换，评价传输通道保护功能对 GSM-R、调度通信、数据网等业务的影响。

(2)GSM-R 基站间传输链路保护对业务应用的影响等：

选择 1～2 个典型的 GSM-R 基站接入环，在进行 GSM-R 通话的过程中，通过关闭相应基站环主用 2 M 通道或激光器的方式模拟基站环故障，测试 GSM-R 系统基站间传输链路保护对业务应用的影响等。

1.5.4.4　评判标准

(1)《关于铁道部和中国移动共用 900 MHz 移动通信网频率资源问题的函》(信部无函〔2007〕186 号)。

(2)《高速铁路通信工程施工质量验收标准》(TB 10755—2010)。

(3)《铁路 GSM-R 数字移动通信工程施工质量验收暂行标准》(铁建设〔2007〕163 号)。

(4)《铁路 GSM-R 数字移动通信系统工程设计暂行规定》(铁建设〔2007〕92 号)。

(5)《GSM-R 数字移动通信网技术体制》(科技运〔2006〕120 号)。

(6)《GSM-R 数字移动通信网编号计划(V2.0)》(科技运〔2006〕119 号)。

(7)《GSM-R 数字移动通信智能网技术条件(V1.0)》(科技运〔2006〕117 号)。

(8)《GSM-R 数字移动通信通用分组无线业务(GPRS)系统技术条件》(科技运〔2010〕14 号)。

(9)《GSM-R 无线网络覆盖及服务质量(QoS)测试方法(V1.0)》(科技运〔2008〕170 号)。

(10)《GSM-R 数字移动通信网设备测试规范第二部分——调度台和车站台(V1.0)》。

(11)《GSM-R 数字移动通信应用技术条件第一分册——调度通信系统(V1.0)》(科技运〔2007)116 号)。

(12)《GSM-R 数字移动通信应用技术条件第二分册——列车无线车次号校核信息传送系统(V1.0)》(科技运〔2007〕98 号)。

(13)《GSM-R 数字移动通信应用技术条件第三分册——调度命令信

息无线传送系统(V1.0)》(科技运〔2007〕99号)。

(14)《GSM-R数字移动通信系统应用业务　调度命令信息无线传送系统》(TB/T 3231—2010)。

(15)《CTCS-3级列控系统总体技术方案(V1.0)》(科技运〔2008〕34号)。

(16)《CTCS-3级列控系统GSM-R网络需求规范》(科技运〔2008〕168号)。

(17)《CTCS-3级列控系统GSM-R网络接口规范(V1.0)》(科技运〔2009〕19号)。

(18)《同步数字体系(SDH)光缆线路系统测试方法》(GB/T 16814—2008)。

(19)《同步数字体系(SDH)光缆线路系统进网要求》(GB/T 15941—2008)。

(20)《基于SDH的多业务传输节点(MSTP)本地光缆传输工程验收规范》(YD/T 5150—2007)。

(21)《基于以太网技术的局域网系统验收测评规范》(GB/T 21671—2008)。

(22)《铁路客运专线通信技术装备标准(试行)》(运基通信〔2010〕35号)。

(23)《铁路应急通信接入技术条件》(TB/T 3204—2008)。

(24)《高速铁路工程动态验收技术规范》(TB 10761—2013)。

(25)《铁路综合视频监控系统技术规范(试行)》(运基通信〔2008〕630号)。

(26)《铁路综合视频监控系统视频内容分析性能测试要求(暂行)》(运基通信〔2010〕527号)。

(27)《铁路图像通信设计规范》(TB 10085—2009)。

(28)《安全方法工程技术规范》(GB 50348—2004)。

(29)通信系统设计规范、相关技术文件等。

1.5.4.5　配合要求

(1)有关客运专线公司需组织提供通信系统静态验收测试报告和GSM-R电磁干扰清除报告。

(2)有关客运专线公司需组织提供GSM-R系统初步网络优化报告。

(3)集成商需提供通信系统联调联试所需数量的 GSM-R SIM 卡和 GSM-R 手机。

(4)集成商、有关铁路局需在铁路局调度所和 GSM-R 核心网机房提供配合,安装协议分析仪、GPRS 测试服务器、CSD 测试服务器等。

(5)集成商、有关铁路局需在铁路局调度所设置通信系统联调联试所需数量的具备自动接听功能的 FAS 终端。

(6)集成商、有关铁路局需在有关 GSM-R 核心网中配置 GPRS 测试服务器需要的 LAN 接口和 IP 地址、CSD 测试服务器使用的 PRI 接口和用户编号(具体号码配置原则依据上级相关文件)。

(7)集成商、有关铁路局需在有关 GSM-R 核心网中配置所需数量的进行 GPRS 性能测试用的机车号和对应的 IP 地址。

(8)有关客运专线公司和有关铁路局需提供沿线各车站进站点、出站点和车站中心点的公里标、GPS 位置、GSM-R 车站台号码和车站的公用电话号码等数据。

(9)有关客运专线公司和有关铁路局需提供沿线 GSM-R 基站的位置信息(公里标和 GPS 位置)、频率配置、编号方案等文件。

(10)在动车组开始 5 km/h 准静态标定前半小时,需要关闭相应的 GSM-R 基站载频进行 GSM-R 电磁环境测试。GSM-R 电磁环境测试期间,被测区段的 GSM-R 系统不能提供服务,动车组与地面不能使用 GSM-R 系统进行通信,相关单位应提前做好应急预案。

(11)集成商、有关铁路局需在 GSM-R 核心网中配置 399 紧急呼叫、310 组呼性能测试用网络数据。其中,399 紧急呼叫测试用网络数据在 MSC 中除了不配置与 FAS 有关的虚拟组呼号码等数据外,其他数据与 299 紧急呼叫相同;310 组呼测试用网络数据在 MSC 中除了不配置与 FAS 有关的 ISDN 号码等数据外,其他数据与 210 组呼相同。

同时,集成商、有关铁路局需在 GSM-R 核心网中只对测试用 SIM 卡开放 399 紧急呼叫、310 组呼功能,并给测试用 SIM 卡写入允许发起/接收 399 紧急呼叫、310 组呼的相关数据。

(12)若 GSM-R 核心网不能配置 399 紧急呼叫、310 组呼数据,试验中进行 299 紧急呼叫和 210 组呼性能测试时,调度台、车站值班台、CIR、GSM-R 手机等将受到影响,不能正常使用。可在进行 299 紧急呼叫和 210 组呼性能测试前,联调联试段 FAS 系统暂不配置与 299 紧急呼叫和

210组呼相关的数据。在性能测试合格后，进行299紧急呼叫和210组呼功能验证测试前，联调联试段FAS系统再按照编号方案配置与299紧急呼叫和210组呼相关的数据，保证功能测试的顺利进行。

有关铁路局根据测试期间的列车开行情况准备专用GSM-R手机，这些专用GSM-R手机不能开放组呼和紧急呼叫功能，并将沿线车站的有线电话号码、调度台及车站值班台号码和专用GSM-R手机电话号码提前列表。在进行紧急呼叫和组呼功性能测试期间，将电话号码表提供给调度员、沿线车站值班员和动车组司机，将专用GSM-R手机提供给动车组司机，采用个别拨号方式保证调度员、车站值班员和司机间的正常通信。

(13)测试过程中，有关集成商、铁路局和客运专线公司需提供便利条件，便于测试人员进入铁路局调度所、GSM-R核心网机房等地进行安装和调试测试设备等工作，保证联调联试的顺利进行。

(14)动车段(动车运用所)和动车组厂家需提供便利条件，便于测试人员安装车顶天线、车内馈线、电缆以及对测试系统进行动静态调试等工作。

(15)测试过程中，集成商需提供配合和技术支持，及时处理故障和进行网络优化。

1.5.5　信号系统联调联试

1.5.5.1　联调联试目的

通过信号系统联调联试，验证列控系统的相关功能和与列控系统相关的接口关系，检验轨旁信号设备状态；依据测试结果指导系统调试，为动态验收提供依据。

1.5.5.2　测试内容

1. 轨旁信号设备状态检测内容

(1)应答器：

检测应答器实际里程位置、应答器用户报文内容。根据应答器高精度实测里程位置及应答器用户报文，分析判断应答器之间的链接关系、覆盖范围是否正确，根据静态基础数据库判断应答器报文描述线路坡度、轨道电路区段、过分相、等级转换等信息与实际数据是否一致，评判高速条件下应答器的信息接收质量等。

(2)轨道电路:

检测轨道电路调谐区位置,轨道电路主信号传输电压、载频、低频及码序分配,轨道电路邻线路、邻区段干扰,轨道电路工频干扰等信息,并以闭塞分区为单位对轨道电路的传输性能进行分析与评价。

(3)补偿电容:

检测补偿电容位置、步长,以及包括是否丢失等信息在内的补偿电容运用状态等。

2. CTCS-3 级列控系统功能及其兼容性测试内容

(1)CTCS-3 级列控系统功能:

测试注册与启动、注销、行车许可、临时限速、自动过分相、RBC 切换、级间转换、降级运行、灾害防护、进出动车段、调车、重联与摘解、特殊进路、人工解锁进路等运营场景。

(2)CTCS-3 级列控系统互联互通:

对装备不同 CTCS-3 级列控车载设备的动车组进行互联互通测试,测试注册与启动、注销、行车许可、临时限速、自动过分相、RBC 切换、级间转换、降级运行、灾害防护、进出动车段、调车、重联与摘解、特殊进路、人工解锁进路等运营场景。

(3)CTCS-3 级列控系统后备模式功能:

测试正线拉通,控车模式及模式转换,正线发车、接车、通过,侧线发车、接车、通过,临时限速,引导接发车,反向运行,冒进防护,自动过分相,级间转换,应答器信息丢失,故障模拟,灾害防护,大号码道岔等运营场景。

(4)跨线 CTCS-2 级列控系统兼容性:

测试正线拉通,控车模式及模式转换,正线发车、接车、通过,侧线发车、接车、通过,临时限速,引导接发车,反向运行,冒进防护,自动过分相,应答器信息丢失,故障模拟,灾害防护,大号码道岔,等级转换等运营场景。

3. CTCS-2 级列控系统功能测试内容

测试正线拉通,控车模式及模式转换,正线发车、接车、通过,侧线发车、接车、通过,临时限速,调车,引导接发车,反向运行,冒进防护,自动过分相,应答器信息丢失,故障模拟,灾害防护,大号码道岔,等级转换等运营场景。

4. 车站联锁系统相关功能测试内容

测试计算机联锁系统与地面列控中心（TCC）、闭塞设备的接口和信息交换功能，计算机联锁系统与调度集中系统（CTC）车站终端设备的接口，计算机联锁系统与无线闭塞中心（RBC）接口（仅针对CTCS-3级列控系统），联锁系统特殊设计等。

5. CTC系统测试内容

（1）系统功能：

测试列车运行监视、车次追踪、计划编制基础数据管理、列车运行计划编制、计划管理、调度命令管理、集中控制、车站控制、数据回放、统计分析等。

（2）接口关系：

测试CTC与联锁系统、列控中心设备、无线闭塞中心（RBC）、临时限速服务器等的接口关系，以及CTC与相邻CTC/TDCS系统的接口关系。

（3）故障模拟：

测试故障的影响范围，以及集成商提供的应对该故障的备有手段的有效性和合理性。包括与受控系统通信故障测试，CTC设备故障测试，CTC系统通信故障测试，错误操作故障测试等。

1.5.5.3　测试方法

（1）轨旁信号设备状态检测方法：

采用装备有信号设备动态检测系统的电务试验车和综合检测列车，通过车载检测设备实现对信号的解析，进行轨旁信号设备状态动态检测和验证。

（2）列控系统功能测试方法：

1）列控系统功能测试应根据列控系统等级、功能特征与运营需求，结合高速铁路站场与线路情况，选取相应的测试案例，编制测试序列。

2）通过CTC分散自律中心控制或车站控制模式，按照测试序列和测试案例要求准备测试进路，包括正常接发车进路与通过进路、引导接发车进路、调车进路以及进路建立、进路解锁与进路取消等。

3）通过CTC中心统一下达、更新与取消临时限速，临时限速的设置以及轨道故障占用、道岔表示故障、应答器故障等地面条件的设置应符合测试案例的要求。

4)测试序列应覆盖与动车组运行相关的所有基本进路。

5)通过车载 ATP 的反应、DMI 显示判断列控系统功能测试结果。并可结合车载司法记录单元、RBC 司法记录单元、GSM-R 网核心机房监测记录设备、信号集中监测系统等对列控系统功能测试过程中的实时监测数据进行分析。

6)列控系统功能测试过程中应保持被测试系统软件版本和列控工程数据的相对一致性、稳定性,并做好记录。

(3)车站联锁系统相关功能测试结合列控系统功能测试进行,在进路建立、取消、解锁、站内临时限速、信号关闭、站内轨道电路区段故障占用等条件下对联锁系统相关功能及接口进行测试。

(4)CTC 系统测试主要在 CTC 中心进行,结合列控系统功能测试,由 CTC 中心排列进路、下达临时限速等,对 CTC 系统控制模式转换、列车运行监视、车次追踪、临时限速下达等功能和接口关系等进行测试。

(5)结合信号集中监测设备的监测数据对动态测试结果进行分析。

1.5.5.4　评判标准

1. 轨旁信号设备状态检测

(1)《电务试验车动态检测系统技术条件》(运基信号〔2005〕443 号)。

(2)《铁路信号维护规则》(铁运〔2008〕142 号)。

(3)《高速铁路竣工验收办法》(铁建设〔2012〕107 号)。

(4)《主体机车信号系统技术条件(暂行)》(科技运函〔2004〕114 号)。

(5)《高速铁路工程静态验收技术规范》(TB 10760—2013)。

(6)《高速铁路工程动态验收技术规范》(TB 10761—2013)。

(7)《CTCS-3 级列控系统系统需求规范(SRS)》(科技运〔2008〕127 号)。

(8)《CTCS-3 级列控系统应答器应用原则(V2.0)》(科技运〔2010〕21 号)。

(9)《CTCS-3 级列控系统临时限速技术规范》(科技运〔2008〕151 号)。

(10)《CTCS-2 级列控系统应答器应用原则(V2.0)》(科技运〔2010〕136 号)。

(11)《CTCS-3 级列控系统总体技术方案》(科技运〔2008〕34 号)。

(12)《CTCS-3 级列控系统功能需求规范(FRS)》(科技运〔2008〕113

号)。

(13)《CTCS-3 级列控系统 GSM-R 网络需求规范》(科技运〔2008〕168 号)。

(14)《CTCS-3 级列控系统测试案例(V3.0)》(科技运〔2009〕59 号)。

(15)有关设计文件、技术规格书等。

2. CTCS-3 级列控系统测试

(1)《CTCS 技术规范总则(暂行)和 CTCS-2 级技术条件(暂行)》(科技运函〔2004〕14 号)。

(2)《客运专线 CTCS-2 级列控系统配置及运用技术原则(暂行)》(铁集成〔2007〕124 号)。

(3)《客运专线 CTCS-2 级列控系统列控中心技术规范(暂行)》(铁集成〔2007〕158 号)。

(4)《高速铁路竣工验收办法》(铁建设〔2012〕107 号)。

(5)《高速铁路工程静态验收技术规范》(TB 10760—2013)。

(6)《高速铁路工程动态验收技术规范》(TB 10761—2013)。

(7)《CTCS-3 级列控系统系统需求规范(SRS)(V1.0)》(科技运〔2008〕127 号)。

(8)《CTCS-3 级列控系统应答器应用原则(V2.0)》(科技运〔2010〕21 号)。

(9)《CTCS-3 级列控系统临时限速技术规范》(科技运〔2008〕151 号)。

(10)《CTCS-2 级列控系统应答器应用原则(V2.0)》(科技运〔2010〕136 号)。

(11)《CTCS-3 级列控系统总体技术方案》(科技运〔2008〕34 号)。

(12)《CTCS-3 级列控系统功能需求规范(FRS)(V1.0)》(科技运〔2008〕113 号)。

(13)《CTCS-3 级列控系统 GSM-R 网络需求规范》(科技运〔2008〕168 号)。

(14)《CTCS-3 级列控系统测试案例(V3.0)》(科技运〔2009〕59 号)。

(15)《客运专线 CTCS-3 级列控系统综合试验试验大纲》(铁技委函〔2009〕773 号)。

(16)《CTCS-3 级列控系统标准规范系列——列控系统工程数据表

编制规定(V1.0)》(运基信号〔2008〕499号)。

(17)《CTCS-3级列控系统标准规范系列——CTCS-3级列控车载设备人机界面(DMI)显示规范(V1.0)》(运基信号〔2008〕670号)。

(18)《列控中心技术规范》(科技运〔2010〕138号)。

(19)《调度集中系统(CTC)数据通信规程(V1.0)》(运基信号〔2007〕696号)。

(20)《调度集中车站自律机与计算机联锁接口通信协议(V1.1)》(运基信号〔2006〕312号)。

(21)《GSM-R数字移动通信应用技术条件　第三分册　调度命令信息无线传送系统(V1.0)》(科技运〔2007〕99号)。

(22)《客专列控系统TSRS接口规范》(运基信号〔2010〕534号)。

(23)《300～350 km/h高速铁路CTC显示界面补充规定》(运基信号〔2010〕416号)。

(24)《客运专线信号系统安全数据网技术规范(V2.0)》(运基信号〔2010〕821号)。

(25)《客专列控系统RBC接口规范》(运基信号〔2010〕533号)。

(26)有关设计文件、技术规格书等。

3. CTCS-2级列控系统测试

(1)《CTCS技术规范总则(暂行)和CTCS-2级技术条件(暂行)》(科技运函〔2004〕14号)。

(2)《客运专线CTCS-2级列控系统配置及运用技术原则(暂行)》(铁集成〔2007〕124号)。

(3)《既有线CTCS-2级列控系统车站列控中心技术规范(暂行)》(科技运〔2007〕44号)。

(4)《既有线200 km/h车站列控中心运用技术原则(暂行)》(运基信号〔2005〕316号)。

(5)《列控系统工程数据表(V1.0)》(运基信号〔2008〕499号)。

(6)《CTCS-2级区段应答器报文定义及应用原则(暂行)》(科技运〔2008〕16号)。

(7)《既有线200 km/h车站列控中心通信协议(1)》。

(8)《既有线200 km/h车站列控中心通信协议(2)》。

(9)《应答器编号规则(暂行)》(运基信号〔2006〕27号)。

（10）《应答器技术条件（暂行）》（科技运函〔2004〕114 号）。

（11）《高速铁路工程静态验收技术规范》（TB 10760—2013）。

（12）《高速铁路工程动态验收技术规范》（TB 10761—2013）。

（13）《调度集中车站自律机与计算机联锁接口通信协议（V1.1）》（运基信号〔2006〕312 号）。

（14）《客运专线 CTCS-2 级列控系统列控中心技术规范（暂行）》（铁集成〔2007〕158 号）。

（15）《分散自律调度集中系统（CTC）技术条件（暂行修订稿）》（科技运函〔2004〕15 号）。

（16）《调度集中系统（CTC）数据通信规程》（运基信号〔2007〕696 号）。

（17）《计算机联锁技术条件》（TB/T 3024—2002）。

（18）《列车调度指挥系统、调度集中系统组网技术条件》（TB/T 3203—2008）。

（19）《CTCS-2 级列控系统应答器应用原则（V2.0）》（科技运〔2010〕136 号）。

（20）有关设计文件、技术规格书等。

1.5.5.5　配合要求

（1）集成商需提供信号系统说明、设备资料。

（2）有关客运专线公司需向测试单位提供与测试现场相符的列控系统工程数据表、车站及区间信号平面布置图、设计说明书等，按《列控系统工程数据表编制规定（V2.0）》（运基信号〔2010〕346 号）文中要求包括：RBC 信息表、车站信息表、信号数据表、应答器位置表、进路信息表、线路坡度表、线路速度表、制动距离表、坐标系信息表、桥梁隧道信息表、分相区信息表、铁路线路里程断链明细表、道岔信息表、轨道电路码序表、电码化发送器与区段对应表，信号平面布置临时竣工图（含车站、区间）、设计变更资料、系统参考标准和规范清单等（以上需均为电子版，并附资料版本号和资料清单）。

（3）测试过程中，集成商应保证地面联锁、CTC/TDCS、轨道电路、列控中心、应答器等开机正常工作，CTC 设备按标准配置，具备调度指挥、助调、自动排路、下发临时限速命令、无线调度命令上传机车、进路预告等功能，集成商需提供配合和技术支持，并及时处理试验过程中出现的问题。

(4)测试前,有关客运专线公司应以正式文件形式向测试单位提供测试设备的接口协议、联调联试期间采用的信号系统设备硬件型号和软件版本号,并附中标设备提供商的投标技术部分文件资料,测试期间应保持软件版本号的相对固定。

(5)测试过程中,集成商需保证列控中心维护终端、监测系统正常运行;故障模拟时需有关车站、电务段、工务段、设备厂家等配合进行;集成商需提供配合和技术支持,并及时处理试验过程中出现的问题。

(6)每天测试结束后,集成商需提供RBC、列控中心维护终端、监测系统(含中继站)、车载设备、CTC系统设备的相关测试监测数据。有关铁路局电务人员需配合下载数据。

(7)测试过程中,应保证地面轨道电路、RBC、列控中心、应答器等正常工作;集成商需提供配合和技术支持,并及时处理试验过程中出现的问题。

(8)根据测试案例要求,测试单位提出进路、地面故障模拟、监测设备等要求,有关单位需提供配合。

(9)列控系统测试时,需在GSM-R核心机房、信号机械室、测试动车组配置监测记录设备,集成商等需提供配合。

1.5.6 运营调度系统联调联试

1.5.6.1 联调联试目的

主要考核运营调度系统的功能和性能是否满足高速铁路调度指挥的要求,评估运营调度系统在列车各种运行条件下的调度管理与指挥控制能力,测试运营调度系统与信号、客运服务等系统之间的信息接口功能。根据测试结果,指导运营调度系统功能、性能和内外部接口关系调试,为动态验收提供依据。

1.5.6.2 测试内容

1. 运营调度系统功能和性能测试内容

(1)运行管理子系统:

主要测试调度计划接收实施、列车运行监视、集中控制、调度命令管理等功能。

(2)运输计划发布与接收：

主要测试调度指挥中心通过调度通信系统发布和更改运输计划，以及各级调度部门和相关系统接收运输计划的准确性和及时性等。

(3)车辆管理子系统：

主要测试接收列车运行计划实施、动车组交路计划实施和列车运行计划调整等功能。

(4)维修管理子系统：

主要测试维修调度命令生成和下达、维修开始和结束手续办理、维修过程监督、安全防灾系统监视、灾害应急处置等功能。

(5)客运服务调度子系统：

主要测试列车运行计划与乘务计划的接收与显示、列车运行位置与状态信息的显示、列车(车站)突发事件的显示与管理、客运服务信息管理、客运乘务计划调整列车运行调整建议方案生成等功能。

(6)其他子系统：

测试其他子系统功能等。

2. 运营调度系统接口功能测试内容

(1)与信号系统的接口：

主要测试列车运行动态信息发送与接收的准确性与时效性等。

(2)与客运服务系统的接口：

主要测试运营调度系统接收有关客票发售情况、上座率、实时旅客滞留信息以及车站站台实时信息等信息的准确性和时效性。

(3)与防灾安全监控系统的接口：

主要测试在防灾监控系统报警时，运营调度系统根据特殊需要临时更改以及编制特定的列车运行计划的时效性与准确性等。

(4)与 SCADA 系统的接口：

主要测试运营调度系统接收牵引供电系统运行状态和故障信息，并及时调整列车最高运行速度、列车编组和列车密度的时效性与准确性等。

(5)与动车维修管理信息系统的接口：

主要测试运营调度系统根据动车维修管理信息，合理编制动车组运行计划和管理维修作业的能力等。

(6)与其他系统的接口：

主要测试与其他系统的接口功能。

1.5.6.3 测试方法

(1)通过实车运行方式等,接收试验列车运行信息、调车走行信息和动车组出入动车段(动车运用所)信息,以及综合维修车辆运行信息等,验证运营调度系统的功能和性能。

(2)通过模拟演练的方式,人为制造一些正常和非正常场景(如列车晚点、动车组交路调整、综合维修时间延长、乘务交路变更等),检验运营调度系统应对各种情况的处理能力。

1.5.6.4 评判标准

(1)《铁路客运专线运营调度系统总体技术方案》(铁集成〔2008〕49号)。

(2)《铁路运输调度规则》(铁运〔2008〕235号)。

(3)《铁路客运专线技术管理办法(试行)》(200～250 km/h部分)(铁科技〔2009〕116号)。

(4)《铁路客运专线技术管理办法(试行)》(300～350 km/h部分)(铁科技〔2009〕212号)。

1.5.6.5 配合要求

(1)在进行按照运行图运用运营调度系统指挥列车运行,根据系统测试后的结果及客户需求的变化等,对系统功能进行优化时,需铁路局调度所、车站、动车段(动车运用所)、综合维修基地和其他设备现场等做好配合工作。

在模拟一些故障情况(包括列车严重晚点需要调整列车运行线和动车组运用计划、设备故障需要对区间或车站进行封锁等),进行调试运营调度系统功能和性能时,以及采用人工停机方式对核心服务器与数据库服务器高可用性进行测试,采用人工关闭网络交换机、路由器方式对网络可用性进行测试,采用人工关闭正常使用的调度终端测试备用终端启用时间等测试调度终端可用性等时,需有关部门、单位做好配合工作。

(2)在进行运营调度系统与信号系统的接口、与客运服务系统的接口、与防灾安全监控系统的接口、与SCADA系统的接口、与动车维修管理信息系统的接口功能等调试时,需接口双方按约定的通信协议传输模拟数据,以进行数据传输功能和传输时延的调整。

1.5.7　客运服务系统联调联试

1.5.7.1　联调联试目的

通过对客运服务系统功能、接口、性能进行测试，验证系统是否满足设计要求等。根据测试结果进行系统调试和优化，为动态验收提供依据。

1.5.7.2　测试内容

1. 系统主要功能测试内容

测试旅客购票、旅客候车、旅客检票进站、旅客进站上车、旅客下车出站、到站补票、旅客接站等场景客票系统和旅客服务系统提供的功能。

(1)旅客购票：

测试客票系统、旅客服务系统为旅客购票环节提供的功能。

1)窗口售票：

主要测试窗口售票、退票、改签票和废票等功能，实名制的售票功能，电话订票的取票功能，互联网电子票的换票功能，使用银行卡的支付功能，旅客车票丢失后的补票功能等。

2)自助售票：

主要测试在自动售票机上旅客自助购买不同票种和发到站的车票功能，基于身份证的实名制售票功能，基于电话订票的自助取票功能，基于网上订票的自助换票功能，以及使用现金、银行卡等进行支付和找零功能等。

3)余票显示：

主要测试余票屏显示余票信息的正确性。

4)对外显示：

主要测试旅客购票信息对外公布信息与客票系统数据的一致性等。

(2)旅客候车：

测试旅客服务系统在铁路局集中管控或大站代管模式下，验证所辖车站站前广场和候车大厅为旅客候车环节提供的广播、引导功能。包括站前广场公告及列车到发广播、进站大厅始发及途经列车广播、进站大屏始发及途经列车引导、候车室PDP屏始发及途经列车引导信息等，主要业务为：候车区域列车进站及到发广播业务；候车室PDP屏及进站大屏到发列车引导业务；查询系统车次查询，测试从查询机查询车次及票价等信息的正确性。

(3)旅客检票进站：

测试自动检票系统为旅客进站环节提供的检票业务；旅客服务系统在铁路局集中管控或大站代管模式下，车站的检票广播和检票屏引导功能，并验证终端设备上广播和引导信息的准确性、时效性和清晰度。

1)进站检票，主要测试检票计划变更前后进站检票机对各票种的磁票识别和处理，基于身份证的电子客票通行检测，以储值卡作为车票的通行检测和刷卡记账，以及检票计划和检票存根的上传下载等功能。

2)始发及途经列车检票广播。

3)始发及途经列车检票引导。

(4)售检票速度：

主要测试自助购票的正常购票速度，自助检票的正常检票速度，单台闸机每分钟平均通过率。

(5)业务流程：

主要测试车站售票、退票、改签、检票等业务及组合业务流程。

(6)售检票业务可恢复性：

主要测试双服务器切换时窗口售票、自助售票、自助检票业务的可恢复性。

(7)旅客进站上车：

测试旅客服务系统在铁路局集中管控或大站代管模式下，验证所辖车站进站通道和站台为旅客上车环节提供的广播和引导功能，并验证终端设备上广播和引导显示信息的准确性、时效性和清晰度。包括进站通道处的始发及途经列车引导及编组信息、进站通道处的始发及途经列车广播、站台处的始发及途经列车引导及编组信息、站台处的始发及途经列车广播等。

(8)旅客下车出站：

测试自动检票系统为旅客出站环节提供的检票功能；旅客服务系统在铁路局集中管控或大站代管模式下，所辖车站出站口的广播、引导和求助功能，并验证终端设备上广播和引导信息的准确性、时效性和清晰度。

1)出站检票，主要测试检票计划变更前后的磁票出站检票和电子票出站检票。

2)到达列车出站广播。

3)到达列车出站引导。

4)对旅客在站台、出站口等处发出的求助响应。

(9)旅客到站补票:

主要测试车站窗口对于无票乘车、越站乘车、越级乘车、儿童超高和行李超重等多种事由的到站补票业务,以及补票窗口结账统计等功能。

(10)车站结账:

主要测试人工售票窗口和自动售票机结账功能。

(11)旅客接站:

测试旅客服务系统为旅客接站环节提供的广播、引导功能,并验证终端设备上广播和引导信息的准确性、时效性和清晰度。包括:出站口到达列车的广播、出站口到达列车的引导等。

(12)其他功能:

主要测试客运服务系统其他主要功能。

2. 系统应急功能测试内容

按应急购票、应急检票、应急广播、应急引导等场景测试客票系统和旅客服务系统的应急处理能力。主要测试在网络异常情况下离线售票功能,应急检票功能,以及网络恢复后数据自动上传功能;验证旅服集成平台在站控应急模式下的数据同步和数据备份功能是否准确和及时等。

(1)应急购票:

启动应急窗口售票系统,进行售票、废票、退票以及应急售票数据上传功能测试。

(2)应急检票:

启动应急自助检票系统,进行检票计划变更前后的磁票和电子票的进站检票和出站检票功能测试。

(3)应急广播:

按以下情况等进行应急广播功能测试,包括:

1)采用本站的应急广播设备进行人工广播的功能测试。

2)从铁路局集中管控平台切换至站控应急旅客服务平台,进行本站列车的广播功能测试,验证应急旅客服务平台的授权及广播数据信息的准确性和时效性。

3)采用无线语音设备,对本站售票厅、候车室、出站厅、站台面进行应急广播插播测试,验证无线语音系统的功能、是否实现全覆盖。

(4)应急引导:

从铁路局集中管控平台切换至站控应急旅客服务平台，进行本站的列车引导功能测试，验证应急旅客服务平台的授权及引导数据信息的准确性和时效性。

3. 关键管理业务功能测试内容

(1)测试窗口售票系统的收入结账、财收统计、大站代管小站窗口结账功能。

(2)测试自动售票系统的收入结账、钱箱及票卷管理功能。

(3)测试自动检票系统的数据管理、应急检票存根查询功能。

(4)测试到站补票系统的收入结账、财收统计、大站代管小站窗口结账功能。

(5)测试旅客服务系统功能：

1)到发管理：

主要测试集成管理平台对列车到发、广播、导向揭示信息模板维护，以及列车时刻表编辑和客运计划编制、发布等功能。

2)广播管理：

主要测试集成管理平台对广播计划自动、手动执行，广播分组，小区广播，消防广播以及对发布信息维护和终端控制等功能。

3)导向揭示管理：

主要测试集成管理平台对列车信息、综合资讯发布，以及对显示信息维护和终端控制等功能。

4)求助管理：

主要测试集成管理平台对呼叫、通话的管理，以及与监控系统的联动等功能。

5)查询管理：

主要测试集成管理平台对查询终端的列车时刻、站场布局、票务和旅游等信息的维护和发布等功能。

6)设备管理：

主要测试集成管理平台对车站广播、导向揭示、监控、时钟、求助和查询等设备的运行模式、状态、故障进行监控等功能。

7)时钟管理：

主要测试时钟系统对集成管理平台、检票终端、子钟等进行时钟同步、自动校时以及手工对时等功能。

8)业务流程：

主要测试列车始发、终到、途径车站的广播、引导和监控等业务及组合业务流程。

(6)测试关键管理业务其他功能。

4. 接口功能测试内容

(1)客运服务系统内部接口测试：

测试客票系统与旅客服务集成管理平台接口等。

(2)客运服务系统与外部系统接口测试：

1)客运服务系统与 TDMS 系统接口：

验证旅客服务系统能否与 CTC/TDCS 经 TDMS 系统建立正常的接口关系，在旅客服务集成管理平台上测试能否及时准确地从 CTC/TDCS 经 TDMS 系统获取车次信息以及列车的到点、发点、股道、列车运行位置信息，并在平台上按列车发布预告、车底到、到达、发车等信息的时效性。

2)客运服务系统与通信时钟系统接口：

验证在客运服务系统端能否与通信时钟系统建立接口关系，测试客运服务系统从通信时钟系统的一级母钟接收时间信号，形成二级母钟时间信号，二级母钟同步 NTP 服务器时间信息、旅客服务集成管理平台服务器时间信息、检票系统服务器时间信息和子钟时间信息等。

3)客运服务系统与综合视频监控系统接口：

验证旅客服务集成管理平台能否与综合视频监控系统建立正常的接口关系，综合视频监控系统通过授权方式向集成管理平台开放摄像机画面调用请求，在中心站监控所辖小站的监控画面，小站监控本站的监控画面，以及监控画面的清晰度、灰度和响应时间，求助系统和门禁系统能否与综合视频监控系统联动等。

4)客运服务系统与 FAS 系统接口：

验证在火灾情况下，FAS 系统能否正常发送火灾报警信号，触发广播系统播放紧急疏散信息；触发检票闸机自动开启闸门放行。

5)客运服务系统与银行系统接口：

测试窗口售票、自动售票采用银行卡支付时，客票系统和银行系统间的账务关系。

6)客运服务系统与其他系统接口：

测试客运服务系统与其他系统接口关系。

5. 通信网络性能测试内容

测试运营单位信息中心与车站间的票务和旅服广域网络性能，以及车站窗口售票、自助售票、自动检票、到站补票和旅客服务系统局域网络性能。

(1)局域网的时延及损耗性能指标：

测试窗口售票信息点、自动售票信息点、自动检票信息点、到站补票信息点、旅客服务综控室信息点到相应通信机房和配线间之间回波损耗、插入损耗、光纤的插入损耗、传播时延等影响网络性能的指标。

(2)局域网的衰减及串扰性能指标：

测试窗口售票信息点、自动售票信息点、自动检票信息点、到站补票信息点、旅客服务综控室信息点到相应通信机房和配线间之间近端串扰(NEXT)、线对与线对之间等电平远端串扰、线对与线对之间的衰减串扰比、传播时延偏差、光纤的衰减等影响网络性能的指标。

(3)局域网的其他性能指标：

测试窗口售票信息点、自动售票信息点、自动检票信息点、到站补票信息点、旅客服务综控室信息点到相应通信机房和配线间之间近端串扰功率和、ACR 功率和、等电平远端串扰功率和、直流(DC)环路电阻等影响网络性能的指标。

(4)车站到汇聚点的票务广域网性能：

测试客票系统广域以太网汇聚点与车站核心交换机之间的吞吐量、时延参数和连通性指标等。

(5)车站到汇聚点的旅服广域网性能：

测试旅服系统广域以太网汇聚点与车站核心交换机之间的吞吐量、时延参数和连通性指标等。

6. 客运服务系统其他功能等测试内容

测试客运服务系统其他功能等。

1.5.7.3　测试方法

1. 系统功能测试方法

编制客运服务系统业务功能的运行场景，分析每个场景可能的测试案例，采用自动化测试和人工测试相结合的手段对系统功能按场景进行模拟测试。

2. 接口功能测试方法

(1)客运服务系统内部接口测试:

测试客票系统向旅客服务集成管理平台发送余票信息、列车时刻表信息是否及时准确等。

(2)客运服务系统与外部系统接口测试:

1)客运服务系统与 TDMS 系统接口:

在旅客服务集成管理平台上与 CTC/TDCS 经 TDMS 系统建立接口关系,按接口规则从 CTC/TDCS 经 TDMS 系统向旅客服务集成管理平台发送接口数据,在旅客服务集成管理平台上检查获取车次信息、列车动态到发时间信息、股道信息等数据的完整性和时间特性以及对平台业务的影响。

2)客运服务系统与通信时钟系统接口:

采用时钟同步测试工具,获取局域网内 NTP 服务器、数据库服务器、应用服务器、终端等设备的时间信息,检查上述设备的时间信息是否与二级母钟一致。

断开二级母钟与一级母钟的网络连接,手动调整二级母钟的时间,检查子钟及 NTP 服务器是否与二级母钟的时间同步。

断开二级母钟与 NTP 服务器的网络连接,手动调整 NTP 服务器的时间,检查旅服系统服务器与检票系统服务器的时间是否同步。

断开二级母钟与一级母钟的网络连接,手动调整二级母钟的时间,然后恢复网络连接,测试二级母钟与一级母钟时间重新同步的时长。

分别断开二级母钟、NTP 服务器、子钟的连接,测试上述设备能否自动走时。

3)客运服务系统与综合视频监控系统接口:

旅客服务集成管理平台与综合视频监控系统建立接口关系,在旅服总控室监控终端调用进出站口、售票厅、候车区域、检票区域、站台等旅客活动场所,进出站咽喉等重要通道,票务机房、财务室等重点安全防范场所等车站范围内不同区域的视频摄像机,检查图像抓拍、录像、系统联动关系。

求助系统与视频监控系统间建立联动关系,当某个求助点发出求助信号时,在集成平台上能将视频监控画面自动切换到该求助点位置。

门禁系统与视频监控系统间建立联动关系,当门禁开启时在集成平台上能将视频监控画面自动切换到该门禁点。

4)客运服务系统与 FAS 系统接口：

人工模拟发生火灾，触发 FAS 的火灾报警信号，在旅服集成平台上触发应急广播，收听是否有火灾应急疏散信息，在进站口查看检票闸机通行门是否全部开启放行。

3. 通信网络性能测试方法

(1)广域网性能测试：

采用网络性能仿真测试仪对客运服务系统广域网的吞吐量、时延、连通性等性能参数进行测试，检测票务网络和旅客服务网络的性能是否达到国家标准的要求。

(2)局域网性能测试：

采用局域网认证测试仪，根据现场实际情况灵活选用通道和永久链路模型测试方法对客运服务系统车站局域网的回波损耗、插入损耗、光纤的插入损耗、传播时延、近端串扰功率和、ACR 功率和、等电平远端串扰功率和、直流(DC)环路电阻等参数进行测试，检测客票系统、自动售检票系统、到站补票系统、旅客服务系统、办公系统等车站局域网络的性能是否达到国家标准的要求。

1.5.7.4 评判标准

(1)《客运专线客运服务系统总体技术方案》(铁集成〔2008〕41 号)。

(2)《基于以太网技术的局域网系统验收测评规范》(GB/T 21671—2008)。

(3)《综合布线系统工程验收规范》(GB 50312—2007)。

(4)《高速铁路通信工程施工质量验收标准》(TB 10755—2010)。

(5)《铁路旅客车站客运信息系统设计规范》(TB 10074—2007)。

(6)《铁路综合视频监控系统技术规范(试行)》(运基通信〔2008〕630 号)。

(7)《高速铁路工程动态验收技术规范》(TB 10761—2013)。

(8)《铁路旅客车站客运服务信息系统工程施工质量验收标准》(TB 10427—2011)。

(9)《铁路旅客运输规程》(铁运〔2010〕190 号)。

(10)《磁性热敏车票票底技术条件》(铁集成〔2008〕96 号)。

(11)《铁路磁介质纸质热敏车票》第 1 部分：制票机(TB/T 3277.1—2011)。

(12)《铁路磁介质纸质热敏车票》第 2 部分：自动售票机（TB/T 3277.2—2011）。

(13)《铁路磁介质纸质热敏车票》第 3 部分：自动检票机（TB/T 3277.3—2011）。

(14)有关客运服务系统设计文件。

(15)有关客运服务系统招标文件。

(16)有关客运服务系统合同文件。

1.5.7.5　配合要求

(1)软件开发商需提交子系统测试报告。

(2)硬件设备供应商需提交设备测试证明或相关设备说明文件。

(3)客票系统测试需准备测试用的售票 PC 机、管理 PC 机、制票机、汉卡、SAM 卡、银行卡、学生卡读卡器等终端设备，需准备测试用的票卷和电子票。

(4)自动售票系统测试需准备测试用的 TVM 终端、SAM 卡、银行卡、汉卡，需准备测试用的纸币、硬币和票卷、电子票。

(5)自动检票系统测试需准备测试用的闸机、SAM 卡和电子票，应急检票系统除准备上述硬件设备外，需提供应急系统软硬件环境和测试用数据。

(6)被测车站客票系统网络需与所属区域中心的广域网连通，车站售票终端可获取区域中心的车次、票价、席位等相关信息，完成售票、退票等相关业务。

(7)被测试客票系统需存在联调联试段各站的基础数据和业务数据，基础数据主要包括：站名、电报码、站码、所在城市、归属、线路里程信息、售票处信息等；业务数据主要包括：列车目录、票价等信息，各站售票窗口、自动售票机、补票窗口的 IP 地址分配、窗口号分配和汉卡分配信息，TVM 可售车站范围、席别范围和车次范围信息。并按照分配完成以上终端的窗口权限等参数定义、售票员相关数据定义，完成票卷发放工作，生成测试用席位信息。

(8)被测试客票系统、旅客服务系统与自动售票、检票、补票的接口完成软件、硬件安装与内部调试，旅客服务系统与运营调度、通信时钟、视频监控、银行等系统的接口调试完成。

(9)在车站售票厅、候车厅、站台、进/出站通道、进/出站口等处提供广播终端和引导显示屏，旅客服务集成管理平台能对上述位置的广播、引导设备连通。

（10）集成商和相关施工单位技术人员全程参加，配合完成测试工作。

1.5.8 防灾安全监控系统联调联试

1.5.8.1 联调联试目的

通过对防灾安全监控系统的测试，验证系统设备是否达到相关技术条件要求，考核系统信息是否准确及时，确认系统功能是否满足设计要求。根据测试结果，对防灾安全监控系统进行调试和优化，使其达到设计要求，为动态验收提供依据。

1.5.8.2 测试内容

1. 冗余功能测试内容

（1）测试数据库服务器冗余功能。

（2）测试应用服务器冗余功能。

（3）测试存储设备冗余功能。

（4）测试核心网络设备冗余功能。

（5）测试监控单元主控模块冗余功能。

（6）测试监控单元 UPS 电源冗余功能。

2. 大风监测功能测试内容

（1）测试风速实时监测功能。

（2）测试大风报警及限速提示功能。

（3）测试风速数据采集冗余功能。

（4）测试报警时限功能。

（5）测试解除报警时限功能。

（6）测试大风报警临界值功能。

（7）测试连续风速报警功能。

（8）测试异常风速值功能。

3. 雨量监测功能测试内容

（1）测试雨量实时监测功能。

（2）测试小时雨量模拟报警及限速提示功能。

（3）测试日降雨量模拟报警及限速提示功能。

（4）测试连续雨量模拟报警及限速提示功能。

4. 异物侵限监控功能测试内容

(1)测试异物侵限实时监测功能。

(2)测试异物侵限报警功能。

(3)测试临时行车功能。

(4)测试调度恢复功能。

(5)测试远程试验功能。

(6)测试监控单元异常情况。

(7)测试与列控系统接口功能。

(8)测试其他功能。

5. 设备状态监测功能测试内容

(1)测试现场传感器联通状态监测功能。

(2)测试监控单元设备状态监测功能。

(3)测试监控数据处理设备状态监测功能。

(4)测试其他监测功能。

6. 其他功能测试内容

1.5.8.3　测试方法

防灾安全监控系统现场监测点测试采用抽测的方式,其中大风监测点抽测比例应不低于监测点总数的 30%,雨量监测点抽测比例应不低于监测点总数的 30%,异物侵限监测点抽测比例应不低于监测点总数的 30%;对需进行全部检测的设备功能进行全部检测。

防灾安全监控系统按设备构成可分为硬件设备和应用软件两部分,针对软件、硬件的不同特点采用不同的测试方法。

1. 硬件测试方法

数据库服务器、应用服务器、存储设备、核心网络设备、监控单元等硬件设备均配置为双机,采用容错性测试方法。关闭负载运行的一台设备(或断开网络),观察系统运行是否正常,随后将该机重新开启(或接入网络);对另一台设备进行同样操作,观察系统运行是否正常,通过上述方法测试设备冗余功能是否正常。

2. 软件测试方法

对大风监测、雨量监测、异物侵限监控、监控数据处理设备和监控单元状态监测、现场监测设备联通状态监测及与列控系统接口功能等采用黑盒测试法。通过模拟大风、降雨、异物报警等数据,预先设定软件输出结果，将软件实际运行结果与预测结果相比较，测试系统软件功能是否满足设计要求。

1.5.8.4　评判标准

有关设计要求和有关技术标准规定。

1.5.8.5　配合要求

(1)在进行系统联调联试前，完成高速铁路联调联试段防灾安全监控系统静态验收，集成商提交自测报告。

(2)防灾安全监控系统运行正常。

(3)铁路局工务和电务部门、单位及集成商等派人参加大风监测、雨量监测、异物侵限监控等子系统测试，配合测试单位完成联调联试工作。

(4)有关客运专线公司提供防灾安全监控系统静态验收报告和设计、批复及招投标文件，派专人负责联调联试相关协调工作，提供测试人员进入铁路局调度所、正线监测点的便利条件。

(5)集成商提供相关技术资料，派技术人员参加，带领联调联试人员到达测试地点，按照测试要求逐项操作，共同确认测试结果，并对测试过程中发现的问题及时进行解决。

1.5.9　综合视频监控系统联调联试

1.5.9.1　联调联试目的

通过对综合视频监控系统的应用功能、联动功能、图像质量及接口关系的联调联试，评估综合视频监控系统对高速铁路沿线及站段重要设备的图像监控能力，验证综合视频监控系统能否为铁路各业务部门及铁路相关信息系统提供高质量的视频信息。

1.5.9.2　测试内容

1. 综合视频监控系统功能测试内容

(1)视频图像采集功能测试：

主要测试前端采集设备对被监视区域图像信息的采集功能。

(2)视频实时监视功能测试：

针对选定的视频图像按照调用分组、显示顺序和每组显示时间制定计划，进行轮巡，按相关特性(如场所、业务种类等)对一组或多组实时视频图像进行同步调用，测试图像组合实时播放功能。

(3)视频回放功能测试：

测试采用播放、倒放、快放、慢放、拖曳等方式对历史图像信息按照时间、地点、事件等多种条件进行检索和回放功能。

(4)云镜控制功能测试：

测试对云台和镜头的远程实时控制功能。

(5)视频分发/转发功能测试：

测试多个用户请求的同一路视频数据进行分发/转发，多用户同时调看同一路视频图像时，视频图像只占用一路视频传输带宽上传至视频接入节点，通过分发单元在系统同节点内多用户同时调看同一路视频图像，通过转发单元在系统不同视频节点用户同时调看同一路视频图像。

(6)视频内容分析功能测试：

测试系统对入侵检测、逗留(滞留)检测和逆行检测等图像智能分析和告警功能。

(7)视频联动功能测试：

测试系统与动力环境监测、SCADA 等外部系统进行联动的功能。

2. 综合视频监控系统性能测试内容

(1)图像质量性能测试：

测试实时监视图像和回放视频图像的清晰度和稳定性。

(2)视频分发/转发指标测试：

测试视频分发/转发能力和图像分辨率。

3. 与外部系统的接口测试内容

测试从旅客服务、动力环境监测、SCADA 等外部系统获取需要的信息并处理，并把相关的视频信息和告警信息传送给其他应用系统。

1.5.9.3　测试方法

1. 功能测试方法

在视频核心节点或区域节点，选取典型的视频采集点，对系统监视的画面进行调用，验证系统提供的各项功能。

设置入侵、滞留和逆行等场景，对系统的智能分析功能进行验证。

2. 图像质量测试方法

图像质量按照主观评价体系进行评价，单项评分和综合评分均应不低于要求分数。

3. 接口测试方法

在综合视频监控节点向旅客服务、防灾监控等系统传送视频信息和告警信息，在旅客服务或防灾监控等系统端察看是否按要求接收到相应信息。

在综合视频监控节点直接从动力环境监测、SCADA 等系统获取需要的信息，检查对这些信息的处理结果。

1.5.9.4　评判标准

（1）《视频安防监控系统技术要求》（GA/T 367—2001）。

（2）《民用闭路监视电视系统工程技术规范》（GB 50198—94）。

（3）《铁路综合视频监控系统技术规范（试行）》（运基通信〔2008〕630 号）。

1.5.9.5　配合要求

（1）在进行系统联调联试前，完成高速铁路联调联试段综合视频监控系统静态验收，集成商提交自测报告。

（2）综合视频监控系统运行正常。

（3）铁路局有关部门、单位及集成商等派人参加综合视频监控系统测试，配合测试单位完成联调联试工作。

（4）有关客运专线公司提供综合视频监控系统静态验收报告和设计、批复及招投标文件，派专人负责联调联试相关协调工作，提供测试人员进入有关测试点的便利条件。

（5）集成商提供相关技术资料，派技术人员参加，带领联调联试人员到达测试地点，按照测试要求逐项操作，共同确认测试结果，并对测试过程中发现的问题及时进行解决。

1.5.10　综合接地测试

1.5.10.1　测试目的

通过对高速铁路在列车正常运行和接触网短路条件下钢轨电位、牵引回流等内容的测试，验证综合接地系统的技术性能与技术指标等是否达到设计要求，为系统调整、优化和动态验收提供依据。

1.5.10.2　测试内容

1. 钢轨电位测试

测试列车正常运行和接触网短路条件下产生的钢轨电位。

2. 轨旁设施电位测试

测试列车正常运行和接触网短路条件下产生的站台或轨旁金属结构

物及设备的电位。

3. 牵引回流测试

测试列车正常运行和接触网短路条件下产生的钢轨、PW 线及贯通地线中的牵引回流。

4. 接地电阻测试

测试贯通地线接地电阻。

1.5.10.3　测试方法

1. 正常运行时电位测试方法

(1)钢轨电位测试:

采用电压探头一端接钢轨,一端接参考地线端子(距线路 100 m 的钢钎电极),两端子之间电位差即为钢轨电位,测得的钢轨电位由录波仪记录。

(2)贯通地线电位测试:

采用电压探头一端接贯通接地线的接地母排,一端接参考地线端子,两端子之间电位差即为贯通地线电位,测得的贯通地线电位由录波仪记录。

(3)支柱(护栏)等站台或轨旁金属结构物及设备电位测试:

采用电压探头一端接金属设施,一端接参考地线端子,两端子之间电位差即为支柱(护栏)等站台或轨旁金属结构物及设备电位,由录波仪记录。

2. 正常运行时牵引回流测试方法

(1)钢轨电流测试:

采用电流钳夹住扼流变压器中心抽头,所测得电流值即为钢轨回流,由录波仪记录。

(2)贯通地线电流测试:

采用电流钳夹住贯通地线,所测得电流值即为贯通地线电流,由录波仪记录。

(3)保护线电流测试:

采用电流钳夹住保护地线(停电连接),所测得电流值即为保护地线电流,由录波仪记录。

3. 人工短路时电位和牵引回流测试方法

在组织进行接触网短路测试时,可同时组织进行测试接触网短路条件下的钢轨电位、支柱(护栏)等站台或轨旁金属结构物及设备电位等和牵引回流。需选择短路点两侧有较大回流的一侧,距短路点 50 m 处设置综合接地测点,测试接触网短路时钢轨和贯通地线等电流、钢轨等对地电位。

(1)钢轨电位测试:

在距离短路点 50 m 处设置测点,测试上下行钢轨电位。采用录波仪测试电位瞬时值。

(2)支柱(护栏)等站台或轨旁金属结构物及设备电位等测试:

测试接触网短路条件下支柱(护栏)等站台或轨旁金属结构物及设备电位等。

(3)钢轨电流及贯通地线电流等测试:

在可安装电流传感器的短路测点附近,采用录波仪测试电流瞬时值。

4. 贯通地线接地电阻测试方法

采用三极法测量,即由接地装置、电流极和电压极三个电极测试接地装置接地阻抗的方法。三极法测量中,当距离变化不小于 5%的三个相邻点测得的接地电阻值相对误差小于 5%时,则取这三个值的平均值为最后的测量结果。

5. 综合接地测点选择方法

根据全线牵引供电设施布置情况和信号设备完全横联位置,选择有代表性的测点进行测量。

桥隧测点选择两个相邻扼流变的中间点,可测出轨压相对较高值;接地电阻测量选择开阔平坦路段且距强电设施较远的地点进行,以尽量避免各种干扰因素。

1.5.10.4 评判标准

(1)《铁路防雷、电磁兼容及接地工程技术暂行规定》(铁建设〔2007〕39 号)。

(2)《ZPW-2000 系列无绝缘轨道电路技术条件》(TB/T 3206—2008)。

1.5.10.5 配合要求

(1)需接触网工作人员协助安装架空回流线传感器。

(2)需变电所协助安装电流传感器。

1.5.11　电磁兼容测试

1.5.11.1　测试目的

通过对动车组高速运行条件下外部电磁辐射的测量，验证高速铁路无线电干扰是否满足相关标准要求；通过对信号电缆电磁感应分量测量，分析判断其受影响程度，为优化设计、施工和动态验收提供依据。

1.5.11.2　测试内容

1. 列车通过时无线电干扰测试

测试距线路外轨中心线 10 m 处列车通过时电磁干扰的辐射强度。

2. 信号电缆电磁兼容测试

测试列车正常运行和接触网短路条件下信号电缆外皮牵引回流及芯线感应纵电动势。

1.5.11.3　测试方法

1. 列车通过时干扰场强测试方法

测量接收机设置为峰值检波方式。环天线环面平行于线路，环天线架高 1～2 m。20～1 000 MHz 频段双锥和对数周期天线垂直极化，指向线路，天线架高 2.5～3.5 m。测量频率选择 1 MHz 和 150 MHz 两个代表性频点。

2. 电磁辐射测点选择方法

根据有关标准规定，列车通过时电磁辐射测量，应选择在没有其他电磁辐射源（高压电力线、其他并行电气化铁路等）和高大建筑的开阔场地进行。

3. 列车正常运行条件下信号电缆受影响测试方法

选择典型长度（约 1 km）信号电缆，电缆外皮双端接地，采用电流钳测量其上电流，即为电缆外皮牵引回流。选择该电缆空闲芯线，一端接地，一端开路，测量电缆外皮双端接地和单端接地条件下芯线开路端的对地电压，可得出芯线感应电动势。

4. 接触网短路条件下信号电缆受影响测试方法

在组织进行接触网短路测试时，可同时组织进行测试接触网短路条件下的信号电缆外皮回流、芯线感应电动势有效值和钢轨差模电压瞬时波形。选择短路点两侧有较大回流的一侧，距短路点最近的信号分线盘处设置电磁兼容测点，测试信号电缆外皮回流、芯线感应电动势有效值和钢轨差模电压瞬时波形。电磁兼容测试设备安装需铁路局有关电务段配合，具体要求：在短路点附近的分线盒中找出一根备用信号芯线，并将该备用芯线远离短路点一个闭塞区间长度的另一端接地。

1.5.11.4　评判标准

(1)《铁路应用　电磁兼容性——铁路系统对外部的电磁辐射》(IEC 62236—2—2008)。

(2)《电信线路遭受强电线路危险影响的允许值》(GB 6830—86)。

1.5.11.5　配合要求

集成商等单位配合在轨旁分线盘安装传感器和信号电缆被测芯线一端接地与恢复。

1.5.12　振动噪声测试

1.5.12.1　测试目的

通过测试列车以不同速度通过典型桥梁、路基区段时的环境噪声、环境振动以及声屏障的降噪效果和结构气动力影响，评价环境噪声、环境振动是否满足相关标准要求以及典型降噪减振措施的效果，为环境管理及降噪、减振设施的进一步优化设计和动态验收提供依据。

1.5.12.2　测试内容

1. 列车运行辐射噪声测试

测试列车以不同速度通过典型桥梁线路、路基线路时的运行辐射噪声水平。

2. 铁路边界噪声测试

根据工程设计参数，测试并计算典型桥梁、路基区段线路两侧铁路边界等处的昼、夜间等效声级。

3. 环境振动源强测试

测试列车以不同速度通过典型桥梁线路、路基线路时的环境振动水平。

4. 声屏障降噪效果及气动力影响测试

根据工程所采用的声屏障结构形式，选择典型声屏障区段，测试其插入损失值等。对于300～350 km/h等级高速铁路声屏障，测试声屏障结构动应力、压力、位移及自振频率等，分析不同声屏障结构形式的降噪效果及气动力影响。

5. 减振设施对环境振动的减振效果测试

对设置减振设施区段，测试其环境振动水平及减振效果。

1.5.12.3　测试方法

1. 列车运行辐射噪声、铁路边界噪声测试方法

(1)列车运行辐射噪声测试：

动车组运行辐射噪声测点距铁路外侧轨道中心线25 m，高于轨面3.5 m处；货物列车运行辐射噪声测点距铁路外侧轨道中心线7.5 m，高于轨面1.2 m处。测点距反射物距离不小于1 m。采用多通道噪声数据实时采集分析系统记录测点处每列列车通过时的噪声时域信号。传声器轴线应始终处于水平位且垂直指向轨道。

(2)铁路边界噪声测试：

铁路边界噪声测点距铁路外侧轨道中心线30 m，高于地面1.2 m，测点距反射物距离不小于1 m处。铁路边界噪声应按设计近期列车对数进行预测计算，计算方法应符合有关规定。

2. 列车运行环境振动测试方法

环境振动测点应布设在距铁路外侧轨道中心线30 m处的坚实地面上，振动传感器的灵敏度主轴方向应与测量方向一致。

3. 声屏障降噪效果及气动力对声屏障结构影响测试方法

(1)声屏障降噪效果测试：

声屏障工程路段内的测点位置应与声屏障工程任一端的距离不小于50 m，并距外侧轨道中心线25 m，高于轨面0 m处。采用间接法测量声屏障插入损失时，无声屏障工程路段内的参考断面测点处的线路条件和周边环境条件，应与有噪声控制工程路段的条件具有可比性；参考位置和受声点位置的噪声应进行同步测量。即：测试时应保证声屏障断面与对照断面具有类似的地形地貌、障碍物和地面条件。为避免由于声源不稳定所引起的测量误差，进行插入损失检测时，同一检测断面内的检测点应采用同步检测的方法；每组检测数据应为同次列车通过各检测点时的检测结果。

分别测试动车组通过声屏障断面与对照断面时的等效A声级、暴露声级或最大声级。采用多通道噪声数据实时采集分析系统记录测点处每列动车组通过时段内的噪声时域信号。

(2)声屏障结构气动力测试：

声屏障结构气动力测点应布置在距声屏障端部 5 m 处左右。进行声屏障工程插入损失和结构气动力测量时，每个测点应至少采集 3 次同列试验车通过时数据。脉动风压测试利用脉动风压传感器测试声屏障内侧（轨道侧）和外侧（轨道外）间的压差。位移测试主要将速度数据和加速度数据进行积分从而得出位移。动应力测试须将应变片贴在金属立柱根部和铝合金单元板中部位置；整体式声屏障应布设在声屏障板根部。

1.5.12.4　评判标准

（1）《轨道应用　声学　轨道车辆发射噪声测量》（ISO 3095—2005）。

（2）《声学环境噪声测量方法》（GB/T 3222—94）。

（3）《高速动车组整车试验规范》（铁运〔2008〕28 号）。

（4）《铁路边界噪声限值及其测量方法》（GB 12525—90）。

（5）《铁路沿线环境噪声测量技术规定》（TB/T 3050—2002）。

（6）《铁路建设项目环境影响评价噪声振动源强取值和治理原则规程》（铁计〔2006〕44 号）。

（7）《铁路建设项目环境影响评价噪声振动源强取值和治理原则指导意见》（铁计〔2010〕44 号）。

（8）《城市区域环境振动测量方法》（GB 10071—88）。

（9）《铁路环境振动测量方法》（TB/T 3152—2007）。

（10）《声屏障声学设计和测量规范》（HJ/T 90—2004）。

（11）《铁路声屏障声学构件技术要求和测试方法》（TB/T 3122—2005）。

（12）《高速铁路工程静态验收技术规范》（TB 10760—2013）。

（13）《高速铁路工程动态验收技术规范》（TB 10761—2013）。

（14）《机车车辆及动车组运行辐射噪声限值》（GB/T 13669〔报批稿〕）。

（15）《城市区域环境振动标准》（GB 10070—88）。

（16）《铁路工程建设通用参考图——时速 350 公里客运专线桥梁插板式金属声屏障》（通环〔2009〕8323 号）。

（17）《铁路工程建设通用参考图——时速 350 公里客运专线路基插板式金属声屏障》（通环〔2009〕8325 号）。

（18）有关设计文件等。

1.5.12.5　配合要求

（1）列车通过振动噪声测试工点所在区段时，无特殊情况禁止鸣笛，并保证工点周围 200 m 范围内无施工作业等噪声和振动影响。

(2)测试开始前，声屏障工程已竣工；需提供测试声屏障技术条件、设计降噪指标及测试断面声屏障竣工图。

1.5.13　路基状况测试

1.5.13.1　测试目的

通过车载探地雷达测试道床的厚度和基床的填筑结构状况、含水情况、路基面变形等，分析其不均匀性及异常状况，为轨道结构的调整和维修管理提供基础资料。

1.5.13.2　测试内容

(1)测试基床表层厚度。

(2)测试基床底层填筑情况。

(3)测试路基面平整度。

(4)测试基床含水情况。

(5)测试道床厚度等。

1.5.13.3　测试方法

在车上安装探地雷达系统进行运行检测，用环境记录系统同步记录周围环境，用多普勒雷达和 GPS 定位系统对测试部位进行定位。利用探地雷达处理分析系统对数据进行分析，从而得出路基基床表层厚度、基床含水情况、基床平整度以及道床厚度等指标。

1.5.13.4　评判标准

(1)《新建时速 200 公里客货共线铁路设计暂行规定》(铁建设函〔2005〕285 号)。

(2)《高速铁路设计规范(试行)》(TB 10621—2009)。

1.5.13.5　配合要求

有关客运专线公司等单位需做好提供安装车载探地雷达系统的车辆等配合工作。

1.5.14　路基及过渡段动力性能测试

1.5.14.1　测试目的

通过对路基及过渡段在测试列车通过时的受力、变形和振动状况测试，评价路基的动力性能和参数是否满足相关标准要求，不同结构物间过渡段的变形和振动变化是否均匀，评价路基及过渡段的工程适用性，为高速铁路的运营管理提供基础数据，为动态验收提供依据。

1.5.14.2 测试内容

主要测试路基及过渡段不同位置的动应力、动变形和振动加速度，分析路基动力参数的特点及分布规律，具体内容如下：

(1)测试路基基床表面的动应力、动变形和振动加速度。

(2)测试路基基床底层顶面的动应力、振动加速度。

(3)测试路基基床底面的动应力、振动加速度。

(4)测试挡土墙横向动位移。

(5)测试过渡段动变形及振动加速度及其沿线路纵向的分布规律。

1.5.14.3 测试方法

1. 动应力测试方法

通过在路基不同深度和位置设置动态压力传感器进行测试，一般采用应变式压力传感器将压力转变为电信号，通过应变仪放大信号。

2. 动变形测试方法

在路基面与深度 4～5 m 的位置或基岩之间通过钻孔和支杆设置位移传感器测试路基面的变形，在路基面与基床表层底面和基床底层底面之间设置位移传感器测试各部分的相对变形，可采用光电传感器测试路基面与远处不动点的相对位移来反映路基面的动变形，可采用伺服加速度传感器通过二次积分测试路基面动变形。

3. 挡墙横向动位移测试方法

在挡墙外侧设置基准架，采用位移计测试基准点与挡墙的相对横向位移，在数据采集与处理系统中进行记录和分析处理。

4. 振动加速度测试方法

采用加速度传感器采集原始数据，在数据采集与处理系统中进行记录和分析处理。

测试时，采用自动触发记录方式，通过远程终端来控制系统的动作和监测系统的工作状态。根据实测数据对具体路基结构作出分析，确定相应的计算参数，以此参数分析路基最大剪应变达到临界剪应变时对应的动应力和动变形的临界值，该临界值为测试参数的限值。

1.5.14.4 评判标准

《高速铁路工程动态验收技术规范》(TB 10761—2013)等。

1.5.14.5　配合要求

各测试工点应预留通道，保证测试仪器设备能进行安装。

1.5.15　桥梁动力性能测试

1.5.15.1　测试目的

通过测试桥梁自振特性和试验列车以各种速度通过典型桥梁时的动力响应，判断桥梁结构在动载作用下的工作状态（包括长大桥梁等跨布置引起的竖向周期性不平顺效应），验证桥梁是否具有合理的竖向和横向刚度，分析、评价试验列车通过桥梁时的安全性、稳定性和桥梁的动力性能，为动态验收提供依据。

1.5.15.2　测试内容

（1）测试梁体横向和竖向自振频率，大跨结构的模态振型。

（2）测试桥墩横向自振频率，高墩的振型。

（3）测试梁体的横向和竖向振动阻尼比。

（4）测试梁体横向和竖向振幅及强振频率。

（5）测试墩顶横向振幅和强振频率。

（6）测试梁体竖向振动加速度。

（7）测试梁体控制部位（含端横梁）的竖向动挠度（含动力系数）。

（8）测试混凝土桥的梁体控制截面、钢桥的主要杆件（含端横梁）的动应力（含动力系数）。

（9）测试支座竖向动位移。

（10）测试梁端竖向转角。

（11）测试无砟轨道相邻梁端两侧的钢轨支点横向和竖向相对位移。

（12）测试斜拉桥的索力、拱桥（含组合结构）的吊杆应力。

（13）测试列车通过桥梁区段时的脱轨系数、轮重减载率、轮轴横向力、横向稳定性和运行平稳性指标。

1.5.15.3　测试方法

1. 梁体控制截面的动应变及动力系数测试方法

测试列车以 5 km/h 和其他速度通过桥梁时梁体控制截面的动应变，以评定梁体是否满足运营动力系数和竖向动力作用的要求。

2. 梁体控制截面的动挠度及动力系数测试方法

（1）测试列车以 5 km/h 速度通过桥梁时的梁体控制截面准静态竖

向挠度(扣除支座竖向位移),换算至ZK活载或/和中—活载,以评定桥跨竖向刚度。

(2)测试列车以其他速度通过桥梁时的动挠度,以评定梁体是否满足运营动力系数和竖向动力作用的要求。

3. 梁端竖向转角测试方法

测试列车以5 km/h速度通过桥梁时的梁端竖向转角,换算至ZK活载或/和中—活载,以评定梁端竖向转角是否满足限值要求。

4. 梁体竖向振动(含振幅、强振频率、自振频率、阻尼比)测试方法

(1)测试列车通过桥梁时梁体竖向振动(含强振频率、振幅),以分析竖向激励特征和梁体是否产生竖向共振现象。

(2)采用环境微振动法或余振法测试梁体竖向固有特性(含自振频率、阻尼比),以评定梁体竖向刚度和状态。

5. 梁体横向振动(含振幅、强振频率、自振频率、阻尼比)测试方法

(1)测试列车通过桥梁时梁体横向振动(含强振频率、振幅),以分析横向激励特征和评定梁体横向刚度。

(2)采用环境微振动法或余振法测试梁体横向固有特性(含自振频率、阻尼比),以评定梁体横向刚度和状态。

6. 梁体竖向振动加速度测试方法

测试列车通过桥梁时桥面竖向振动加速度,以评定桥上道床是否能保持良好状态。

7. 桥墩横向振动(含振幅、强振频率、自振频率)测试方法

(1)测试列车通过桥梁时墩顶横向振动,以分析横向激励特征和评定桥墩横向刚度。

(2)采用环境微振动法或余振法测试桥墩横向自振频率,以评定桥墩横向刚度。

8. 支座竖向动位移测试方法

测试列车通过桥梁时支座竖向动位移,用于挠度扣除支座竖向位移。

9. 跨梁缝处相邻两个钢轨支承点间的横向相对位移测试方法

测试列车通过桥梁时跨梁缝处相邻两个钢轨支承点间的横向相对位移,以评定梁体横向变形是否过大。

10. 运行稳定性和运行平稳性指标测试方法

采用车辆动力学响应测试数据，分析测试列车通过桥梁区段时的脱轨系数、轮重减载率、轮轴横向力、横向稳定性和运行平稳性。

11. 列车速度和位置测试方法

测试列车速度和位置，以分析在某些测试参数超标时列车在桥上的排列，找出产生异常激励的车辆。

1.5.15.4　评判标准

(1)《高速铁路工程静态验收技术规范》(TB 10760—2013)。

(2)《高速铁路工程动态验收技术规范》(TB 10761—2013)。

(3)《客货共线铁路工程竣工验收动态检测指导意见》(铁建设〔2008〕133 号)。

(4)《高速铁路设计规范(试行)》(TB 10621—2009)。

(5)《新建时速 200～250 公里客运专线铁路设计暂行规定》(铁建设〔2005〕140 号)。

(6)《新建时速 200 公里客货共线铁路设计暂行规定》(铁建设函〔2005〕285 号)。

(7)《铁路桥梁检定规范》(铁运函〔2004〕120 号)。

(8)《铁路桥涵设计基本规范》(TB 10002.1—2005)。

(9)《既有线提速 200 km/h 技术条件(试行)》(铁科技函〔2006〕747 号)。

(10)《既有线提速 200～250 km/h 线桥设备维修规则》(铁运〔2007〕44 号)等。

1.5.15.5　配合要求

(1)设计单位提供测试桥梁的设计图和竣工图。

(2)施工单位指定专人负责桥梁测试的配合工作，负责测试现场的协调、联系、指引道路。

(3)施工单位在指定位置配合搭设脚手架，以便测试人员能从地面上到桥面或墩顶。

(4)铁路局需给测试单位在桥梁线路上安装测试设备的时间。

(5)桥梁静载、动载等试验可同步组织进行，有关单位需做好相互配合工作。

1.5.16 隧道内气动效应测试

1.5.16.1 测试目的

通过测试隧道内瞬变压力、隧道洞口微气压波、隧道内列车风以及附属设施气动力,验证列车在隧道内运行及交会时的空气动力效应是否满足相关标准要求,为动态验收提供依据。

1.5.16.2 测试内容

(1)测试隧道内瞬变压力。

(2)测试隧道洞口微气压波。

(3)测试隧道内列车风。

(4)测试隧道内辅助设施气动力。

1.5.16.3 测试方法

1. 隧道内瞬变压力测试方法

在隧道内各断面边墙位置安装气压传感器,测试气压变化曲线,分析瞬变压力的变化规律、长隧道内辅助坑道对气压传播的能量分配影响。

2. 隧道洞口微气压波测试方法

在隧道各断面边墙位置安装气压传感器测试气压首波变化曲线,在隧道出口不同距离位置安装噪声传感器测试微气压波变化曲线,分析隧道内影响微气压波的气压首波传递时的变化规律,分析长隧道无砟轨道对微气压波激化问题及辅助坑道对微气压波的影响等。

3. 隧道内列车风测试方法

在隧道各断面边墙位置安装风速传感器测试列车风变化曲线,分析列车风的变化规律。

4. 隧道内辅助设施气动力测试方法

在隧道内辅助设施上布置气压传感器,测量列车通过隧道以及在隧道内交会时辅助设施受到的气动力。

1.5.16.4 评判标准

(1)《高速铁路工程动态验收技术规范》(TB 10761—2013)。

(2)《高速铁路设计规范(试行)》(TB 10621—2009)。

(3)《高速铁路工程静态验收技术规范》(TB 10760—2013)。

(4)有关设计文件等。

1.5.16.5　配合要求

有关客运专线公司提供有关隧道设计资料。

1.5.17　列车空气动力学响应测试

1.5.17.1　测试目的

通过测试列车以不同的速度通过隧道和在明线及隧道内交会过程中列车表面及车厢内部空气压力变化，结合列车动力学测试结果，评价列车通过隧道和在明线及隧道内交会过程中的空气动力学响应对列车车体强度、乘坐舒适度和运行安全性等方面的影响是否满足相关标准的要求，为验证线路线间距和隧道设计参数等合理性、确定隧道内最高会车速度等和动态验收提供依据。

1.5.17.2　测试内容

(1)测试列车通过隧道和在明线及隧道内交会过程中，列车表面空气压力的变化。

(2)测试列车通过隧道和在明线及隧道内交会过程中，车厢内部空气压力的变化。

1.5.17.3　测试方法

在列车表面及车厢内部，选择典型部位布置测量精度高、对流场影响小的压力传感器，采用车载测试设备，全程实车测试列车在明线和隧道内交会以及通过隧道过程中空气压力的变化情况。

隧道通过测试在单列动车组正线逐级提速测试过程中进行，测试速度级与单列动车组正线逐级提速联调联试相同。隧道交会测试须单独组织进行，测试速度级根据高速铁路设计速度等级确定，最高交会速度一般为高速铁路设计速度。

1.5.17.4　评判标准

《高速铁路工程动态验收技术规范》(TB 10761—2013)等。

1.5.17.5　配合要求

(1)动车组测点布置需在无电区作业，需地面配有 220 V 电源。

(2)测试须安排在无雨、雪和风速不大于 5 m/s 的天气情况下进行。

(3)每天测试结束后，根据测试需要测试列车停靠无电区，进行仪器设备检查。

(4)测试列车解编时需将传感器信号线接头断开。

第 2 章　高速铁路联调联试工作组织

2.1　高速铁路联调联试前期准备

2.1.1　高速铁路联调联试及运行试验项目委托

根据上级高速铁路联调联试及运行试验计划安排，有关客运专线公司一般应于高速铁路联调联试开始 3 个月前，向测试（检测）单位递交联调联试及运行试验委托函。

2.1.2　高速铁路联调联试及运行试验大纲编制

一般在高速铁路联调联试开始 2 个月前，由测试单位牵头，会同有关铁路局、客运专线公司共同编制高速铁路联调联试及运行试验大纲，报上级批准后执行。

2.1.3　高速铁路联调联试实施方案及规章制度制定

一般在高速铁路联调联试开始 1 个月前，根据上级批复的高速铁路联调联试及运行试验大纲，有关铁路局牵头组织有关客运专线公司和测试单位等编制高速铁路联调联试实施方案，包含高速铁路联调联试期间组织和责任分工、工作流程、规章制度和相关要求等，并报上级备案。一般在高速铁路联调联试开始半个月前，有关铁路局牵头完成试验期间行车组织、施工管理、设备使用和维修、安全管理及应急处理预案等规章制度的制定。

2.1.4　高速铁路联调联试现场准备

（1）成立高速铁路联调联试现场指挥部，设置高速铁路联调联试行车复示终端，相关通信联络、后勤保障及办公设备等准备完毕。

（2）各工种岗位人员培训完成，熟悉系统和设备使用及维护，具备上岗资格，试验所需的相关岗位人员已到位。

（3）联调联试所需机车、车辆、动车组和检测列车已按大纲要求提前准备妥当，并按计划时间到位。测试仪器按有关规定进行检定、校核，测试人员已提前到位并做好各项准备工作。

(4)应急抢修和故障处理的机具、设备及人员等到位并处于待命状态。

2.1.5　高速铁路联调联试等合同签订

依据《关于发布铁路工程联调联试等有关费用标准的通知》(铁建设〔2010〕7 号)等有关规定和批复的大纲等，有关铁路局、测试单位编制高速铁路联调联试及运行试验等费用预算，有关客运专线公司等与有关铁路局、测试单位签订相关合同。

2.2　高速铁路联调联试前提条件确认

2.2.1　高速铁路联调联试前提条件确认组织

在高速铁路联调联试开始前，必须对高速铁路联调联试前提条件等进行确认。一般由联调联试现场指挥部组织有关部门和单位人员进行现场检查及联调联试前提条件等确认工作。

(1)可使用轨道车等进行全线添乘检查工作，铁路局安全监察室、建设管理处、总工程师室、机务处、供电处、工务处、电务处(通信专业、信号专业)、客运处、土地房产管理处，铁路公安局，有关客运专线公司等有关部门和单位安排主管人员参加。

(2)各有关部门和单位需将参加全线添乘检查工作人员名单于规定时间前报联调联试现场指挥部确认同意。

(3)有关客运专线公司需安排好添乘检查的轨道车等，确保沿线铁路信号正确显示，做好行车调度、设备保障、安全保卫等工作，确保轨道车等运行安全。

(4)有关客运专线公司需及时组织完成静态验收提出问题和上级专家组、综合组静态验收报告评审提出问题等整改工作以及剩余工程完成工作，以利静态验收报告及时通过上级评审和联调联试及时启动进行。

2.2.2　高速铁路联调联试前提条件具体确认

高速铁路联调联试前提条件具体确认，一般采用签认表形式，由有关单位和部门负责人员对照高速铁路联调联试前提条件内容逐一进行签字确认(详见表 2-1 高速铁路联调联试前提条件及签认表)。

表 2-1 高速铁路联调联试前提条件及签认表

序号	内　　容	单位及确认签字	备注
1	各专业涉及联调联试的主体及配套工程完成,工程竣工图纸和牵引供电、电力、通信、信号系统技术文件、运用维护手册齐全,完成系统检测、调试、动态测试和分系统集成试验,并提供测试报告	有关客运专线公司: 有关铁路局:	
2	静态验收合格,影响联调联试的问题已整改完毕,并由铁路局会同建设单位复检合格。采用综合检测列车上线进行实车试验前,工务、供电、电务各专业应完成工程静态验收,且静态验收报告通过总公司专业专家组审查,专家意见认定具备联调联试条件,或提出的影响联调联试的问题已整改完毕,并由铁路局会同建设单位复检合格。其他专业,铁路局已牵头确认不存在影响综合检测列车上线试验的问题	有关客运专线公司: 有关铁路局:	
3	建设单位已分别与铁路局和检测测试单位签订联调联试、运行试验工作组织及检测测试委托协议。试验大纲已经总公司批复,实施方案及有关制度、办法、细则制定完毕并发布,铁路局已牵头组织参加试验人员学习掌握	有关客运专线公司: 有关铁路局: 测试单位:	
4	联调联试现场组织机构组建完毕,参试人员到位,工作机制已经建立,安全防护、治安措施到位。试验用机车车辆、综合检测列车和其他试验动车组调配,以及现场测试仪器设备安装调试等准备工作完成	有关客运专线公司: 有关铁路局: 测试单位:	
5	铁路局已组织开行由轨道、接触网、电务等专业检测车组成的检测列车,对轨道、接触网、GSM-R 等主要行车设备状态进行动态检查,确认具备综合检测列车上线试验条件	有关客运专线公司: 有关铁路局: 测试单位:	

2.3 高速铁路联调联试试验动车组上线条件确认

在高速铁路联调联试试验动车组上线运行前,必须对试验动车组上线条件进行确认。

2.3.1 高速铁路联调联试试验动车组上线条件确认组织

综合检测列车等试验动车组上线运行前,由有关铁路局会同有关客运专线公司、测试单位共同确认试验动车组上线条件。

2.3.2　高速铁路联调联试试验动车组上线条件具体确认

高速铁路联调联试试验动车组上线条件具体确认，一般采用签认表形式，由有关单位和部门负责人员对照高速铁路联调联试试验动车组上线条件内容逐一进行签字确认（详见表 2-2 高速铁路联调联试试验动车组上线条件及签认表）。

表 2-2　高速铁路联调联试试验动车组上线条件及签认表

序号	内　容	单位、部门及确认签字	备注
1	各专业影响联调联试行车安全的工程全部完成	有关客运专线公司： 铁路局工务处： 铁路局电务处： 铁路局供电处：	
2	轨道表面无可动物体，有砟轨道道床状态参数、道床断面满足标准要求	有关客运专线公司： 铁路局工务处：	
3	正线轨道精调完成，利用轨道检查车进行最高时速 160 km 动态检测，按时速 200～250 km 客运专线轨道动态管理标准（$200\ \text{km/h} \leqslant v \leqslant 250\ \text{km/h}$轨道动态管理标准见表 2-2-1）评判，无Ⅲ级及以上偏差	有关客运专线公司： 铁路局工务处： 测试单位：	
4	各车站到发线达速，具备接发试验列车条件	有关客运专线公司： 铁路局工务处： 铁路局供电处：	
5	钢轨原则上完成预打磨	有关客运专线公司： 铁路局工务处：	
6	道岔工电联调完成，正常运转	有关客运专线公司： 铁路局工务处： 铁路局电务处：	
7	线路标识按规定全部安装完毕	有关客运专线公司： 铁路局工务处： 铁路局电务处： 铁路局供电处：	
8	区间和车站站台、雨棚等设备设施满足铁路建筑限界标准要求	有关客运专线公司： 铁路局土地房产管理处： 铁路局工务处：	
9	车站和区间线路两侧防护栅栏，桥梁防护栏杆、疏散通道，声（风）屏障，屏蔽门/安全门，以及其他安全设施按设计安装完毕	有关客运专线公司： 铁路局工务处： 铁路局客运处：	
10	站场内和区间线路光、电缆沟槽全部贯通，光、电缆入槽、盖板覆盖	有关客运专线公司： 铁路局电务处：	

续上表

序号	内　　容	单位、部门及确认签字	备注
11	车站和区间路料、垃圾已彻底清理，站场及隧道除尘完成	有关客运专线公司： 铁路局工务处： 铁路局运输处：	
12	牵引供电系统满足联调联试负荷需求。接触网按设计要求安装调整到位，完成冷热滑试验。利用接触网检测车进行最高时速 160 km 动态检测，接触网安全性指标拉出值不大于 450 mm、接触线高度满足绝缘及受电弓工作高度要求，平顺性指标硬点小于 490 m/s^2（接触网安全性指标应满足表 2-2-2 要求，平顺性指标原则上应符合表 2-2-2 要求）	有关客运专线公司： 铁路局供电处： 测试单位：	
13	通信系统开通，具备信号安全数据网通信条件。GSM-R 电磁环境干扰清频、网优工作基本完成，满足列控系统调试条件。现场指挥部临时调度台（或铁路局调度所临时调度台及现场指挥部调度复示联络台）、各车站调度电话已开通使用	有关客运专线公司： 铁路局电务处： 铁路局运输处：	
14	信号安全数据网工作正常、稳定。应答器安装位置正确。列控中心及轨道电路载频、码序正确，工作稳定。车站联锁试验完成，联锁关系正确，道岔具备不加锁条件。CTC 系统具备列车进路办理和运行显示等功能。信号集中监测系统功能正常。 信号系统集成试验完成后，CTCS-2 或 CTCS-3 级列控系统功能、性能符合设计要求	有关客运专线公司： 铁路局电务处：	
15	现场指挥部及临时调度台（或铁路局调度所临时调度台及现场指挥部调度复示联络台）组建完成，办公设备到位，具备工作条件	有关客运专线公司： 铁路局电务处： 铁路局运输处： 联调联试现场指挥部：	
16	各车站行车室，通信、信号、电力等设备用房按设计完成施工，室内工作环境、防雷及接地等符合设计及相关标准要求，具备使用条件	有关客运专线公司： 铁路局建设管理处： 铁路局土地房产管理处： 铁路局电务处： 铁路局供电处： 铁路局运输处：	
17	新建动车运用所投入使用，具备综合检测列车和其他试验动车组停放整备和二级及以下检修能力。未新建动车运用所的线路，可利用既有动车运用所完成相关作业	有关客运专线公司： 铁路局车辆处：	

续上表

序号	内　　容	单位、部门及确认签字	备注
18	枢纽内衔接既有线各联络线及动车组出入库线路轨道、接触网、通信、信号等具备条件，试验列车和动车组原则上按设计速度运行	有关客运专线公司： 铁路局工务处： 铁路局电务处： 铁路局供电处：	

表 2-2-1　200 km/h≤v≤250 km/h 轨道动态管理标准表

项　　目	单位	Ⅲ级	Ⅳ级
轨距	mm	$^{+8}_{-6}$	$^{+12}_{-8}$
水平	mm	10	13
三角坑(基长 2.4 m)	mm	8	10
高低(波长 1.5～42 m)	mm	11	14
高低(波长 1.5～70 m)	mm	15	—
轨向(波长 1.5～42 m)	mm	8	10
轨向(波长 1.5～70 m)	mm	12	—
车体垂向加速度	m/s^2	2.0	2.5
车体横向加速度	m/s^2	1.5	2.0

表 2-2-2　接触网安全性指标和平顺性指标表

一、安全性指标		
序号	项　　目	超标限值
1	拉出值(mm)	>450
2	接触线高度(mm)	双层集装箱线路低于 6 330
		不开行货物列车线路低于 5 150
二、接触线平顺性指标		
序号	项　　目	160 km/h 条件下
1	硬点(g)	50
2	一跨内接触线高差(mm)	200

2.4　高速铁路联调联试试验申请

在高速铁路联调联试和试验动车组上线之前，根据《高速铁路联调联试及运行试验实施细则》(铁总办〔2013〕107 号)和《关于认真做好高速铁路和客运专线铁路联调联试前提条件有关工作要求的通知》(铁建设〔2010〕67 号)等有关规定，有关铁路局需会同有关客运专线公司、测试单位对高速铁路联调联试前提条件和试验动车组上线条件分别进行确认，在高速铁路联调联试前提条件、试验动车组上线条件具备的情况下，有关铁路局及时向上级提报进行高速铁路联调联试的试验申请，逐一对照有关条件内容据实进行报告和有关情况说明，行文报铁路总公司工程管理中心和运输局备案，启动联调联试工作。

2.5 高速铁路联调联试工作依据

进行高速铁路联调联试的工作依据主要是：《高速铁路竣工验收办法》(铁建设〔2012〕107 号)、《高速铁路工程动态验收技术规范》(TB 10761—2013)、《高速铁路联调联试及运行试验实施细则》(铁总办〔2013〕107 号)、《关于高速铁路联调联试、动态检测及运行试验大纲的批复》、《关于大桥通车鉴定方案的批复》(涉及大桥试验时)、《关于铁路客运专线开通运营有关工作的指导意见》(铁运〔2008〕197 号)等。并依据有关客运专线公司《关于开展联调联试及动态试验的函》，在有关客运专线公司已确认静态验收通过专家评审，已具备联调联试及动态检测等条件下，开始进行联调联试工作。

2.6 高速铁路联调联试等测试流程

2.6.1 200～250 km/h 等级高速铁路(含客货共线高速铁路)联调联试及运行试验测试流程

1. 现场联调联试准备和轨道、接触网以及信号设备状态检测

(1)进行地面测点现场联调联试准备。

(2)进行试验货物列车准备。

(3)采用检测列车对轨道、接触网和信号设备状态进行检测，根据检测结果对轨道、接触网和信号设备进行调整。

(4)进行接触网静态弹性测试。

(5)采用车载探地雷达对路基状况进行测试。

(6)进行道岔转换和夹异物测试。

2. 货物列车逐级提速联调联试

(1)进行货物列车逐级提速测试。货物列车按 80 km/h、90 km/h、100 km/h、110km/h、120 km/h 逐级提速，一般每个速度级运行 1～4 个

往返。具体测试内容包括：车辆动力学响应、路基及过渡段动力性能、轨道结构动力性能、道岔动力性能、桥梁动力性能、振动噪声等测试。更高速度级试验根据测试情况等进行具体确定。

(2)进行货物列车侧向通过道岔测试。

3. 普速旅客列车逐级提速联调联试

进行普速旅客列车逐级提速测试。普速旅客列车按 120 km/h、140 km/h、160 km/h 逐级提速，一般每个速度级运行 1～4 个往返。具体测试内容包括：振动噪声、列车空气动力学响应等测试。更高速度级试验根据测试情况等进行具体确定。

4. 动车组逐级提速联调联试

(1)进行单组动车组逐级提速测试。时速 200 km 客货共线铁路动车组按 160 km/h、180 km/h、200 km/h、210 km/h、220 km/h 逐级提速，时速 250 km 客货共线铁路动车组按 180 km/h、200 km/h、220 km/h、230 km/h、240 km/h、250 km/h、260 km/h、275 km/h 逐级提速；一般每个速度级运行 1～4 个往返。具体测试内容包括：轨道、接触网系统、供变电系统、通信系统、信号设备状态、综合接地、电磁兼容、振动噪声、路基及过渡段动力性能、桥梁动力性能、隧道内气动效应、列车空气动力学等测试。

(2)进行动车组侧向通过道岔测试。

(3)进行重联动车组逐级提速测试。时速 200 km 客货共线铁路重联动车组按 180 km/h、200 km/h 逐级提速，时速 250 km 客货共线铁路重联动车组按 200 km/h、220 km/h、230 km/h、240 km/h、250 km/h 逐级提速；一般每个速度级运行 1～4 个往返。具体测试内容包括：轨道、接触网系统、供变电系统、综合接地、电磁兼容等测试。

(4)根据需要进行动车组、货物列车、普速旅客列车列车隧道交会测试。

5. 信号系统集成商测试和联调联试

6. 客运服务、防灾安全监控、SCADA、综合视频监控系统联调联试(根据工程条件具备情况等适时进行)

7. 全线拉通

8. 运行试验

2.6.2　300～350 km/h 等级高速铁路联调联试及运行试验测试流程

1. 现场联调联试准备和轨道、接触网以及信号设备状态检测

(1)进行地面测点现场联调联试准备。

(2)采用检测列车对轨道、接触网和信号设备状态进行检测,根据检测结果对轨道、接触网和信号设备进行调整。

(3)进行接触网静态弹性测试。

(4)采用车载探地雷达对路基状况进行测试。

(5)进行道岔转换和夹异物测试。

2. 动车组逐级提速联调联试

(1)采用非接触式测量方法进行接触网几何参数检测。

(2)进行单组动车组逐级提速测试。动车组按 180 km/h、200 km/h、220 km/h、240 km/h、260 km/h、280 km/h、300 km/h、310 km/h、320 km/h、330 km/h、340 km/h、350 km/h、360 km/h、370 km/h、380 km/h、385 km/h 逐级提速,一般每个速度级运行 1～4 个往返。具体测试内容包括:轨道、接触网系统、供变电系统、通信系统、信号设备状态、综合接地、电磁兼容、振动噪声、路基及过渡段动力性能、桥梁动力性能、隧道内气动效应、列车空气动力学等测试。

(3)进行动车组侧向通过道岔测试。

(4)进行重联动车组逐级提速测试。重联动车组按 250 km/h、280 km/h、300 km/h、320 km/h、330 km/h、340 km/h、350 km/h 逐级提速,一般每个速度级运行 1～4 个往返。具体测试内容包括:轨道、接触网系统、供变电系统、综合接地、电磁兼容等测试。

(5)采用非接触式测量方法进行接触网几何参数复测。

(6)根据需要进行动车组隧道交会测试。

3. 信号系统集成商测试和联调联试

4. 客运服务、防灾安全监控、SCADA、综合视频监控系统联调联试(根据工程条件具备情况等适时进行)

5. 全线拉通

6. 运行试验

2.7 高速铁路联调联试工作周期和阶段安排

高速铁路联调联试工作周期根据具体线路的技术构成、速度等级、线路长度等因素确定,联调联试时间一般为 2～6 个月。

高速铁路联调联试工作可分为现场准备阶段、逐级提速阶段、信号系统联调联试阶段、其他系统联调联试阶段、全线拉通试验阶段。

2.7.1　现场准备阶段

在正式测试开始前，进行测试现场各项准备工作，其中包括地面测点布置、测试系统调试等准备工作；同时可采用检测列车对轨道、接触网和信号设备状态进行检测，进行道岔转换阻力及夹异物测试等。

2.7.2　逐级提速阶段

逐级提速阶段根据铁路局管辖范围、试验具备条件以及现场实际情况等，联调联试可分段进行。联调联试分段进行时，应考虑工程进度、动车段（动车运用所）位置、相关铁路局管辖范围等因素，段与段间应适度重叠，确保试验列车全线试验速度等均能达到试验大纲规定的要求。具体进行时，根据测试数据分析可否提速；如测试数据分析影响提速，则需及时提报计划、及时给点精调。

结合具体情况，该阶段可统筹做好以下主要工作：

（1）接触网光学非接触式测量。

（2）单组动车组逐级提速测试。

（3）接触网短路测试。

（4）道岔侧向通过测试。

（5）隧道交会测试。

（6）重联动车组逐级提速测试。

（7）接触网光学非接触式测量复测等。

2.7.3　信号系统联调联试阶段

信号系统联调联试阶段根据铁路局管辖范围、试验具备条件以及现场实际情况等，联调联试可分段进行。联调联试分段进行时，应考虑工程进度、动车段（动车运用所）位置、相关铁路局管辖范围等因素，并确保信号系统联调联试达到试验大纲规定的要求。结合具体情况，该阶段可统筹做好其他联调联试等工作。

2.7.4 其他系统联调联试阶段

客运服务系统、防灾安全监控系统、SCADA 系统、综合视频监控系统等联调联试，根据工程条件具备情况等，在完成静态验收后，在联调联试期间适时安排进行。

2.7.5 全线拉通试验阶段

根据联调联试整体工作安排，在全线拉通试验有关条件具备等后，科学合理安排在联调联试整个区段进行全线拉通试验。

2.8 高速铁路联调联试工作组织

高速铁路联调联试工作组织需努力做到计划科学性、组织严谨性、安全绝对性、工作高效性、内容全面性、方法正确性、完成及时性、质量保证性。

2.8.1 高速铁路联调联试组织机构和工作分工

为全面做好高速铁路联调联试工作，在上级正确领导下，成立高速铁路联调联试及动态检测领导小组(以下简称联调联试领导小组)和现场指挥部。

2.8.1.1 联调联试领导小组

主要任务是在上级的正确领导下，全面做好对高速铁路联调联试工作的组织领导，确保高速铁路联调联试及动态检测工作安全、顺利、有序进行。

组　长：铁路局局长、铁路局党委书记

副组长：铁路局有关副职领导，有关客运专线公司、测试单位和铁路公安局主要负责人和有关领导

组　员：铁路局、有关客运专线公司、测试单位、铁路公安局有关部门负责人等

2.8.1.2 联调联试工作分工

(1)作为高速铁路联调联试领导小组组长单位，铁路局主要负责联调联试及动态检测的具体组织实施，保证行车安全。作为高速铁路联调联试领导小组副组长单位，测试单位主要负责具体联调联试及动态检测测

试工作，保证试验安全；有关客运专线公司主要负责试验配合、后勤保障，组织工程施工单位等对各系统状态进行调整，负责施工现场安全管理和保证施工安全，在试验期间组织相关人员进行并做好安全防护工作等；铁路公安局主要负责做好试验期间的安全保卫工作。

(2)高速铁路联调联试现场有关单位具体工作分工：

1)铁路局：

负责组织联调联试及运行试验，参与编制联调联试及运行试验大纲并组织初步审查，组织编制实施方案；组织编制联调联试及运行试验期间行车组织、施工管理、设备运用维护、安全管理、应急救援等制度、办法。

联调联试开始前组织接管行车设备，牵头组织确认联调联试及运行试验开始条件、试验列车每日上线条件；全面负责联调联试及运行试验期间的行车组织、安全管理，以及试验机车车辆、综合检测列车和其他试验动车组的整备检修；配合开展测试工作，督导固定设备、设施的整治精调；组织完成联调联试及运行试验工作总结，根据检测测试单位编制的动态检测报告及运行试验报告，会同建设单位编制动态验收报告等。

2)有关客运专线公司：

委托检测测试单位编制试验大纲，参与编制试验大纲及实施方案；组织设计、施工等单位保证联调联试工程条件，配合铁路局做好行车设备接管，按相关规定组织做好生产生活用房、维修机具、备品备件的移交；组织设计和施工单位，对联调联试及运行试验中发现的工程问题进行整改、优化；督导施工现场安全管理；负责后勤保障工作；根据检测测试单位编制的动态检测报告及运行试验报告，会同铁路局编制动态验收报告等。

3)测试单位，桥梁动载、静载等试验主体单位(涉及桥梁动载、静载等试验时)：

牵头编制试验大纲，参与编制实施方案；具体负责联调联试及运行试验的检测测试工作，及时分析、整理、发布测试数据，提出问题及整改建议；保证检测设备工作状态和运行安全，负责检测人员安全管理；编制动态检测报告及运行试验报告等。

4)铁路公安局：

负责做好联调联试期间等安全保卫工作。

5)有关设计单位：

按要求提供相关技术资料，解决与设计相关问题的整改、优化等。

6)施工单位、集成商和设备供应商：

提供相关技术资料和自检报告，根据测试结果组织人员进行问题整改和系统精调、优化等。

7)监理单位：

监督相关单位完成问题整改、系统精调及优化等。

2.8.1.3　联调联试现场指挥部

主要任务是按照上级批复的《高速铁路联调联试及动态检测大纲》和制定的《高速铁路联调联试及动态检测实施方案》，具体组织实施高速铁路联调联试及动态检测工作。

组　长：铁路局主管副职领导

副组长：有关客运专线公司、测试单位、铁路公安局主管副职领导等

组　员：铁路局办公室(党委办公室)、总工程师室、安全监察室、运输处、客运处、机务处、车辆处、工务处、电务处、供电处、建设管理处、信息技术处、土地房产管理处，调度所，其他有关铁路局有关部门，铁路公安局，有关客运专线公司，测试单位等有关部门、单位主管负责人，工作人员等

2.8.1.4　联调联试现场指挥部工作分工

联调联试现场指挥部在负责直接领导和组织指挥联调联试及动态检测日常工作，研究制定具体联调联试及动态检测方案，审查确定行车方案等同时，需配合其他铁路局做好其他区段的联调联试及动态检测工作；一般由一个铁路局牵头，会同其他铁路局、测试单位等组织进行全线拉通工作。联调联试现场指挥部必须实施有力领导，善于掌握大局、统筹兼顾、见微知著、过程盯控、把握关键、科学指挥、严格管理，确保联调联试工作任务安全、有序、如期完成。联调联试现场指挥部下设运输组织组、技术测试组、设备保障组、安全保卫组、后勤保障组等工作组。

1.运输组织组

由铁路局运输处为组长，铁路局机务处、车辆处、客运处、调度所和有关车站(车务段)、机务段、动车段、车辆段、客运段等为组员。按联调联试现场指挥部的要求，负责编制联调联试列车运行图和运输组织办法；下达联调联试及动态检测日计划，做好试验列车运行调整和行车组织协调工作；落实每日联调联试及动态检测工作计划；拟定并落实列车乘务计划；及时处理与联调联试及动态检测相关的各种问题；掌握联调联试及动态检测期间的安全情况，保证联调联试及动态检测工作安全有序。

铁路局运输处负责编制联调联试及动态检测运输组织方案，做好联调联试及动态检测有关动车组、机车车辆的调动、编解、回送及试验车辆调配申请等工作。

动车组等在动车段（动车运用所）等具备条件地点进行并做好整备检修等工作。

有关机务段负责担当检测列车、动车组牵引等任务，每列车派段领导、安全技术人员添乘；动车段（动车运用所）、客运段、有关车辆段分别负责担当检测列车、动车组等乘务；有关车站和联调联试及动态检测运输组织方案指定的车站、动车段（动车运用所）、有关车辆段，分别负责检测列车、动车组等技术检查、货运检查（客货共线铁路）等工作。

检测列车分别由铁路局安全监察室、有关客运专线公司、铁路局相关部门和单位派人添乘，可由铁路局安全监察室等胜任人员担当运行联系人。进行速度级试验的动车组分别由铁路局总工程师室、机务处、车辆处，有关客运专线公司，测试（试验）单位，铁路局相关部门和单位派人添乘，可由铁路局总工程师室、机务处、车辆处等胜任人员担当运行联系人；普速旅客列车、货物列车试验分别由铁路局总工程师室、机务处、车辆处、货运处，有关客运专线公司，测试（试验）单位，铁路局相关部门和单位派人添乘，由每日公布的联调联试及动态检测试验有关事项的通知中指定的铁路局专业处室等胜任人员担当运行联系人。进行信号试验的动车组分别由铁路局总工程师室、机务处、电务处，有关客运专线公司，测试单位，集成商，铁路局相关部门和单位派人添乘，可由铁路局总工程师室、机务处、电务处等胜任人员担当运行联系人。

2. 技术测试组

由测试单位为组长（涉及桥梁动载、静载等试验时，由桥梁动载、静载等试验主体单位为副组长），有关客运专线公司，施工单位，集成商，铁路局工务处、电务处、机务处、供电处、车辆处及相关部门和单位等为组员。按联调联试现场指挥部的要求，测试单位、桥梁动载和静载等试验主体单位（涉及桥梁动载和静载等试验时）负责做好测试（试验）工作；有关客运专线公司、施工单位、集成商等协助并参加有关方面做好各测点仪器设备安装、监护配合和试验数据采集等；及时向有关方面报告测试（试验）过程中出现的异常情况，确保联调联试及动态检测过程的安全；铁路局有关部门、单位协助测试（试验）单位等进行试验数据整理，参加编制试验报告。

3.设备保障组

由有关客运专线公司为组长，各工程施工单位、集成商，铁路局工务处、电务处、机务处、供电处、车辆处、土地房产管理处为副组长，铁路局有关工务段、电务段、通信段、机务段、供电段、动车段（动车运用所）、车辆段、房建生活段等为组员。按联调联试现场指挥部的要求，主要负责线路、桥梁、隧道、站场、通信、信号、动车组、机车车辆、接触网、供变电、房建等行车设备质量；做好各种设备的加固、补强和日常检查、质量保证工作；做好联调联试及动态检测期间每日线桥等轨检和接触网网检、通信信号检测工作；组织做好未完工程施工、设备精调精整及系统调整优化、各类问题整改工作；组织做好联调联试及动态检测用动车组、机车车辆、轨道检查车、接触网检测车、电务试验车的技术状态检查、养护维修整备工作；负责制定设备运用维修管理办法和应急故障处理措施，铁路局供电处负责制定电气化接触网停送电办法。

有关机务段、动车段（动车运用所）、车辆段、车站（车务段）需根据有关联调联试及动态检测用检测列车、综合检测列车、测试动车组、机车车辆整备等条件要求，按规定时间、工作要求提供停放、检测、整备等所需线路（无电区或具备接触网停电条件）和供电、供水、加油等条件。

4.安全保卫组

由铁路公安局为组长，有关客运专线公司和铁路局安全监察室、党委宣传部，有关车站（车务段）、机务段、供电段、工务段、电务段、通信段、动车段（动车运用所）、车辆段、房建生活段、铁路公安处、救援列车等相关部门和单位为组员。主要负责制定并实施高速铁路联调联试及动态检测期间安全保障措施；对线路、桥梁、隧道、站场、通信、信号、动车组、机车、车辆、接触网、供变电、房建等行车设备安全质量进行监督检查；采取有效措施保障联调联试及动态检测区段、相关联的既有线区段列车运行安全、人身安全等；维护和保障联调联试及动态检测区段、相关联的既有线区段的治安秩序，并协调做好有关新闻工作。制定并实施警卫方案、保密方案。

5.后勤保障组

由有关客运专线公司负责，全面做好联调联试及动态检测期间参试单位人员和其他有关方面配合人员等办公、会议、交通、通信、生活等后勤服务保障工作。后勤服务保障工作涉及两个及其以上客运专线公司时，一般由一个客运专线公司统筹负责做好后勤服务保障工作。

2.8.2　高速铁路联调联试工作组织原则

1. 坚持安全性原则

有关客运专线公司、施工单位、集成商和铁路局有关部门、单位等必须做好线路、桥梁、隧道、站场、通信、信号、牵引供电、动车组、机车车辆等行车设备质量保证工作；做好各种设备的加固、补强和安全质量监督检查；采取有效措施保障试验区段列车运行安全、人身安全和调车等安全；维护和保障试验区段的治安秩序。

2. 坚持科学性原则

高速铁路联调联试及动态检测工作必须严格按上级批复的联调联试及动态检测大纲和实施方案组织实施，联调联试及动态检测计划方案原则上不得随意变动。必须严格执行计划方案的编制原则和审批方案的工作要求，以确保安全为基本编制原则，以逐级把关为基本定案要求，所有联调联试及动态检测计划方案在科学合理安排试验、施工等情况下，必须经联调联试现场指挥部认真把关、审核同意(必要时报联调联试领导小组、上级同意)后，方可实施。坚决杜绝试验计划方案的随意性、片面性，以确保联调联试及动态检测工作安全、顺利、有序进行。根据试验动态结果分析，可能影响行车等安全或因天气等原因确需变动试验计划方案时，应立即暂停联调联试及动态检测工作，科学合理研究确定具体试验计划方案、办法后再行实施。

3. 坚持保密性原则

为做好试验过程和试验数据的保密工作，所有参试人员不得对外泄露任何试验有关信息；未经许可，不得接受任何采访。参加试验人员必须携带工作证和规定的乘车证等；严格控制上车人员，铁路公安人员、客运段乘务人员负责按规定检查，无证者一律不准上车。

4. 坚持统一性原则

各参试部门和单位需服从上级、联调联试领导小组、联调联试现场指挥部的统一领导，在联调联试现场指挥部的直接领导下，认真学习掌握联调联试及动态检测工作各项要求，做到各司其职，各负其责，有令则行，有禁则止，团结协作，积极配合，确保联调联试及动态检测工作过程中的行车和人身等各项安全，确保实现联调联试及动态检测大纲要求，取得试验所需的各项数据，圆满完成联调联试及动态检测工作任务。

5. 坚持互促性原则

要通过联调联试及动态检测工作不断进行促进发现问题和及时整改，并通过发现问题和及时整改促进联调联试及动态检测工作不断进行，做到相互促进、良性循环。须做好问题全面管理和问题及时整改工作：测试单位在每日联调联试完毕后，需及时将当日发现问题纳入问题库，及时通报有关客运专线公司、问题整改单位、铁路局有关部门等，并报联调联试现场指挥部；问题整改单位在每日接到通报问题库后，及时组织有关单位、部门人员进行研究解决；有关客运专线公司需对有关问题解决情况及时进行逐一确认，并及时报联调联试现场指挥部。

6. 坚持统筹性原则

根据联调联试现场实际，联调联试现场指挥部需科学合理地统筹安排进行联调联试与精调精整，以及分时段、分区段交叉进行缺陷整治等工作，尽量减少联调联试停轮时间。

2.8.3 高速铁路联调联试期间工作组织要求

工作目标：确保安全，有序进行，如期完成。

工作要求：科学指挥，周密安排，精心调试。

安全要求：坚持必须确保各项安全；坚持列车上线先后次序（列车上线先后次序为：轨道车、单机、检测列车、货物列车、普速旅客列车、动车组）；坚持两端空间、时间隔离（联调联试区段调试与两端既有线运营车站运营须做到空间、时间隔离，联调联试区段调试宜先进行中间调试、后进行两端调试，试验列车进出两端既有线运营车站时可顺带进行一些调试工作内容）；坚持两端列车进出相对固定（试验列车进出两端既有线运营车站时宜相对固定车次、进路、时间等，既有线运营车站须把住进路关、设备关等）；坚持认真执行有关规定；坚持参试人员相对固定；坚持及时全面缜密工作。

2.8.4 高速铁路联调联试前设备管理权、设备使用权、行车指挥权、施工管理权的接管

为确保安全、有利工作等需要，根据具体情况，高速铁路联调联试区段宜自联调联试开始至少前一日指定时间起由有关铁路局接管设备管理权、设备使用权、行车指挥权、施工管理权，各有关部门、单位以及测试列

车上等有关工作须全面细致及时工作到位，做到定人、定位、定工作、定责任，做到人到、心到、工作到、责任到；各有关车站铁鞋、手摇把等规定备品同时到位。

铁路局接管后，行车工作由铁路局调度所相应调度台负责，行车指挥统一由铁路局调度所列车调度员统一指挥。并自铁路局接管时间起，所有影响行车的施工和设备检修必须到车站办理登、销记手续。所有的限速地段和处所，由铁路局设备管理单位在车站运统-46 上登记并报铁路局业务主管部门，由铁路局业务主管部门确认后提供给铁路局调度所，铁路局调度所按规定发布限速调度命令。

2.8.5　高速铁路联调联试现场测试布点工作

高速铁路联调联试开始前，测试单位需向联调联试现场指挥部提交逐日现场测试布点工作计划，以利及时安排和及时做好布点工作；并需有关单位做好配合工作。

2.8.6　高速铁路联调联试工作计划

(1)高速铁路联调联试开始后，测试单位根据联调联试等全部测试工作的总体计划内容(主要包括测试日期、区段、用车、内容〔包括速度级、往返次数〕等)和对总体计划分阶段细化安排的阶段计划内容(主要包括每日测试内容、区段、用车、试验速度、往返次数、测试地点、负责单位、配合单位及配合要求等)，以及具备的测试条件和未完成的测试内容等情况，向联调联试现场指挥部每日提供次日测试初步计划(日测试计划主要包括测试区段、内容、时间、用车、进路、速度、次数、限速表、注意事项及配合要求等)，经联调联试现场指挥部缜密研究后，按研究同意的次日测试计划执行，需全力提高试验有效性。测试运输组织日计划由联调联试现场指挥部运输组织组根据测试阶段计划和测试日计划等编制，内容主要包括试验用车、区段、内容、列车编组、运行速度及乘务担当、动车组等车底交路、列车运行计划、行车事项、安全措施和其他事项等，测试运输组织日计划的编制宜按最不利情况做好安全设防。

(2)在联调联试进入正常状态后，每日联调联试计划中，在确保安全的情况下，有关试验内容必须全力加载到每次试验列车上，该平行作业的平行作业、该多重作业的多重作业，尽量以每次试验列车做最多的试验内容。

(3)在对联调联试大纲进行认真细致研究的基础上，联调联试现场指挥部需按照确保安全、有利效率的原则，每日依据测试单位提出的试验计划，结合现场发现的各类问题整改情况及试验总体进展情况，科学合理排定好近期试验工作计划、远期试验工作计划及每日试验工作计划；通过科学合理排定计划，把因各种原因对联调联试工作造成的影响降到最低限度，确保联调联试工作安全、有序、高效进行。并在联调联试过程中，根据实际情况灵活调整、不断优化，确保试验计划的安全性、科学性和周密性，做到试验计划内容充实、任务饱满。

(4)有关计划需做到既要科学又要灵活，联调联试现场指挥部需及时根据未完成联调联试内容、现场情况、调试资源、时间节点、现存问题及问题整改等情况，会同有关单位对联调联试剩余工作任务、下步有关工作准备等科学积极做出近期工作计划安排(近期工作轮廓计划)和每日调试计划等有关计划，使每日调试工作等在近期工作计划安排(近期工作轮廓计划)下有序、有效进行。近期工作计划、每日调试计划等有关计划需有可调整的灵活性，以利情况有变化时(如天气不良等)及时调整计划，不耽误时间、不影响调试等工作。

(5)当联调联试实施过程中，有关铁路局之间存在空间交叉干扰、试验资源影响等时，联调联试现场指挥部等需对测试日计划等提前沟通商定、统筹安排，在确保绝对安全的情况下，科学、合理编制各自测试日计划等，确保各自工作任务安全、有序、如期完成。

2.8.7 高速铁路联调联试每日工作组织基本程序

(1)检测列车。每日联调联试及动态检测前开行检测列车，并及时向联调联试现场指挥部汇报先行检查情况。有关客运专线公司，施工单位，铁路局安全监察室、建设管理处、设备管理部门和单位等分别派技术人员等参加检测，确认试验列车开行条件。

(2)始发整备。每日试验列车开车前1个小时，铁路局运输部门组织完成试验列车编组、取送等工作，各参试单位等完成试验列车开行条件确认工作。

(3)试验运行。按联调联试及动态检测计划和内容组织试验列车开行，每提高一个速度等级必须经确认监测数据处于安全范围后，在确保安全的情况下，方可进行下一步试验。

（4）设备监护。联调联试及动态检测区段内各工程施工单位、集成商和有关设备管理单位等需加强对线桥隧设备、通信信号设备、牵引供电设备、动车组设备、机车车辆设备等的检查监护，保证运用正常。有关设备管理单位、集成商和施工单位等应采取动态检测、地面监测和检查巡视相结合的方式，在每日联调联试及动态检测前和每次试验列车通过前、中、后对主要行车设备等进行检查监护。

（5）入库交接。每日试验列车等完成联调联试及动态检测计划任务等后，根据整备需要提前一天安排计划，进动车段（动车运用所）等检查、整备。有关参试单位必须严格遵守电气化铁路作业规定，保障人身安全。铁路局运输部门负责制定每日试验列车等运输组织计划，落实车站股道运用（原则上固定存放、整备股道）、取送、整备方案等。

（6）试验小结。每日联调联试及动态检测工作完成后，各组及时全面汇总测试情况、运行情况、设备情况、安全情况和存在问题等，联调联试现场指挥部组织召开当日联调联试及动态检测工作总结会议，总结当日联调联试及动态检测工作等情况，协调解决存在问题，研究安排次日及后续联调联试及动态检测工作计划等。并及时更新问题库，督导问题整改情况。

每日联调联试及动态检测工作总结会议时间不宜过长，一般宜在45 min以内，以利及时公布计划、及时工作准备和及时进行实施，使次日及后续联调联试及动态检测工作计划能及时布置到现场，做好落实工作；以利有关工作人员能得到充足休息，做好次日及后续联调联试及动态检测工作等。会上能立即进行答复、解决、协调的有关问题，需立即答复、解决、协调；会上一时答复、解决、协调不了的问题，会后有关人员专题研究答复、解决、协调，勿在会上久议不决，防止耽误其他人员时间、耽误次日计划实施等。可每日固定时间在联调联试指挥部召开会议，铁路局总工程师室、安全监察室、运输处、机务处、供电处、工务处、电务处、车辆处、建设管理处、土地房产管理处等，铁路公安局，有关车站（车务段）、机务段、供电段、工务段、电务段、通信段、动车段（动车运用所）、车辆段等派有关人员按时参加，有关客运专线公司、测试单位等有关人员按时参加，并保证有关人员相对稳定和工作接续。

（7）有关客运专线公司需及时组织测试单位、施工单位、集成商、设计单位、铁路局有关部门和单位等对每天试验发现的问题，及时做好整改工作。

2.8.8 高速铁路联调联试有关参试单位、部门需要重点做好的工作

(1)各有关单位和部门必须认真学习、严格遵守《联调联试及动态检测大纲》、《联调联试及动态检测实施方案》、《联调联试期间施工组织规定》等各项规定、要求，掌握联调联试及动态检测工作内容和进度要求，密切协作配合，安全、及时、有序、积极做好自身工作和相互支持等工作，确保联调联试及动态检测各项工作安全、有序、如期完成。

(2)各有关单位和部门必须服从联调联试现场指挥部统一指挥，认真、全面、及时地保质保量做好各项有关工作。

(3)有关铁路局、客运专线公司、测试单位需及时做好沟通交流工作，密切联系，密切协作，各负其责，各司其职，做好分管的各项工作以及结合部的有关工作。

(4)有关客运专线公司负责组织有关施工单位、集成商等全面做好各项设备的检查、整治、加强工作，制定联调联试及动态检测期间设备保障方案和应急处理措施，确保达到联调联试及动态检测条件，确保联调联试及动态检测安全。做好施工等现场管理，制定并督促落实有效措施，坚决杜绝施工等人员随意横越线路和施工料具侵入限界等现象，联调联试及动态检测期间禁止一切施工，确保试验列车等绝对安全。为联调联试及动态检测提供后勤保障。需要协助有关测试人员做好测点工棚搭建工作、测试工作以及安排看守及防护工作，安排驻站联系人员，保持车站与测点(包括看守及防护人员)联系畅通；在线路两侧搭建的工棚和安装的设备要满足动车组等列车安全运行要求，保证牢固稳定。

(5)铁路局运输部门需按照联调联试运输组织方案等，编制好联调联试及动态检测列车运行计划，安排好检测列车和试验列车的运行、接发和调车工作，确保运输组织周密有序。在联调联试及动态检测过程中，检测列车和试验列车的运行由联调联试现场指挥部运输组织组根据试验计划等进行组织，其他工作组不得直接指挥检测列车和试验列车运行，以保证行车指挥的唯一性。

1)试验列车开车前，各有关单位和部门要确认联调联试及动态检测区段线桥隧、通信信号及接触网等设备状态良好，试验列车及相关试验设

备、仪器完成准备，运输组织工作到位。

2)试验列车开行时，按重点列车掌握。

3)检测列车和试验列车运行期间，统一由联调联试现场指挥部负责领导，发生意外情况须及时向联调联试现场指挥部报告，听取其指示处理。当危及检测列车和试验列车运行安全时，须立即先行采取果断措施，确保各项安全。

4)铁路局运输部门负责安排做好试验用检测列车、货物列车、普速旅客列车、动车组的编组、调动、车辆调配申请工作，组织做好试验用动车组、机车车辆的回送工作。

5)大桥静载、动载试验用货物列车等依据《大桥通车鉴定试验方案》编组；联调联试用货物列车等依据《联调联试及动态检测大纲》编组。由指定车站负责编组，有关机务段担当牵引任务。

(6)铁路局货运部门需对客货共线铁路，组织做好联调联试及动态检测区段、相关联的既有线区段货物装载加固、技术检查工作。铁路局调度所需组织有关车站、车辆段选扣符合试验要求的规定数量的货车，并在指定时间前送至指定地点(装货、存放等)。

(7)铁路局机务部门需根据每日联调联试及动态检测计划，选派机车乘务员担当牵引任务，每列指派管理人员等添乘；并在联调联试及动态检测前组织看道，熟悉线路，配合进行列车运行监控装置芯片数据录入。根据《联调联试及动态检测大纲》确定的联调联试及动态检测项目、内容和速度等要求，编制机车操纵图等。

由铁路局机务部门指定运用专职人员添乘动车组等试验列车，指导机车乘务员按运行计划正确操纵。机车乘务员需严格按《联调联试及动态检测大纲》确定的联调联试及动态检测方案操纵机车，重点掌握好试验列车运行速度和试验操纵要求，在联调联试及动态检测区段内严格按信号和列车调度员指挥行车；在联调联试及动态检测工作过程中，发现危及列车运行安全因素，须果断采取措施；在不影响试验列车运行等安全时，不得采用紧急制动，以确保试验任务的完成。

在联调联试及动态检测工作期间，救援列车需认真做好准备，全体救援人员处于待命状态，确保紧急情况下做到及时出动。

(8)铁路局车辆部门需组织动车段(动车运用所)、有关车辆段分别安排管理人员、技术人员、检车人员参加检测列车、动车组等试验列车联调联试及动态检测等工作,做好检测列车、动车组等试验列车车辆乘务、车辆技术检查、运行状态监测、养护维修整备等工作。

(9)铁路局工务部门需组织建设单位、施工单位和有关工务段确保联调联试区段线桥隧设备处于良好状态,做好联调联试区段线桥隧设备的检查,发现影响行车安全的问题立即采取相应措施;根据检测结果,及时安排人员对联调联试区段线桥隧设备问题进行整治,以保证试验各项安全和试验继续进行。

(10)铁路局电务部门需组织由建设单位、施工单位、集成商负责,有关电务段、通信段配合,做好通信、信号设备的检测、调试工作;按规定做好联调联试及动态检测区段各站及区间电务设备的检查,发现问题及时处理并做好记录,确保设备状态良好。

由有关客运专线公司负责安装联调联试现场指挥部CTC复示终端、固定电话,提供GSM-R手机、无线对讲机,用于联调联试期间工作指挥和各有关方面之间相互联系。为满足全线拉通时工作指挥的需要,CTC复示终端应涵盖高速铁路联调联试区段全线。

(11)铁路局供电部门需组织建设单位、施工单位和有关供电段确保联调联试区段供电设备处于良好状态,做好联调联试区段供电设备的检查,发现影响行车安全的问题立即采取相应措施;根据检测结果,及时安排人员对联调联试区段供电设备问题进行整治,以保证试验各项安全和试验继续进行。为确保高速铁路联调联试和运行试验期间的供电安全,根据《高速铁路联调联试及运行试验期间行车有关规定》等文件的有关要求,铁路局供电部门需制定《高速铁路联调联试和运行试验期间停送电管理办法》。

(12)铁路局客运部门需拟定并落实列车乘务计划,负责组织做好动车组等列车客运乘务和运转车长值乘工作。

(13)安全、保卫等部门、单位需确保高速铁路联调联试及动态检测工作安全有序进行,铁路局安全监察室需加强对高速铁路联调联试及动态检测区段安全管理的监督检查,重点监督检查各项安全措施落实情况;铁路公安和宣传部门等需组织做好治安保卫和保密工作,做好线路巡查、治安防范、路外治安宣传和媒体新闻工作,做好对停放试验列车等监护,为联调联试及动态检测工作创造良好的外部环境。

(14)有关客运专线公司、施工单位、集成商、设计单位等人员必须到位,按测试单位提出的试验要求做好支持、配合工作；有关车站做好行车计划执行和试验及时正确配合工作，以利有关试验工作安全、及时、顺利进行。

（15）测试单位、桥梁试验单位（当有桥梁试验时）需做好提报的试验计划安全风险规避工作，做到有关计划安全、科学。

2.8.9　高速铁路联调联试工作应急处理

由于联调联试及动态检测工作的不确定性，针对下列不同情况导致联调联试及动态检测工作方案、计划不能实施时，采取以下处理办法：

1. 固定设备故障

当试验中发生各类固定设备故障直接影响联调联试及动态检测工作正常进行时，由铁路局设备管理单位和业务部门立即报告联调联试现场指挥部，由联调联试现场指挥部负责研究确定解决方案，根据故障情况，确定是否停止联调联试及动态检测工作。

2. 试验列车故障

当试验列车在运行过程中发生故障时，由车辆所属单位和有关生产厂商等确定情况，报告联调联试现场指挥部，提出解决方案，研究确定联调联试及动态检测工作是否继续进行。

3. 天气等影响

当发生不良天气状况等影响联调联试及动态检测工作正常进行时，由联调联试现场指挥部确定是否继续进行联调联试及动态检测工作。

4. 联调联试超时或不能按原计划进行时

由于各种原因，导致联调联试及动态检测工作超出计划确定的时间时或不能按原计划进行时，由联调联试现场指挥部决定是否继续进行联调联试及动态检测工作。

5. 应急处理

应急处理按《铁路局突发事件应急预案》执行。

2.8.10　高速铁路联调联试添乘要求

联调联试添乘人员须在指定车站指定位置进站，通过安检后凭高速铁路联调联试工作证及随机抽取确定的无重复乘车证等进入站台。有关车站须严格查验相关证件。联调联试期间，有关列车一般只上必要的添乘人员，严格控制上车人数。

第 3 章　高速铁路联调联试各项安全

3.1　高速铁路联调联试各专业安全措施及安全职责

1. 车务专业

（1）在联调联试及动态检测期间，采用调度集中指挥行车，同时，车站要通过车站控制台和车务控制终端监视进路排列情况，发现问题及时向列车调度员汇报，发现危及行车安全的紧急情况时，应立即按下非常站控按钮，转为非常站控模式，采取安全措施并通知有关人员处理。

（2）在联调联试及动态检测期间，调度集中系统按规定时刻自动排列列车进路，必要时由助理调度员或车站值班员人工直接控制。已开放的进出站信号原则上不得关闭，遇特殊情况需关闭时，应通过列车无线调度电话及时通知司机，并保证列车必要的制动距离和时间要求。

（3）在联调联试及动态检测期间，车站要提前做好站内道口、平过道等安全防护工作，确定助理值班员立岗接车位置，做好站内闲杂人员的清理工作。

（4）列车调度员需通过调度终端做好对动车组等列车运行情况和前方信号、进路准备情况的监控，发现问题及时处理，必要时列车调度员人工控制排列进路或由车站值班员排列进路。

（5）为保证动车组等列车与货物列车（200～250 km/h 客货共线高速铁路）交会安全，需做好对货物列车装载等检查，确认货物装载加固和车门关闭等情况。

2. 机务专业

（1）机车乘务员严格按照《铁路机车操作规则》等有关规定操纵机车，熟知担当区段线路平纵断面的有关数据，听从行车调度指挥，执行调度命令。

（2）严格按照限速和联调联试及动态检测需求掌握列车运行速度，做好达速运行工作。同时按照试验要求，做到平稳操纵，正点运行。

（3）做好列车运行监控装置、列车无线调度通信设备的出库检查工作，做到质量良好、性能可靠；开车前，正确输入基础线路数据。

(4)根据《高速铁路联调联试及动态检测实施方案》等要求，及时果断妥善处理运行中的非正常情况，并及时向列车调度员、联调联试现场指挥部报告，确保列车运行安全。

3. 牵引供电专业

(1)有关客运专线公司要组织施工单位等做好对牵引供电设备的检查维护工作，并督促施工单位等根据检测数据及时进行问题和缺陷整治，保证试验列车运行安全和联调联试正常进行。

(2)坚持按《铁路电力安全工作规程》、《牵引变电所安全工作规程》、《接触网安全工作规程》等有关规定，认真执行工作票制度，完善保证安全的组织、技术措施，指导作业人员认真按规定要求检修设备并全过程负责作业人员的安全。

(3)作业人员要与带电(接地)体保持规定的安全距离，以防止高压电对人体的伤害。

(4)在任何情况下，不论接触网上有电、无电，巡查等人员都必须以有电对待，不得攀登支柱和接近带电设备。

4. 车辆专业

(1)做好动车组和其他试验列车、检测列车的车辆检查、整备工作。

(2)保证试验用动车组和其他试验列车、检测列车的车辆运行安全。

5. 工务专业

(1)有关施工单位和工务段等要在试验前、试验后对联调联试及动态检测区段全部线路静态几何尺寸全部检测一遍；轨道检查车在联调联试及动态检测期间试验前对线路进行检测。联调联试及动态检测试验完成后，根据检测结果，及时安排人员对超限处所及时进行整治。发现危及各项安全及影响联调联试问题需立即做好处理工作，并及时向联调联试现场指挥部报告。

(2)在联调联试及动态检测区段，试验时段所有人员均不得上道。

6. 信号专业

(1)当发生设备故障时，设备管理单位需按规在《行车设备检查登记簿》上登记停用该故障设备，积极组织修复，并及时向联调联试现场指挥部报告。

(2)在故障处理过程中，必须严格遵守“三不动”、“三不离”、“八禁止”等有关规定，任何情况下没有调度命令不准私自使用手摇把，杜绝故障升级。

7. 通信专业

(1)在联调联试及动态检测期间，进行联调联试及动态检测区段GSM-R系统场强调整，使相邻基站场强覆盖至对方基站为止，以便当一个基站发生设备故障时，可利用其他基站保证不中断通信。

(2)有关客运专线公司需组织有关施工单位、集成商等配备足够的技术力量，做好联调联试及动态检测期间的设备维护和工作值班，做好设备性能测试、设备运行巡视工作，确保通信通道、设备状态良好。

3.2 高速铁路联调联试、运行试验期间施工安全

高速铁路联调联试、运行试验期间的施工安全，是关系到高速铁路联调联试、运行试验安全的关键环节之一，因此，必须对确保高速铁路联调联试、运行试验期间施工安全作出规定。

3.2.1 高速铁路联调联试、运行试验期间施工组织规定

为做好高速铁路联调联试、运行试验期间施工组织工作，保证高速铁路联调联试、运行试验期间列车运行和调车作业等安全，需对高速铁路联调联试、运行试验期间施工组织工作规定如下：

1. 设备管理交接及运统-46登、销记程序

(1)运统-46配备：

新开通的车站信号楼(运转室)应配运统-46台账一套。运统-46台账包括:《行车设备检查登记簿》、《行车设备施工登记簿》、《行车设备检查登记簿(天窗修)》。

(2)设备管理交接：

1)高速铁路联调联试区段行车设备通过静态验收后，各施工单位在《行车设备检查登记簿》上登记设备达到联调联试条件状态，铁路局有关设备管理单位人员、车站值班员签认后，设备管理进入联调联试状态。登记《行车设备检查登记簿》时，由施工单位按车站工务设备(含站内所有线路及道岔)、区间线路设备、车站及区间信联闭设备、调度集中设备、通信设备、供电设备、电力设备、房建设备分别确认和登记，铁路局有关设备管理单位再确认后签认，车站值班员最后签认。

2)高速铁路联调联试区段的行车设备在《行车设备检查登记簿》上登记交接仅代表行车设备进入联调联试状态,并不代表行车设备正式竣工接收。在联调联试期间,有关客运专线公司为安全责任主体单位,须督促施工单位做好有关安全工作;铁路局有关设备管理单位配合施工单位施工要点。

3)设备交接签认后,任何影响设备稳定、设备使用和行车等安全的各种施工均应由施工单位和铁路局有关设备管理单位在《行车设备施工登记簿》上登记,经车站值班员签认后方可实施,并应在规定的时间内完成。施工单位应安排胜任人员持有效证件在车站信号楼(运转室)负责联系、登记要点和销记。

(3)施工登记、销记程序:

1)车站或区间行车设备施工需停用或影响正常使用时,施工单位人员应于施工开始前 40 min 到车站信号楼(运转室)登记,铁路局有关设备管理单位作为配合单位签认。车站值班员核对无误并经列车调度员同意后给点施工;施工作业完毕,设备恢复正常后,施工单位人员在《行车设备施工登记簿》上销记。

2)调度集中系统的中心机房和调度台设备需进行施工时,由铁路局电务值班人员在调度台登、销记。

3)登记《行车设备施工登记簿》时,应按规定格式进行,车站值班员应认真审核登记内容,根据有关规定积极配合给点,并注明起止时间。每项设备检修或施工前须取得车站值班员同意并给点签认后方可进行,检修或施工只能在车站值班员签认的时间内进行。

4)施工完毕销记时,施工单位必须明确设备状态,并须明确放行列车条件。

2. 施工计划及施工组织

(1)联调联试期间原则上白天试验,晚上施工。确需安排白天施工时,须经联调联试现场指挥部同意后方可安排进行。

(2)施工单位应提前三日按所属范围分别将施工计划报有关客运专线公司,内容应包括:施工日期、要点时间、施工地点(线别、区间或站内、具体正线里程或对应正线里程)、施工主体单位、施工内容、配合单位及配合内容、对设备及行车影响范围、放行列车条件及其他要求、施工负责人及联系电话、现场作业把关人员名单等。由有关客运专线公司有关主管部门审核同意后，有关客运专线公司于当日指定时间前将施工计划报铁路局运输处；经铁路局运输处审核同意后，铁路局运输处于施工前两日指定时间前将审核同意的施工计划下达给铁路局调度所作为编制施工日计划的依据；铁路局调度所于施工前一日指定时间前，将施工日计划等传至有关车务段(车站)、工务段、电务段、机务段、供电段等有关单位。

(3)在联调联试、运行试验期间，因发现问题等需要临时调整、增加施工计划时，由施工单位按所属范围向有关客运专线公司提出，由有关客运专线公司审核同意并经联调联试现场指挥部书面同意后，报铁路局调度所施工台，由铁路局调度所及时安排施工。

(4)在联调联试、运行试验期间，设备施工原则上以车站和区间为单位组织。施工作业须于列车到达前1小时结束。

(5)施工人员、物料和机具等不得在两线间放置和停留，放置路肩的物料、机具等应码放整齐，与线路保持安全距离并置于两侧的封闭栅栏内。因施工临时拆除封闭栅栏时，需征得有关客运专线公司、铁路局工务部门同意后才能进行，由施工单位设置临时防护设施并昼夜派人严格看守，施工完毕后必须及时原状恢复。

3. 施工组织领导和现场把关

(1)施工和检修作业必须把确保行车等安全放在首位。全面细致做好各项安全过程控制、应急处置、管理基础、管理考评工作，制定切实可行的安全措施，做到分工明确，措施具体，管理到位，监控有力，确保行车和施工等安全。

(2)施工现场由施工单位明确施工负责人；多个单位在同一区域作业时，由施工主体单位施工负责人负责。施工负责人负责施工现场的作业组织，协调各单位施工作业，并对施工现场的施工安全负责。各单位必须服从施工负责人指挥，按时保质保量地完成施工和检修任务，确保达到规定的放行列车条件。

(3)在联调联试、运行试验期间，由有关客运专线公司和有关车务站段共同组织有关施工单位和设备管理单位召开施工协调会，检查施工人员、物料、机具、运输组织方案、安全措施等准备情况，进一步落实施工方案，提前制定施工期间行车组织办法和安全卡控措施。

(4)有关客运专线公司负责组织在站内沿靠近列车运行进路两侧站台边缘1.5 m距离位置牢固设置红线，任何人员、物料、机具等均不得侵入红线以内。红线以外的施工须不得影响红线内行车安全和设备正常使用等。

(5)在联调联试、运行试验期间，严格禁止任何人员和机具等进入区间封闭网内。

(6)有关客运专线公司在站内红线范围内及区间封闭网内的施工项目须安排在联调联试前完成；联调联试、运行试验发现设备需整改问题的要点施工在夜间按规进行或在联调联试、运行试验暂停时间按规进行。

(7)有关客运专线公司督促各施工单位、设备生产厂商等严格遵守本规定，在联调联试、运行试验期间，认真做好现场盯控和现场管理。

(8)在联调联试、运行试验期间，发现人员和机具等侵入站内红线范围内或进入区间封闭网内等情况时，由公安人员果断采取强制措施依法予以处置。

4. 其他事项

(1)高速铁路联调联试区段范围内行车设备的施工均按本规定执行。其他车站、线路所的施工以及影响其他区段正常行车的施工仍按铁路局现行有关规定执行。

(2)违反本规定及铁路局有关规定，影响行车等安全的，按铁路局有关规定处理；情节严重的报上级严肃处理；触犯法律的由司法部门依法处理。

(3)高速铁路联调联试区段开通运营后，本规定停止执行。各施工单位应按《铁路局营业线施工安全管理实施细则》、《铁路局行车设备天窗修实施细则》以及铁路局有关文件规定提报月度施工计划及组织施工。

(4)本规定未尽事项按《铁路技术管理规程》、《行车组织规则》及上级和铁路局有关施工规定执行。

3.2.2　高速铁路联调联试及动态检测试验期间现场施工管理“十二必须、十二杜绝”规定

为切实做好高速铁路联调联试及动态检测试验期间现场施工管理，制定以下“十二必须、十二杜绝”规定，各有关单位、部门必须认真遵照执行。

(1)所有施工(含设备检查、设备安装、人员上线等作业，下同)必须有计划、在给点内进行，坚决杜绝无计划和点外施工。

(2)所有施工人员必须坚决服从命令，坚决杜绝任何人员在施工给点外进入站内红线和区间栅栏内。

(3)所有民工上道作业必须经过培训，持证上岗，坚决杜绝随意乱用民工上道作业。

(4)所有民工上道作业必须由胜任的正式职工带队和监护，坚决杜绝民工擅自上道作业。

(5)所有施工必须有建设单位(有关客运专线公司)派员到场监控，坚决杜绝施工单位擅自上道作业，从登记开始就要把住关，没有建设单位人员到场不得进行施工。

(6)所有施工开始前必须按规定的要求和人员召开施工协调会，坚决杜绝不开或简化施工协调会情况的发生。

(7)所有施工必须在开工前进行安全预想，提出有针对性的安全措施，坚决杜绝施工中盲目乱干。

(8)所有施工必须有施工负责人亲自到场指挥，并指派相应级别的业务管理人员到场盯控，坚决杜绝施工现场失管失控。

(9)所有施工机械和工程车等必须由资格胜任人员操纵和指派专人指挥、专人防护，坚决杜绝违章操纵和违章行驶。

(10)所有施工作业结束后必须工尽料清，坚决杜绝施工现场乱堆乱放。

(11)所有施工单位必须做到施工现场与试验现场的空间隔离，坚决杜绝任何人员、物料、机具等在站内红线范围外和区间栅栏外给点施工时侵入站内红线范围内和区间栅栏内以及影响干扰站内红线范围内和区间栅栏内试验和行车。

(12)所有施工单位必须认真、严格、全面、细致管理到位，坚决杜绝任何人员、物料、机具等在试验和行车时段侵入站内红线范围内和区间栅栏内以及影响干扰站内红线范围内和区间栅栏内试验和行车。

各有关客运专线公司督促施工单位等将“十二必须、十二杜绝”规定记名式传达到全体参建人员，并根据《铁路营业线施工安全管理办法》、《高速铁路联调联试、运行试验期间施工组织规定》等规定、要求，结合现场实际，进行细化完善，明确工作责任，狠抓督导落实，不折不扣地落实到位，确保高速铁路联调联试及动态检测试验期间的绝对安全。

3.2.3　高速铁路联调联试及动态检测试验期间施工组织和管理强化工作

为强化高速铁路联调联试及动态检测试验期间施工组织和管理工作，确保各项安全，在联调联试、动态检测试验期间，高速铁路施工须严格执行《高速铁路联调联试、运行试验期间施工组织规定》和《高速铁路联调联试及动态检测试验期间现场施工管理“十二必须、十二杜绝”规定》等规定和要求，所有施工（含设备检查、设备安装、人员上线等作业）必须在“垂直天窗”点内进行，不得开“V型天窗”给点施工，每日试验等列车运行完毕后，方可开“垂直天窗”给点施工。

3.2.4　高速铁路联调联试期间轨道车等自轮运转特种设备施工运用安全管理

为确保高速铁路联调联试期间施工安全，强化联调联试区段施工管理，在《铁路局铁路营业线施工安全管理实施细则》等基础上，需制定高速铁路联调联试期间轨道车等自轮运转特种设备施工运用安全管理办法。

（1）本办法只限于高速铁路联调联试区段联调联试期间轨道车等自轮运转特种设备施工行车。其行车方式按非常站控模式办理，各车站信号点灯。

（2）轨道车等自轮运转特种设备只限于在高速铁路联调联试区段联调联试期间施工时间范围、空间范围运行。遇特殊情况时，须得到联调联试现场指挥部等同意后方可运行。主要施工项目如下：

1）线路、桥隧及站场设备施工。

2）接触网施工。

3）电力线路、通信线路施工。

4）信号、联锁、闭塞、CTC、列控等行车设备施工。

（3）轨道车等自轮运转特种设备上线运行应纳入施工计划，并由轨道车等自轮运转特种设备使用单位提前3天向有关车务段（车站）提报《高速铁路轨道车等自轮运转特种设备请求施工签认表》（表3-1），经车务段（车站）审核签认并加盖公章后，报铁路局调度所，纳入日班计划。

（4）无固定出勤地点的轨道车等自轮运转特种设备开车前，司机必须向高速铁路调度台列车调度员请求，未请求和请求未同意不准开车。

表 3-1　高速铁路轨道车等自轮运转特种设备请求施工签认表

<table>
<tr><td colspan="6">请求施工登记人员姓名：
车务段(车站)审核人姓名：</td><td colspan="3">承认施工</td><td colspan="3">施工后销点签认</td><td rowspan="2">备注</td></tr>
<tr><td>施工编号</td><td>轨道车等施工地点</td><td>起止时间</td><td>作业内容</td><td>施工联络员姓名</td><td>施工调度命令号</td><td>同意开始作业时间</td><td>列车调度命令号</td><td>施工联络员姓名</td><td>轨道车等施工完毕销点时间</td><td>施工联络员姓名</td><td>列车调度命令号</td></tr>
<tr><td></td><td></td><td></td><td></td><td></td><td></td><td></td><td></td><td></td><td></td><td></td><td></td><td></td></tr>
<tr><td></td><td></td><td></td><td></td><td></td><td></td><td></td><td></td><td></td><td></td><td></td><td></td><td></td></tr>
</table>

(5)遇同一地段有其他单位施工时，在提报《高速铁路轨道车等自轮运转特种设备请求施工签认表》前还需与有关单位协调好有关使用工作，并在《高速铁路轨道车等自轮运转特种设备请求施工签认表》备注栏中注明协调情况。

(6)轨道车等自轮运转特种设备开行前，由列车调度员确定运行车次，并将预计开车时刻通知有关施工联络员，由施工联络员通知现场做好准备。

(7)各单位需切实做好施工作业前、中、后的联系，对封锁线路、接触网停电、移动作业车等关键环节的作业，必须严格按规定设置防护；施工结束后，所有人员、物料、机具等必须全面、彻底清理干净，确保行车和人身等各项安全。

(8)单一施工单位作业的，由施工单位领导负责组织成立施工组，开工前召开施工协调会，明确施工作业各个环节的具体要求和作业方法。

(9)多个施工单位同时作业的，由施工主体单位在施工前组织各施工单位和配合单位召开施工协调会，明确施工作业各个环节的具体要求和作业方法，并形成协调会议记录备查。

(10)一个单位多台轨道车及施工作业车辆等或多个单位多台轨道车及施工作业车辆等组成车组共同进入区间作业时(包括装卸车作业)，由施工单位或施工主体单位在施工作业前组织施工单位、设备管理单位及配合单位召开会议，明确区间轨道车、车组等移动作业按调车办理的具体办法，由施工单位或施工主体单位和车站共同编制书面调车作业计划，明确整列运行、摘解、分组运行、停车地点等具体内容。区间内摘解、分组运行时，相邻两轨道车、车组等严禁同方向跟踪运行或相对方向同时运行。移动轨道车、车组等向前方停车轨道车、车组等接近运行时，必须在距离前方停车轨道车、车组等 1 000 m 外停车；需在 1 000 m 距离内运行时，施工负责人必须指派专人显示调车手信号，在前方停车轨道车、车组等来车方向不少于 50 m 处设置防护信号，移动轨道车、车组等以不超过 20 km/h的速度运行至防护信号前停车。

(11)严禁擅自变更调车作业计划，因施工需要确需变更调车作业计划时，须经车站和施工负责人同意，重新编制书面调车作业计划，指定专人向有关人员传达清楚后，方可开始作业。

(12)轨道车等自轮运转特种设备等施工作业车司机要严格执行调车作业计划，听从施工负责人的指挥，严格按信号移动、停车，严守速度，不间断瞭望，确保安全。

(13)施工单位领导或施工主体单位领导负责对施工作业全过程的组织协调和安全措施的落实。施工负责人负责施工技术组织、计划作业方案的落实，并进行技术交底。

3.3　高速铁路联调联试及动态检测期间安全保障措施

为确保高速铁路联调联试及动态检测期间的安全，保证高速铁路安全顺利投入运营，结合实际，应制定高速铁路联调联试及动态检测期间安全保障措施。

(1)切实做好组织领导。有关客运专线公司以及铁路局各部门、各单位要做到并督促施工单位、生产厂商等，根据高速铁路联调联试及动态检测期间的总体要求，充分认识确保安全的极端重要性，始终把确保安全摆在首要位置。要以确保安全为核心，广泛而有效做好教育工作，切实增强有关人员紧迫感、责任感、使命感。要结合实际，统筹安排力量，成立工作专班，制定具体的工作实施方案和本系统、本单位的安全保障细化措施。主要领导要全面掌握联调联试及动态检测期间安全情况，亲自上手解决问题；各级管理人员必须严格落实上岗监控制度，凡是有工作面的地方就有管理人员盯岗，做到组织健全，制度落实，任务明确，部署周密，保障有力。

(2)集中统一调度指挥。自高速铁路联调联试及动态检测工作开始时刻起，一切行车调度由铁路局统一组织指挥，确保行车指挥权的唯一性，否则严禁进行联调联试及动态检测工作。铁路局调度所要针对联调联试及动态检测期间现场实际，把握工作重点，制定周密方案和安全保障措施，突出防错排、防错办，实施严密监控，严格执行调度命令的发布程序。车务部门、单位需安排一名领导具体负责联调联试及动态检测期间的行车组织工作；各站接发列车人员须严格执行接发列车作业标准，密切注意列车运行中车辆的车门、车窗关闭等情况，发现异常情况要立即报告列车调度员处理。要做好站内等停留车的绝对隔离工作，所有停留的机车、车辆和自轮运转特种设备均须采取可靠的双保险及以上防溜措施。

(3)全面提升行车设备质量。铁路局各设备管理部门和单位要积极主动配合高速铁路线路、通信信号、接触网等行车设备的调试和整治工作，确保设备质量达到运行要求。要对联调联试及动态检测试验动车组等列车关键部位实行干部带班检修制度，确保上线运行的试验动车组等列车运用状态良好。要加强对电力设备检查，确保正常供电，防止站区停电事故发生。针对联调联试及动态检测期间检查发现的问题，各设备管理部门和单位要督促有关客运专线公司利用施工“天窗”等时间及时进行整治，当严重安全隐患未整改到位时，严禁开行列车。

(4)切实加强施工安全管理。在联调联试及动态检测期间，高速铁路联调联试及动态检测区段所有施工提升一级管理。要严格落实施工安全管理办法等有关规定、要求，严格进行施工方案审批、施工计划审核把关，杜绝无方案、无计划、无安全措施的施工。所有施工，必须于施工前一天，由有关客运专线公司牵头组织各有关部门和单位召开施工协调会，未召开施工协调会，严禁施工。所有施工必须要点，并在运统-46 上登记，严格执行“施工不行车，行车不施工”等规定，严格按施工范围、施工时间施工，做到施工不超范围、不延点、不假销记。强化施工过程控制，做好管理人员上岗盯控工作，严把开通线路、路料管理、施工机械、路料装卸等关键环节，切实做到工完料清，所有物料、机具等下线后，必须堆码整齐不侵限，对易于搬动的路料，必须派人 24 小时看守，严防发生列车碰撞施工物料、机具等。捣固等作业后整理、清理好道砟(有砟轨道时)，铁路局工务处、有关工务段做好现场安全管理，防止因现场问题引发事故。

(5)切实加强劳动安全管理。联调联试及动态检测期间,所有人员要认真落实劳动安全各项措施,严格遵守防止职工伤亡事故措施等,按规定设好防护;未设防护,严禁作业。严格执行动车组开行区段防止职工伤亡事故措施等要求,所有与试验列车开行区段有关的单位人员必须经过人身安全知识教育培训,并经考试合格后方可上岗。

(6)切实加强路外治安工作。有关客运专线公司须对高速铁路沿线的网口、围墙口等进行全面封堵,对封堵不了的网口、围墙口、施工通道、站内通道和工作门等,在指派专人24小时看守的同时,制作统一的警示牌,并安装到位。各有关铁路公安所要加强站区、区间的巡查工作,及时清理闲杂人员,对不听劝告,进入站场、区间防护网(墙)内的路外人员要依法进行治安处罚;对破坏铁路安全防护设施等违法行为,要组织警力侦破并依法处置。工务、公安部门要组织力量,对高速铁路沿线的封闭栅栏、防护桩等安全防护设施进行全面检查,对存在的问题要立即督促有关客运专线公司予以整改,确保状态良好。对桥梁、隧道、道口等重要治安区段,公安部门要指派人员上岗执勤,维持治安秩序,杜绝石击列车、钢轨上摆石子等问题发生。公安消防部门要严格把好消防关,督促落实各项消防安全防控措施,做到消防安全保障设施同步竣工验收。公安、安监部门要配合有关客运专线公司深入到高速铁路沿线各市县、乡镇、村组、学校,特别是人流相对集中地区,充分利用电视、广播、报纸、公告、标语、走访、座谈等形式,大力做好路外安全宣传教育工作,提高沿线居民的铁路安全意识。试验列车等停留期间,车辆、客运部门要督促有关单位落实看守制度,公安部门要派专人巡查看守,防止破坏和火灾等问题发生。列车运行期间,铁路公安部门要认真做好治安保卫工作,并安排人员立岗接车;铁路公安部门、有关客运专线公司安排人员提前1小时立岗,非高架区段按照铁路公安部门、有关客运专线公司安排的人员1公里各1人在线路两侧交叉布置立岗,做到岗位布置合理、全线封闭网内和站内无一闲杂人员、无一废弃路料、无一杂物障碍。

有关客运专线公司和铁路局各部门、单位要结合实际,细化完善并认真落实高速铁路联调联试及动态检测期间安全保障措施,以确保高速铁路联调联试及动态检测期间各项安全。

3.4 高速铁路联调联试及动态检测期间安全保卫、保密工作

1. 组织领导

为做好高速铁路联调联试及动态检测期间的安全保卫和保密工作，成立高速铁路联调联试及动态检测安全保卫、保密工作领导小组，由铁路公安局局长、政委任组长，铁路公安局副职领导、有关客运专线公司副职领导、铁路局党委宣传部部长任副组长，负责高速铁路联调联试及动态检测期间安全保卫、保密工作。

2. 警力部署

在高速铁路联调联试及动态检测区段需要地点部署警力，同时安排检测列车、动车组等试验列车等守护警力。对高速铁路联调联试及动态检测区段实行重点监护，确保试验列车等安全。

3. 保卫、保密措施

(1)试验区段铁路公安派出所重点检查关键岗位、高速铁路联调联试及动态检测现场安全责任制是否落实，确保要害部位及关键环节安全可控。

(2)做好治安防范工作，对高速铁路联调联试及动态检测区段治安问题易发、多发部位，增加警力，加大巡守密度，及时清理闲杂人员，确保高速铁路联调联试及动态检测安全。

(3)落实线路包保责任制，高速铁路联调联试及动态检测区段按公里数实行线路包保，责任落实到人。

(4)严格落实接车、发车作业程序，及时掌握试验列车等运行时间。参加高速铁路联调联试及动态检测安全保卫工作的民警和治安辅助力量提前上岗，按时进入岗位，杜绝误岗、空岗、漏接等问题。

(5)整个高速铁路联调联试及动态检测区段要采取有效措施严禁无关人员接近联调联试及动态检测区域，跨铁路立交桥、道口等要设专人负责清理看护。

认真做好高速铁路联调联试及动态检测期间沿线试验人员的管理工作，试验人员须持证进入工作岗位，对无证人员一律严禁进入高速铁路联调联试及动态检测工作岗位。

(6)各参试单位、部门和有关人员要严守高速铁路联调联试及动态检测工作纪律，认真遵守保密要求，高速铁路联调联试及动态检测宣传报道

由指定部门统一对外进行。

3.5　高速铁路联调联试及动态检测铁路局之间行车组织安全原则

因管理、文化、习惯等不同，在整个高速铁路联调联试及动态检测工作过程中，宜采取主动隔离、迫不得已情况下做好相互避让的方法，进行并做好两个及其以上铁路局相互协作的联调联试行车组织工作。在整个高速铁路联调联试及动态检测区段全线拉通前，有关铁路局之间宜建立试验安全隔离带，不同铁路局的列车尽量不见面、不交会。

3.6　高速铁路联调联试及动态检测期间动道等施工处所提速试验的速度掌握

有关客运专线公司需做好施工安全、施工管理、施工组织工作，所有施工完毕时，必须做到现场清理干净、运行环境良好、设备状态良好。凡动道等施工处所，必须从原始速度开始进行提速试验，不能以动道等施工前的前次试验速度作为此次提速试验的基础速度。

3.7　高速铁路联调联试及动态检测期间提速试验试验列车运行方式

高速铁路联调联试提速试验试验列车运行方式因条件具备、众人周知、环境干净等，为确保安全等，提速试验时，试验列车原则上宜在一个行别线(可在两个行别线)密集运行进行调试，按连续紧密提速方式进行，能密集运行就不稀疏进行，以不给任何单位等人员违规擅动设备等可能机会，以及避免间隙时间有其他安全隐患产生，提速试验宜速战速决。

3.8　高速铁路联调联试的密集调试

在时间紧、任务重等情况下，必要时可对有关高速铁路联调联试等工作任务在确保管理可控并确保各项安全原则下，进行科学合理统筹，进行较多内容调试、日夜连续调试等密集调试，需准备好有关人员、整备好有关设备等，但不宜时间过长、天数过多，需与人员及时休息、设备及时整备等结合好，做到张弛有度。

3.9 高速铁路联调联试关闭 GSM-R 基站测试行车安全

在高速铁路信号系统联调联试未完成情况下，进行高速度级试验时，宜慎重进行关闭 GSM-R 基站测试。当进行关闭 GSM-R 基站测试时，宜少使用动车组（可使用一列动车组）进行各类联调联试工作内容；当使用两列动车组进行各类联调联试工作内容时，须实行两列动车组上、下行线绝对空间隔离的运行方式；一般不宜使用三列及其以上动车组进行各类联调联试工作内容。

3.10 高速铁路联调联试及动态检测期间试验列车运行组织

为确保安全等，高速铁路联调联试及动态检测期间试验列车运行宜先少列车、少列次后多列车、多列次，宜少占用、短占用、相对固定占用既有线车站股道。

3.11 高速铁路联调联试及动态检测期间施工时段车站信号点灯要求

在 300～350 km/h 高速铁路联调联试及动态检测期间，为确保轨道车等自轮运转特种设备等进出高速铁路车站安全，施工时段高速铁路有关车站信号须点灯。

3.12 高速铁路建筑限界核准、上报工作

高速铁路站台、雨棚等建筑限界必须在动车组上线运行前，有关单位、部门必须准确、及时、全面核准并上报，不可错报、迟报、漏报。

3.13　高速铁路联调联试及动态检测等期间防洪工作

高速铁路联调联试及动态检测等期间，雨天须做好防洪工作。遇有险情须降速时，先行列车须立即降速，并及时通知后行列车，并确认回复；有关客运专线公司、铁路局工务处和有关工务段等部门、单位须做好防洪准备和雨前、雨中、雨后巡守及应急处理、抢险等防洪工作，做到及时、全面、细致做好高速铁路联调联试及动态检测等区段防洪工作。

3.14　高速铁路联调联试及动态检测运行联系人、司乘人员等选派

高速铁路联调联试及动态检测运行联系人、司乘人员等必须选派好，进行重要调试项目任务、关键调试项目任务、风险调试项目任务联调联试时，须选派最优运行联系人和司乘人员等人员。

3.15　高速铁路联调联试及动态检测过程中应注意预防的安全隐患

(1)施工单位、有关站段等在未给点情况下，点外擅自施工。

(2)施工单位、有关站段等偷点干活破坏了已具备的既有试验条件，不报告从而不知情。

(3)有关单位、部门、人员不严格认真遵守施工管理等施工有关规定，有令不行，有禁不止，违法违规行事。

(4)给点的施工未达到安全、质量等要求，而施工单位、有关站段等对施工是否达到安全、质量等要求未进行及时、认真确认，或自认为已达到要求。

(5)信联闭等涉及安全的工程施工中留下的未被发现的隐患问题。

(6)施工结束后，施工单位、有关客运专线公司以及工务、供电等部门、单位对上线列车运行速度值确认不及时、不正确、不全面。

(7)施工结束后,人员、物料、机具等未完全彻底清理干净,未按要求达到“真空”试验环境。

(8)公安人员巡守、施工人员看护、站段人员监管不到位,人员等进网进线。

(9)有关人员未做到人到心到工作到,未控制好工作过程和工作结果。

(10)固定设备质量状态不稳定,突发问题。

(11)轨道电路分路不良时,过程控制不到位,臆测行车。

(12)移动设备质量存在问题,对自身列车安全运行构成隐患,或给后续列车及邻线列车安全运行留下隐患。

(13)在非正常情况下,对固定设备、移动设备过程控制不及时、不到位,应急处理不及时、不正确。

(14)轨道车等自轮运转特种设备等车辆擅自在线路上移动。

(15)施工小车等轻型设备以及人员、物料等擅自上道。

(16)监测数据因监测设备原因、监控人员原因、传输设备原因等未能及时给安全行车提供及时、正确、全面的安全行车信息,或提供后须果断、及时、正确采取断然措施而未做到果断、及时、正确采取断然措施。

(17)前行列车与后行列车未做到及时、正确、全面联系,前行列车未给后行列车安全行车提供及时、正确、全面的安全行车信息。

(18)发生可能影响行车等安全情况时,现场应急处理未做到果断、及时、正确采取断然措施。

(19)调试、行车等计划安全设防不严谨、措施采取不严密,轻信有关情况而未科学严谨制定计划。

(20)未做到以最少的行车做最多的试验,行车无谓过多,无形中增加了行车与施工矛盾而带来的或行车自身所带来的安全隐患。

(21)可能危及行车安全、人身安全等安全的非科学合理指挥。

(22)规定的程序工作要求如通过评审、条件确认、报告上报、请示批准等未执行到位。

(23)与货物列车有关的速度级、交会等试验。

(24)与普速旅客列车有关的速度级、交会等试验。

(25)其他可能影响行车等安全的安全隐患。

3.16　高速铁路联调联试及动态检测过程中安全控制工作要求

在高速铁路联调联试及动态检测工作的全过程中，任何时候都必须把安全放在第一位，各项工作做到想及时做及时、想全面做全面、想细致做细致，时时处处把安全放在首位、落实在首位，一定确保各项安全。有关人员必须到岗到位，做到人到心到工作到；有关管理人员必须从现象上、本质上、管理上、落实上及时发现问题并及时解决问题；具体安全措施必须落实到有关岗位上；必须做好安全预先控制、过程控制等现场控制工作。

第 4 章　高速铁路联调联试行车组织

4.1　高速铁路联调联试及运行试验期间行车有关规定

为确保高速铁路联调联试及运行试验期间安全、有序，铁路局有关部门需制定高速铁路联调联试及运行试验期间行车有关规定，对高速铁路联调联试及运行试验期间行车有关事项明确和规定如下：

1. 开通范围

高速铁路开通的线路范围，设有的车站、线路所名称。开通的联络线等名称。

2. 主要技术标准

(1)线路等级

(2)正线数目

(3)速度目标值

(4)最小曲线半径

(5)正线线间距

(6)最大坡度

(7)到发线有效长

(8)牵引种类

(9)机车类型

(10)列车运行方式

(11)行车指挥方式

(12)建筑限界

(13)其他

3. 车站站场设备概况

(1)××车站

1)××车站按技术性质为××站，按业务性质为××站。车站中心里程，距相邻车站(线路所)距离(km)。

2)站内设正线×条，到发线×条。其中×道为正线，×道为到发线。设安全线×条，牵出线×条，综合维修工区存车线×条等。

3)设有客运站台×座,长、宽、高为×m××m××m。

(2)××线路所

××线路所中心里程,距相邻车站(线路所)距离(km)。

4. 信联闭设备

(1)××车站(线路所)采用×型计算机联锁,鼠标控制。其使用办法按厂家提供的《×型计算机联锁系统操作说明》执行。

(2)××车站出站信号机未设进路表示器。××车站出站信号机设有×灯位进路表示器,其显示意义同《铁路技术管理规程》。

(3)车站进出站信号机及区间通过信号机里程见 LKJ 基础数据文件。车站道岔及信号机编号见《信号平面布置图》。

(4)××站至××站间采用×型四显示自动闭塞,单红灯防护。

(5)××站至××站间站内站线采用×型发码设备,按叠加预发码(叠加发码)方式发码。

(6)××站至××站高速铁路采用×级列控系统。

(7)在 CTCS-3 级区段,区间不设通过信号机,在闭塞分区分界处设置区间信号标志牌,起到停车位置标识作用。

(8)在 CTCS-3 级区段,车站进站、出站信号机正常状态下灭灯,按压“点灯按钮”并办理进路后信号方可开放,且信号开放仅对进路一次有效;信号在灭灯状态下为自动闭塞,在点灯状态下为自动站间闭塞。调车信号机正常状态下点灯。

(9)其他。

5. 调度指挥系统

(1)××站至××站为调度集中区段,纳入铁路局调度所××台指挥。

(2)××站至××站间各站均设有 TDCS 系统。

6. 通信设备

无线通信设备及车机联控采用 GSM-R。

7. 线路平、纵断面技术条件

(1)区间和站场平、纵断面图由工务段发布。

(2)线路开通后列车运行速度以调度命令为准。

8. 供电设备

(1)接触网采用全补偿弹性链型悬挂(全补偿简单链型悬挂);接触网导线高度(mm)。

(2)接触网采用××供电方式。新建××牵引变电所;新建××开闭所。

(3)供电区段、停电单元及有关行车限制由供电处发布。

(4)全线设置一套牵引和电力供电远动(SCADA)系统,实行对全线牵引供电、电力设施的集中监控。

(5)全线设有10 kV电力贯通线、10 kV自动闭塞线路各一条,各站均设两路电源供电,满足一级负荷的供电要求。

9. 车辆设备(时速200～250 km客货共线铁路)

在××上行、××下行设有×处THDS探测站,在××上行、××下行设有×处TFDS探测站,在××上行、××下行设有×处车号AEI探测站。全线共安装THDS设备×套,TFDS设备×套,车号AEI设备×套。

10. 行车办法

(1)××站至××站间正方向列车按自动闭塞追踪运行,反方向列车按自动站间闭塞行车。组织列车反方向运行时,应发布调度命令。

(2)车站(线路所)与车站(线路所)间办理接发列车特别规定。

(3)列车运行径路有关规定。

(4)引向安全线的道岔在使用后应人工及时恢复定位,开通安全线位置。

(5)CTCS-3级区段应执行《铁路客运专线技术管理办法(试行)》(300～350 km/h部分)(铁科技〔2009〕212号)、《铁路客运专线技术管理办法(试行)修改补充内容》(铁运〔2011〕47号)、《铁路客运专线技术管理办法(试行)修订、补充规定》(铁科技〔2012〕4号)等有关规定。

(6)CTCS-2级区段应执行《铁路客运专线技术管理办法(试行)》(200～250 km/h部分)(铁科技〔2009〕116号)、《铁路客运专线技术管理办法(试行)修改补充内容》(铁运〔2011〕47号)、《铁路客运专线技术管理办法(试行)修订、补充规定》(铁科技〔2012〕4号)等有关规定。

(7)其他有关规定。

11. 有关事项

(1)各施工单位、技术设备生产企业和设备管理单位须按《铁路技术管理规程》、《行车组织规则》规定向铁路局有关部门、单位全面、正确、及时提交竣工技术资料。本规定以各施工单位提供的技术资料为依据,竣工验交后，如有不符之处，设备管理单位必须以电报形式及时更正并通知各有关部门、单位。

(2)高速铁路联调联试及开通时间以铁路局电报公布的时间为准，各单项工程开通时间均以调度命令明确的时间为准。

(3)本规定未尽事项按《铁路技术管理规程》、《行车组织规则》及有关规定执行。

(4)本规定自高速铁路联调联试开始之日起执行。

4.2　高速铁路联调联试、动态检测及运行试验期间运输组织方案

为确保高速铁路联调联试、动态检测及运行试验正常、有序进行，铁路局运输处需制定高速铁路联调联试、动态检测及运行试验期间运输组织方案，对高速铁路联调联试、动态检测及运行试验期间运输组织有关事项明确和规定如下：

1. 试验区段

高速铁路联调联试、动态检测及运行试验区段，设有的车站、线路所，共×个车站、×个线路所。

2. 运输组织安排

(1)高速铁路按照轨道车、单机、检测列车、货物列车(200～250 km/h 客货共线铁路，下同)、普速旅客列车(200～250 km/h 客货共线铁路，下同)、动车组上线次序进行联调联试、动态检测及运行试验。

(2)检测列车一般由内燃(电力)机车和接触网检测车、轨道检查车、电务试验车等专业检测车组成，检测列车编组一般可为：内燃(电力)机车＋接触网检测车＋轨道检查车＋电务试验车＋内燃(电力)机车，具体编组根据试验需要等情况在每日运输方案中确定。使用动车组进行联调联试等时，采用安装多专业检测系统的综合检测列车等动车组。

(3)货物列车编组。桥梁试验货物列车编组(有桥梁试验时)。

(4)试验用货车由铁路局调度所组织车辆部门选扣，试验重车由货运部门按有关规定、要求进行装载、加固，车务部门负责货物列车编组。

(5)试验用货物列车每天由××车站始发，每天试验完毕后，返回××车站进行技术检查作业，车辆部门完成相关作业后，方可将机车摘开

回段。

（6）高速铁路联调联试、动态检测及运行试验期间，由铁路局联调联试运输组织组根据试验内容和要求，每日编制次日的检测列车、动车组等试验列车运行方案，经联调联试现场指挥部批准后及时下达。列车调度员根据检测列车、动车组等试验列车运行方案，编制调度日班计划和三、四小时调整计划并及时下达。有关车站按照铁路局调度所下达的计划办理接发列车作业。试验当天或试验过程中，需对列车运行计划进行临时调整时，以列车调度员的命令、通知和下达的三、四小时调整计划为准。

（7）开行检测列车、动车组等试验列车时，铁路局有关部门和单位须派管理人员、技术人员添乘，具体添乘安排根据试验需要在每日运输方案中明确。

（8）机车整备和机车乘务员换班由铁路局调度所根据试验方案编制机车运用方案并及时下达。

3. 行车组织事项

（1）高速铁路联调联试、动态检测及运行试验期间有关行车办法执行《铁路技术管理规程》、《铁路客运专线技术管理办法（试行）》、《行车组织规则》、《高速铁路联调联试及运行试验期间行车有关规定》等有关规定。

（2）高速铁路联调联试及动态检测期间检测列车、动车组等试验列车按站间掌握行车。

（3）高速铁路联调联试、动态检测及运行试验区段行车指挥由铁路局调度所高速铁路××台负责，高速铁路××台行车调度命令号码范围为××—××。

（4）高速铁路××车站（线路所）由××车务段（车站）负责管理。

（5）高速铁路联调联试、动态检测及运行试验过程中，铁路局调度所、车站按试验计划进行行车组织并接受铁路局联调联试运输组织组的领导。试验过程中出现影响试验及正常行车的情况时，必须立即向铁路局联调联试运输组织组汇报。

（6）列车根据信号和铁路局添乘运行联系人的指示运行，除始发外，不需车站发车人员的发车手信号指示发车，运行速度严格按照试验方案等要求掌握。

（7）除属于高速铁路联调联试、动态检测及运行试验规定项目内容要求外，当出现线路道岔故障、接触网故障、轨道电路故障、信联闭设备故障、通讯中断以及轨道电路分路不良等影响正常试验的情况时，应暂停试验。在故障原因查明，并处理消除，经有关设备管理单位确认后，方可继续进行试验。

(8)联调联试过程中检测列车、动车组等试验列车运行时，按"指路行车"方式执行车机联控(根据具体情况，也可按"问路行车"方式执行车机联控)。铁路局调度所和各站要认真掌握检测列车、动车组等试验列车运行状况，提前准备接发列车进路，开放信号，并将进路上有关道岔单操锁闭。

当检测列车、动车组等试验列车按"指路行车"方式执行车机联控时，车机联控用语为：

车站值班员：×次×站×道通过(停车)。

司机：×次×站×道通过(停车)，司机明白。

车站值班员：好(了)。

当检测列车、动车组等试验列车按"问路行车"方式执行车机联控时，车机联控用语为：

司机：×站，×次接近。

车站值班员：×次×站×道通过(停车)。

司机：×次×站×道通过(停车)，司机明白。

车站值班员：好(了)。

检测列车、动车组等试验列车上行、下行车机联控 GSM-R 手机号码由司机报告铁路局调度所高速铁路××台，再由铁路局调度所高速铁路××台通知各站。

检测列车、动车组等试验列车需接入既有运营车站时，通过邻站后，司机须立即与列车调度员或既有运营车站车站值班员联系，便于统筹安排车站所有列车进路。

(9)遇试验列车等安排在机外停车或区间返回时，列车停车后由进站牵引端机车司机通知车站"×站，×次已停车(准备返回)，请开放信号"，车站在得到司机的通知后方可开放进站信号机。

(10)检测列车、动车组等试验列车车底在车站存放时，车底防溜工作由车站负责，车底看守工作由公安部门负责。

(11)为防止新线线路轨道电路分路不良危及行车和调车安全，各车站在接发列车作业和调车作业过程中，除对已登记的轨道电路分路不良区段按有关规定执行外，对其他轨道区段也应严格确认列车、车辆占用情况，在确认列车、车辆已远离后方可操作道岔。

(12)高速铁路联调联试、动态检测及运行试验期间有关施工按铁路局《高速铁路联调联试、运行试验期间施工组织规定》等有关规定执行。

4. 有关要求

(1)铁路局调度所需加强调度指挥工作，并与有关铁路局调度所加强联系，确保试验顺利进行；铁路局调度所既要保证试验顺利进行，又要保证既有线运输畅通。

(2)基础线路数据专业管理部门和有关单位必须认真核对列车经由线路的基础线路数据。有关部门和有关单位对检测列车、动车组等试验列车经过运行地点有关限速慢行要求必须传达、执行到位。

(3)试验区段有关设备情况和技术资料以有关客运专线公司提交的竣工技术资料和铁路局总工程师室公布的基础线路数据为准。

(4)使用动车组进行联调联试、动态检测及运行试验期间，有关车站、区间采用调度集中指挥行车。同时，车站要通过车站控制台和车务终端监视进路排列情况，发现问题及时向列车调度员汇报；发现危及行车安全的紧急情况时，应立即按下非常站控按钮，转为非常站控模式，采取安全措施并通知有关人员处理。

(5)列车运行期间，已开放的进出站信号原则上不得关闭；遇特殊情况需关闭时，应通过列车无线调度电话及时通知司机，并保证列车必要的制动距离和时间要求。

(6)高速铁路联调联试、动态检测及运行试验期间，车站要提前做好站内闲杂人员的清理工作。

(7)列车调度员通过调度终端认真做好对列车运行情况和前方信号、进路准备情况的监控，发现问题及时处理，必要时采用调度人工控制排列进路或由车站排列进路。

(8)当列车调度员、车站值班员人工排列进路办理接发列车作业时，需做到：一要核对计划；二要进行确认；三要正确排路(排列进路)；四要呼唤应答。需做到：眼到——眼看到；心到——心想到；手到——手做到；口到——口呼到。

(9)各有关部门、单位要根据《高速铁路联调联试及动态检测大纲》、

《高速铁路运行试验大纲》和本方案有关要求，细化具体组织措施，制定安全保障措施和应急预案，并做好各项准备工作和落实工作，确保试验任务按时安全顺利完成。

4.3　高速铁路联调联试行车组织安全基本要求

(1)确保良好的高速铁路联调联试及动态检测列车运行环境，检测列车上线前，所有人员、物料、机具等必须及时全面彻底清理干净，确保“真空”试验环境，并每天有检测列车进行先行检查确认试验条件。

(2)做到试验不施工、施工不试验，坚决杜绝未经审批擅自上线施工、检修、试验等影响安全的问题；在条件具备等情况下，施工等计划要安全、快速批准实施。

(3)为确保检测列车、动车组等试验列车运行安全，前行列车与后行列车须确保有足够的时间间隔和空间间隔，必须执行时间隔离、空间隔离(含区段隔离、行别隔离)的原则。可根据区段距离、运行速度、实际情况等，在前行检测列车、动车组等试验列车到达联调联试区段另一端终到站后，后行动车组等试验列车方从始发站开车。

(4)前行列车、后行列车、地面三者之间通信须建立及时、正确的双通道(参试的所有车站信号楼〔运转室〕、运行联系人的电话须互有以备应急之用)。

(5)后行列车速度依据前行列车速度情况等确定，当日行车速度依据前日行车速度情况等确定。

(6)本次列车运行联系人必须依据测试单位检测结果(脱轨系数、轮重减载率、轮轴横向力、横向稳定性等)等情况，遇危及行车、人身等安全时，及时、正确采取果断措施，停止联调联试及动态检测(或降速)。提速需各方同意方可施行，停止联调联试及动态检测(或降速)一人提出即施行。

4.4　高速铁路联调联试行车组织工作基本要求

为使高速铁路联调联试及动态检测工作安全、顺利、高效进行，确保高速铁路联调联试及动态检测的行车安全，满足有关试验需要，有关行车组织工作需落实以下要求。

(1)高速铁路联调联试及动态检测期间行车组织工作坚持集中领导、统一指挥、逐级负责,由联调联试运输组织组牵头负责。在联调联试运输组织组的领导下,铁路局调度所具体负责试验期间的调度指挥工作,铁路局调度所按规定做好与相邻铁路局调度所间联调联试及动态检测列车运行计划及相关信息的交换。

(2)在高速铁路联调联试开始前,联调联试现场指挥部组织建设单位、施工单位、设备管理单位等对具备试验条件的设备项目、范围、功能和列车运行条件等内容进行确认登记,同时对区间和车站站台、雨棚等设备设施的限界进行检查。

(3)试验列车每日运行计划由联调联试运输组织组根据测试单位提交的每日或阶段试验计划编制,严禁超大纲批复内容编制试验列车运行计划。有关试验列车车次、上线日期、运行进路、运行时间、存放地点、试验项目、控车模式、车机联控方式、过分相方式、通信方式、安全注意事项以及回送的计划、车次、运行时刻等,由联调联试运输组织组根据工程进展情况和有关试验条件等在每日或阶段试验列车运行计划中具体明确。需围绕每日试验计划,以确保试验安全、满足试验要求为目标,科学合理做好行车组织计划工作,科学是指行车组织计划安全、高效,合理是指行车组织计划可行、适宜,此为高速铁路联调联试最为关键的环节工作,不可掉以轻心、必为工作重心。

(4)在科学合理做好行车组织计划的基础上,各有关部门、单位需做好行车组织计划的逐一落实工作,以保证试验及时进行、行车秩序良好。

(5)高速铁路联调联试及动态检测期间,坚决执行“行车不施工、施工不行车”的规定,各项施工按照营业线施工安全管理办法等进行管理,严格执行施工登销记制度。试验列车开行期间,停止一切影响列车运行安全和设备使用的施工作业,禁止人员上道作业。线路上不得遗留任何施工机具、材料、垃圾等;确因施工、救援等,需要在试验区段车站到发线等停放的车辆和列车,应停放在安全范围内并做好防溜等安全防范工作。

(6)认真做好试验期间移动设备的检修整备,所有参加试验的检测列车、动车组等试验列车严格按既有线有关规章要求做好检修整备工作,坚决做到部件不脱不落、运用状态良好。对加装试验检测设备的车辆由测试单位牵头组织,负责对试验检测设备的运行安全性等进行重点检查和确认。

(7)针对线路工程特点和沿线社会情况，制定切实有效的治安和安全防护方案，做到联调联试及动态检测期间试验区段全部封闭，铁路公安部门和施工单位须配备足够的治安保卫和安全防护力量，防止施工人员和闲杂人员等上道，应对突发情况。

(8)在高速铁路联调联试开始前，严格按上级有关要求对动车组上线试验运行技术条件进行确认。每日试验开始前对固定设备状态等进行确认，动车组综合检测列车和测试动车组等试验列车开行前须开行检测列车对线路状态等进行先行检查确认。联调联试速度级试验期间，坚持在每趟试验列车开行前进行运行速度的再确认，即在试验列车开行前由铁路局、测试单位和建设单位相关人员根据试验测试结果和设备状况等共同确认列车运行条件，共同签认试验列车运行速度表。

(9)信号系统联调联试前，需使用单机等完成有关线路轨道工作。

(10)需做到情况不明不行车；无检测列车进行先行检查确认动车组等试验列车不上线运行；有关列车试验运行须确保有足够的时间间隔和空间间隔(按区段隔离试验运行、按行别隔离试验运行。按行别隔离试验运行时，需开通并锁闭上、下行各自有关进路)。

(11)为有利于高速铁路联调联试工作安全、高效进行，各站上、下行线正反向进站方向在接触网柱上宜临时牢固设置 20 km(300～350 km/h 高速铁路联调联试时)、15 km(300～350 km/h 高速铁路联调联试时)、10 km、8 km、5 km、3 km、2 km、1 km 与车站距离公里标识牌。

(12)铁路局有关专业应以《铁路技术管理规程》、《行车组织规则》、《铁路客运专线技术管理办法(试行)》(300～350 km/h 部分)(300～350 km/h 高速铁路联调联试时)、《铁路客运专线技术管理办法(试行)》(200～250 km/h部分)(200～250 km/h 铁路联调联试时)等既有规章为基础，考虑高速铁路联调联试区段技术和工程特点以及试验需求、设备条件等因素，在确保各项安全和满足试验需求的前提下，于试验开始前完成高速铁路联调联试及动态检测行车组织办法、专业技术规章等制定并发布执行，所有参加高速铁路联调联试及动态检测的行车有关人员应在试验开始前充分学习、熟练掌握，并在试验过程中严格执行。

4.5 高速铁路联调联试行车组织工作有关要求

4.5.1 高速铁路联调联试试验环境清理工作要求

随着高速铁路联调联试速度级等试验的相继展开，动车组等试验列车运行“真空”试验环境须得到真正保证，为确保高速铁路联调联试期间行车等绝对安全，有关客运专线公司需按联调联试现场指挥部要求及时组织各施工单位等，对全线点线试验环境进行全面彻底清理。

(1)在高速铁路联调联试正式开始前和过程中，必须清理全线一切车辆。有关客运专线公司须及时组织施工单位等有关单位对全线站内、区间等点线停留车及施工小车等车辆进行全面彻底清理，铁路局有关车站及设备管理单位配合，为高速铁路联调联试检测列车、动车组等试验列车上线运行创造良好的运行环境。

1)全线全面彻底清除施工小车，严禁一切施工小车上线，各单位做好施工小车清除工作，以杜绝可能引发的问题；如发现施工小车一律予以销毁，并追究有关单位人员责任。

2)全线全面彻底清理机车、轨道车等自轮运转特种设备、车辆等，高速铁路联调联试区段各站站场正线、到发线以及区间严禁停留机车、轨道车等自轮运转特种设备、车辆等，所有机车、轨道车等自轮运转特种设备、车辆等须存放到综合维修工区等，并做好防溜。除确需存放的机车、轨道车等自轮运转特种设备、车辆等外，一律清除出线；对确需存放的机车、轨道车等自轮运转特种设备、车辆等，须报联调联试现场指挥部批准，并须做好防溜及进路等空间绝对隔离工作，机车、轨道车等自轮运转特种设备、车辆等所属单位和设备管理单位必须认真做好防溜工作，机车、轨道车等自轮运转特种设备、车辆等必须停妥并按规定采取防溜措施，各站按规定对防溜情况进行认真检查。

3)可将有关车站综合维修工区、货场等线路按工程线办理，在指定时间前，各施工单位及设备管理单位须将机车、轨道车等自轮运转特种设备、车辆等清理到沿线各站工程线存放；机车、轨道车等自轮运转特种设备、车辆等进出工程线由施工单位与各站联系办理；工程线内所有安全工作由有关客运专线公司负责。

4)在高速铁路联调联试及动态检测期间，各设备管理单位、施工单位须对沿线停留的本单位机车、轨道车等自轮运转特种设备、车辆等做好看守、防溜等工作的检查、落实，安排专人做好停留机车、轨道车等自轮运转特种设备、车辆等和有关人员等现场管理，车站须检查、监管到位（必要时车站同时安排专人检查、监管到位）。

（2）在高速铁路联调联试开始前和过程中，必须及时全面彻底清理全线一切人员、物料、机具、尘屑、雨棚上杂物等。有关客运专线公司、施工单位、设备管理单位等须各负其责，管理、守护等工作须全面到位。各施工单位、设备管理单位等须于高速铁路联调联试开始前和每次施工的指定时间前确保将所有人员、物料、机具、尘屑等全部清理干净并撤离现场；同时，将雨棚上所有杂物全部清理干净并保证构件牢固；并配合车站做好站内闲杂人员清理工作，以确保检测列车、动车组等试验列车绝对“真空”试验环境。因人员、物料、机具、尘屑等清理不到位等问题引发事故，所有后果由责任单位承担，并严肃追究责任单位有关责任。铁路局有关处室需做好对站段管理和站段做好自身管理，有关客运专线公司需做好对施工单位、集成商等管理和施工单位、集成商等做好自身管理，全面认真细致做好现场安全管理控制，确保检测列车、动车组等试验列车运行的良好环境。

（3）铁路局运输处会同有关处室、单位做好统筹、协调、支持工作；有关客运专线公司须于指定时间前按以上要求及时组织完成有关清理工作，并及时将有关情况报联调联试现场指挥部；各设备管理单位认真做好监管等有关工作。对因清理不力以及点外施工等引发的安全问题，按规严肃处理有关责任人员。

4.5.2　高速铁路联调联试通信工作要求

检测列车、动车组等试验列车须同时各自配备通话作用良好的 4 部对讲机（运行联系人 1 部、司机 1 部、测试单位等检测终端 2 部）和 2 部 GSM-R 手机（运行联系人 1 部、司机 1 部）。运行联系人、机务人员、测试单位等人员负责开车前进行通话试验，确认通话作用良好后方可开车。

4.5.3　高速铁路联调联试行车作业工作要求

（1）在检测列车、动车组等试验列车运行时，具备条件的车站（含线路所，下同）可为 CTC 分散自律模式，由列车调度员办理接发列车；不具备条件的车站为非常站控模式，由车站值班员办理接发列车。

(2)联调联试期间，检测列车运行时，联调联试区段沿途各站信号机点灯，始发站、终点站检测列车进、出时信号机点灯。

(3)联调联试速度级试验时，动车组综合检测列车采用 ATP 隔离模式运行。

(4)时速 300～350 km 高速铁路联调联试速度级试验时，高速铁路联调联试区段中间各站(线路所)信号宜常态灭灯，两端车站进、出站信号宜点灯。列车在两端车站凭进出站信号机的显示行车。

(5)联调联试速度级试验时，需提前办理各站接发列车进路，各车站接发列车进路上的道岔须单操锁闭。

(6)时速 200～250 km 客货共线铁路进行信号系统联调联试时，列车调度员、车站值班员需提前按试验要求准备好进路，动车组采用 ATP 控车，动车组凭进、出站信号显示进出车站。因受信号设备故障等影响，遇进站信号机不能开放时，开放车站引导信号；若车站引导信号也不能开放时，需铁路局调度所发布调度命令，列车凭调度命令进入车站。遇出站信号机不能开放时，检测列车、动车组等试验列车开车前需铁路局调度所发布调度命令，列车进入区间的凭证为调度命令。遇区间通过信号(机)不能开放时，由司机向列车调度员(车站值班员)汇报，在列车调度员确认前方闭塞分区空闲后，通知司机越过该通过信号(机)。

(7)时速 300～350 km 高速铁路进行信号系统联调联试时，列车调度员、车站值班员需提前按试验要求准备好进路，动车组采用 ATP 控车，动车组凭列控车载设备显示的允许运行信号(允许运行的速度值)进出车站。因受信号设备故障等影响，遇进站信号或出站信号不能开放时，可开放引导信号；若引导信号也不能开放时，需铁路局调度所发布调度命令，列车凭调度命令进站或出站。遇区间通过信号(机)不能开放时，由司机向列车调度员(车站值班员)汇报，在列车调度员确认前方闭塞分区空闲后，通知司机越过该通过信号(机)。

4.5.4 高速铁路联调联试车站及区间合并进行试验行车要求

因有关车站受信号设备故障等影响，高速铁路联调联试速度级试验等期间，可对高速铁路联调联试区段有关车站及区间封锁合并为大区间，始发站开车前发布调度命令，列车进入区间的凭证为调度命令。

4.5.5　高速铁路联调联试关键处所进路道岔操作要求

当受相关列控和信号设备等影响，需站间上下行基本闭塞法停用，按电话闭塞法行车时，需对接发列车作业作出特殊规定，以提高作业效率；关键处所有关进路道岔需开通运行方向并单操锁闭。

4.5.6　高速铁路联调联试各站进路道岔操作要求

高速铁路联调联试速度级试验时，检测列车、动车组等试验列车沿途各站正线通过，需注意确定两端车站有关道岔侧向通过限制速度。各站进路上的道岔宜单操锁闭。

4.5.7　高速铁路联调联试试验区段有关线路封锁、试验区段相邻车站有关道岔开通进路要求

在进行高速铁路联调联试速度级等试验期间，宜封锁试验区段有关线路，将与试验列车运行区段相邻的车站有关道岔开通试验列车通过进路，有关信号开放，道岔单操锁闭，以利行车安全。

4.5.8　高速铁路联调联试列车减速或停车工作要求

(1)所有列车必须全面、细致、正确、及时检测、传递有关信息给本次列车运行联系人。根据本次列车检测情况需列车减速或停车时，测试人员须立即正确报告本次列车运行联系人，司机采取果断措施予以减速或停车。动车组司机遇到紧急情况时，可采用最大常用制动措施停车(危及安全的情况除外)。

(2)前行列车运行联系人与后行列车运行联系人需及时正确取得联系，遇前行列车减速或停车等危及安全情况时，前行列车运行联系人须及时通知后行列车运行联系人，并及时报告列车调度员和联调联试现场指挥部。后行列车须及时采取减速或停车等安全措施，必要时须立即采取拦停后行列车等安全措施；列车调度员须及时正确发布有关调度命令；须做到现场安全及时迅速得到控制。

4.5.9 高速铁路联调联试试验行车限制速度

(1)高速铁路联调联试试验行车限制速度由有关客运专线公司书面提供给铁路局工务处,铁路局工务处审核确认后交铁路局调度所。需限速时,由铁路局调度所按规定及时正确发布限速调度命令。

(2)在高速铁路联调联试及动态检测期间,检测列车、动车组等试验列车需根据轨道状态、车辆动力学响应指标、接触网状态等检测、测试结果进行必要的临时限速,检测列车、动车组等试验列车运行具体限速区段及限制速度由设备管理单位在车站《行车设备检查登记簿》上登记并报铁路局业务主管处,铁路局业务主管处确认后提供给联调联试现场指挥部、铁路局调度所,铁路局调度所按规定及时正确发布限速调度命令。

(3)当单机作为检测列车时,工务添乘人员须携带便携式添乘仪上车添乘,由有关客运专线公司和铁路局工务处提供、确认运行速度。

(4)在高速铁路联调联试及动态检测期间,前行列车与后行列车应保持通讯联络,工务添乘人员须认真检测线路状况,发现线路状况不良需后行列车限速时,须及时报告本次列车运行联系人,本次列车运行联系人须立即通知后行列车并报告列车调度员和联调联试现场指挥部,后行列车须按前行列车提出的运行条件掌握运行,列车调度员发布临时限速调度命令。

(5)动车组综合检测列车进行速度级试验及重联动车组速度级试验时,动车组采用ATP隔离模式运行,动车组司机按照试验要求的运行速度贴线运行。同时,动车组每列次发车前需测试单位,桥梁动静载试验单位(有桥梁动静载试验时),铁路局工务处、供电处,有关客运专线公司人员及运行联系人、动车组司机对速度表进行签认。

4.5.10 高速铁路联调联试行车盯控工作要求

高速铁路联调联试及动态检测期间,检测列车、动车组等试验列车运行时,各设备管理、使用单位人员上岗,对站内、区间行车设备必须认真监控,车站站长(副站长)上岗盯控,铁路局调度所主任(副主任)亲自盯台。当某车站接发多列试验列车以及需对其他铁路局联调联试工作进行配合时,需指定该站的主管站段派主管副站(段)长或胜任管理人员到车站信号楼(运转室)盯控;有关人员需在车站接发多列试验列车等时段,做好行车组织工作,尽量做到列车接发在时间上、空间上安全规避。

4.5.11　高速铁路联调联试防止上线列车部件脱落工作要求

高速铁路联调联试及动态检测期间,必须保证所有上线列车部件不脱不落、运用状态良好。检测列车尾部机车司机注意做好经过线路有无坠落物等检查工作,发现线路上有危及安全坠落物等时及时报告检测列车运行联系人。试验货物列车、普速旅客列车开行时,车辆、货运部门要重点做好上线车辆技术检查,防止列车运行中零部件脱落等问题,车辆、货运部门添乘人员在列车尾部添乘,发现线路上有危及安全坠落物等时及时报告本次列车运行联系人。

4.5.12　高速铁路联调联试施工、维护等管理要求

高速铁路联调联试及动态检测期间,有关客运专线公司需布置各施工单位等必须严格执行"行车不施工,施工不行车"的规定,严格落实有关安全措施,做好施工现场管理,制定并督促落实有效措施,坚决杜绝人员擅自上道作业和施工机械侵入限界等违规情况。列车运行期间封闭网内禁止一切施工,确保列车运行安全。同时,为确保高速铁路联调联试试验列车运行等安全,与高速铁路联调联试线路相邻的既有线线路,每日高速铁路联调联试时间段内禁止进行施工、维护等作业(遇特殊情况除外)。

4.5.13　高速铁路联调联试列车运行区段巡守、看护、监管工作要求

高速铁路联调联试及动态检测期间,有关客运专线公司、铁路公安部门须切实做好高速铁路联调联试列车运行区段的严密看护、安全巡守工作。行车过程中公安人员做好全线巡守、施工单位人员做好全线看护、设备管理单位人员做好全线监管工作,做到巡守、看护、监管全面到位,做到严防固守,确保封闭网内无任何闲杂人员等,确保高速铁路联调联试列车运行良好环境。对没有完全封闭的站区、开口处所、行人过道及关键地段等要督促施工单位等安排足够胜任力量共同做好看护和巡守工作。

4.5.14 高速铁路联调联试检测列车和货物列车、普速旅客列车、动车组等试验列车等看守工作要求

高速铁路联调联试及动态检测期间，检测列车和试验货物列车、普速旅客列车、动车组等试验列车在站区等存放时，由有关客运专线公司、铁路公安局负责看守。铁路局接触网检测车、轨道检查车、电务试验车安排人员在车上留守。测试单位检测车、试验车及试验设备等由测试单位负责看守。

4.5.15 高速铁路联调联试检测列车技术检查、机车拆除运行监控装置放风线工作要求

高速铁路联调联试及动态检测期间，检测列车在始发站始发前，有关车辆段派车辆检车员对检测列车进行技术检查，铁路局调度所、有关车站需提前安排好机车和检测列车出库，担当检测列车牵引任务的各型机车均须拆除运行监控装置放风线。高速铁路联调联试及动态检测期间，所有担当牵引任务的各型机车均须拆除运行监控装置放风线。

4.5.16 高速铁路联调联试试验货物列车技术检查、防溜等工作要求

高速铁路联调联试及动态检测期间，开行试验货物列车时，有关车务段（车站）、车辆段需做好试验货物列车始发、终到技术检查、防溜等有关工作，确保安全。

4.5.17 高速铁路联调联试试验货物列车动力学测试车辆有关工作要求

高速铁路联调联试及动态检测期间，开行试验货物列车进行试验前，须将编组在试验货物列车中的动力学测试车辆设置为“关门车”。禁止对试验货物列车的测力轮进行敲击，列检人员须严格遵守。

4.5.18 高速铁路联调联试普速旅客列车技术检查等工作要求

高速铁路联调联试及动态检测期间，普速旅客列车在始发站始发前，有关车辆段派车辆检车员对车辆进行技术检查，铁路局调度所、有关车站等需提前安排好车底和机车出库。

4.5.19　高速铁路联调联试检测列车、普速旅客列车等检修整备工作要求

高速铁路联调联试及动态检测期间，检测列车、普速旅客列车等终到车站后，机车需及时进机务段（折返段），检测车辆、客车车底等需及时进客车车辆段（客整所）等线路检修整备。

4.5.20　高速铁路联调联试添乘工作要求

（1）高速铁路联调联试及动态检测期间，检测列车由铁路局安全监察室、机务处、工务处、供电处、铁路公安局、测试单位、有关客运专线公司等派人添乘，运行联系人可由安全监察室等胜任人员担当。

（2）高速铁路联调联试及动态检测期间，检测列车后的后续列车运行联系人可由铁路局总工程师室、机务处、安全监察室等胜任人员担当，铁路局总工程师室、安全监察室、机务处、工务处、电务处、供电处、车辆处、测试单位、有关客运专线公司、铁路公安局等有关处室、单位派人添乘，有关站段添乘人员由铁路局各业务处等自行做好安排。

4.5.21　高速铁路联调联试有关人员随车值乘工作要求

（1）开行检测列车时，有关客运段安排运转车长随车值乘，有关车辆段安排乘检人员随车值乘。

（2）开行试验货物列车时，有关车辆段安排列检人员随车值乘。

（3）开行普速旅客列车时，有关车辆段安排乘检人员随车值乘，有关客运段安排运转车长和列车员随车值乘。

（4）开行动车组时，有关客运段每列安排列车员随车值乘，负责查验动车组乘车证、保洁和车上管理等工作。

4.5.22　高速铁路联调联试 LKJ 基础线路数据换装工作要求

高速铁路联调联试及动态检测期间，当具备条件时，铁路局电务检测所根据有关客运专线公司委托及其提供的电子版 LKJ 基础线路数据，完成检测列车 LKJ 基础线路数据修改并换装上检测列车机车，有关机务段配合有关电务段做好数据模拟和换装工作。并需电务检测所安排人员添乘检测列车。

4.5.23 高速铁路联调联试空气动力学测试设备安装、防护工作要求

(1)在动车组综合检测列车的车厢上安装列车空气动力学测试设备(压力传感器)时,作业时间一般为4～6小时,动车组综合检测列车入动车段(动车运用所)后需降弓、停电,以便安装车外传感器。车外传感器安装完毕后,需给动车组综合检测列车供电,以便安装车内测试设备,并调试设备信号。

(2)为防止动车组综合检测列车车外不易觉知的列车空气动力学测试传感器等测试设备因沾水而失效,动车组综合检测列车进库洗车时,不得采用机洗,不得使用刷子刷安装列车空气动力学测试传感器等测试设备的车厢外贴的胶带。动车组综合检测列车进行清洗时,禁止清洗安装了列车空气动力学响应测试传感器等测试设备的车辆;如确有必要,需动车段(动车运用所)提前通知测试单位测试人员到达现场做好测试传感器等测试设备的保护工作,并采用人工清洗方式作业。

4.6 高速铁路联调联试开始前轨道车、单机上线运行工作

在高速铁路联调联试开始前,应有关客运专线公司请求,轨道车、单机可先行上线工作,除可进行正线拉通、条件确认和进行轨道等工作外,还可起到先行营造联调联试良好运行环境等作用。

(1)在条件具备的情况下,首次上线的轨道车运行速度可为80 km/h,轨道车在试验区段运行时,主要是进行正线拉通和进行联调联试前提条件、动车组上线条件确认等现场工作。

(2)在条件具备的情况下,随后上线的单机(由工务部门安排人员携带便携式添乘仪添乘)运行速度可为100 km/h,单机在试验区段运行时,宜结合对各车站股道进行轨道工作一并实施。

(3)轨道车、单机在试验区段同一日运行时至少按一个站间掌握行车。但在一般情况下,轨道车、单机不必同日同时上线。

4.7 高速铁路联调联试开始前检测列车上线运行工作

(1)检测列车编组一般可为:DF11型机车+接触网检测车+轨道检

查车＋电务试验车＋DF11 型机车。

（2）在高速铁路联调联试区段静态验收报告专家评审意见出来前和在高速铁路联调联试开始前，应有关客运专线公司请求，根据前期轨道车、单机上线运行情况，根据有关客运专线公司、设备管理单位和设备管理部门签认等情况，可由联调联试现场指挥部研究确定开行检测列车及其运行速度，对工程质量、运行环境等进行检查。在条件具备的情况下，首次上线的检测列车运行速度可为 120 km/h，之后视条件具备情况逐级按运行速度 140 km/h、160 km/h 运行（视前行单机〔由工务部门安排人员携带便携式添乘仪添乘〕运行速度 100 km/h 运行情况和前行检测列车运行速度 120 km/h 运行情况，有关客运专线公司、铁路局工务处根据前行单机和前行检测列车运行检测数据，确认试验区段上、下行正线按运行速度 140 km/h 运行的条件，并报告联调联试现场指挥部；检测列车可以按运行速度 140 km/h 运行时，经有关客运专线公司、铁路局工务处现场签认后，由联调联试现场指挥部通知检测列车运行联系人，检测列车在试验区段上、下行正线按运行速度 140 km/h 运行。视前行检测列车运行速度 120 km/h、140 km/h 运行情况，有关客运专线公司、铁路局工务处根据前行检测列车运行检测数据，确认试验区段上、下行正线按运行速度 160 km/h 运行的条件，并报告联调联试现场指挥部；检测列车可以按运行速度 160 km/h 运行时，经有关客运专线公司、铁路局工务处现场签认后，由联调联试现场指挥部通知检测列车运行联系人，检测列车在试验区段上、下行正线按运行速度 160 km/h 运行）。

（3）检测列车在试验区段上、下行正线上线运行，需要：

1）有关客运专线公司、工务段派人上车带道。沿途各站正线通过，进路道岔可使用钩锁器加锁。

2）铁路局专业部门应及时、全面、认真做好检测数据采集、分析、汇总工作，对存在问题向有关单位、部门做好反馈并督促整改。

3）有关客运专线公司有关部门负责人，施工单位和设备供应商有关领导、技术人员，铁路局设备管理部门、单位有关人员等需做好值班工作，确保全线设备运行安全。

4）行车过程中有关客运专线公司、铁路公安局必须做好严密看守工作，公安人员做好全线巡守、施工单位人员做好全线看护、设备管理单位人员做好全线监管工作，确保封闭网内无任何闲杂人员等。严格执行“行车不施工、施工不行车”的规定，确保达到时间、空间双隔离的工作要求。

5)有关客运专线公司必须于检测列车上线检测前一日指定时间前将人员、物料、机具等全面彻底清理干净，确保检测列车的绝对“真空”检查运行环境。各有关部门、单位应严格执行《高速铁路工程动态验收技术规范》(TB 10761—2013)、《联调联试及动态检测实施方案》等有关规定、要求。

6)关于检测列车运行速度确定问题，由有关客运专线公司提供给铁路局工务处，铁路局工务处审核后提供给有关使用部门。

7)铁路局管段范围内有关行车设备需铁路局各专业部门、单位做好设备检查和问题整改工作，确保设备状态良好。并对全线机车和轨道车等自轮运转特种设备、车辆等进行全面、彻底、及时清理，确保检测列车上线运行安全。

8)各有关部门、单位必须各司其职、各负其责，坚决确保行车、人身等各项安全。

(4)可统筹做好其他有关工作：

1)检测列车终到后，可安排施工部门、单位等对设备进行维修等作业。

2)连续3日及以上检测列车开行完毕后，可进行CTC集中控制测试，需铁路局调度所、有关站段做好配合工作。

3)可安排施工单位等继续组织做好有关未完成工作。

4.8 既有300～350 km/h高速铁路车站信号系统联调联试前对岔区进行轨道除锈工作

为确保既有300～350 km/h高速铁路车站(既有高速铁路车站一端已经开通运营、另一端尚未开通运营)信号系统联调联试顺利进行，消除既有高速铁路车站将要进行信号系统联调联试岔区轨道电路分路不良问题，联调联试现场指挥部需提前组织进行既有高速铁路车站信号系统联调联试岔区轨道除锈工作。可使用DF11内燃机车等进行轨道除锈工作，需有关机务段等做好准备，具体进出进路可由既有高速铁路车站根据既有高速铁路列车运行计划和运行情况掌握组织实施。有关要求：

(1)轨道除锈作业必须严格执行调车联控规定和轨道电路分路不良区段作业办法，除锈期间必须确保机车等全部越过信号机，越过信号机后即可停车。调车指挥人与车站值班员联控后，车站值班员方可排列进路，进路道岔单操锁闭。

(2)轨道除锈作业不得影响既有高速铁路各项安全和正常运营，轨道除锈进路必须与既有高速铁路接发列车进路有可靠的隔开设备，不得向有车线办理调车作业。

(3)每条股道轨道至少 2 个往返。

(4)为提高效率等，两端机车驾驶室分别安排一名司机，有关机务段派一名指导司机添乘；两端机车驾驶室车站分别派一名调车指挥人。

(5)车站分别派管理人员到车站信号楼(运转室)和轨道除锈岔区进行重点盯控把关，有关电务段派得力管理人员到车站信号楼(运转室)进行重点盯控把关。

(6)车站准备通话作用良好的对讲机 5 部，司机、调车指挥人及现场盯控管理人员各 1 部，通信试验良好后方可开始作业。对讲机频率不得干扰既有高速铁路和既有普速铁路正常运营。

(7)轨道除锈作业后，有关电务段按规定对轨道电路分路不良区段进行测试并销记。

(8)轨道除锈作业必须确保行车、调车、人身等各项安全。

4.9　200～250 km/h 客货共线铁路使用单机、货物列车进行沿途各站到发线轨道除锈工作

在联调联试区段静态验收报告专家评审意见出来前和在联调联试开始前，应有关客运专线公司请求，根据前期轨道车、单机、检测列车上线运行情况，根据有关客运专线公司、设备管理单位和设备管理部门签认等情况，可由联调联试现场指挥部研究确定开行单机、货物列车上、下行运行，进行沿途各站到发线轨道除锈工作。

(1)运行速度：使用单机进行沿途各站到发线轨道除锈工作时，在条件具备的情况下，正线最高运行速度宜不超过 80 km/h，侧线最高运行速度宜不超过 45 km/h(之后视条件具备情况，在条件具备的情况下，正线最高运行速度宜不超过 100 km/h，侧线最高运行速度宜不超过 60 km/h)；使用货物列车进行沿途各站到发线轨道除锈工作时，在条件具备的情况下，正线最高运行速度宜不超过 60 km/h，侧线最高运行速度宜不超过 45 km/h(之后视条件具备情况，在条件具备的情况下，正线最高运行速

度宜不超过 80 km/h，侧线最高运行速度宜不超过 60 km/h）。

(2)使用单机进行沿途各站到发线轨道除锈工作时，铁路局安全监察室、工务处和有关客运专线公司等派人添乘，工务部门安排人员携带便携式添乘仪添乘，运行联系人可由铁路局安全监察室等胜任人员担当。

(3)在使用单机进行沿途各站先行检查工作和进行沿途各站到发线轨道除锈工作基础上，可安排货物列车上、下行线随后运行，进行沿途各站到发线轨道除锈工作，货物列车牵引试验可在此期间结合进行。铁路局机务处、总工程师室、车辆处和有关客运专线公司等派人添乘，运行联系人可由铁路局机务处、总工程师室等胜任人员担当。

1)进行沿途各站到发线轨道除锈货物列车首次运行方案。

①可从联调联试区段一端始发站开行（也可从联调联试区段两端始发站分别开行）货物列车，结合坡道等情况，考虑总重和换长，进行货物列车编组，一般可采用多辆 C70 等重车，可由电力机车牵引。

②货物列车上、下行线首次运行时，在条件具备的情况下，首次运行速度可为 40 km/h。遇长大上坡道、过分相等情况时，机车乘务员可根据实际情况适当提速。

③铁路局货运部门、车辆部门和有关车务段（车站）、车辆段需提前组织做好货物列车编组和负责做好货物列车始发、终到有关技术检查作业，有关车辆段派列检人员随车值乘，确保安全。铁路局调度所需提前安排试验用机车出库、挂车工作。

④货物列车按无守货物列车办理，始发站、终到站及沿线各站须派人确认货物列车尾部标志；发现问题，及时按规处理并向列车调度员和联调联试现场指挥部汇报。

2)进行沿途各站到发线轨道除锈货物列车后续运行方案。

①先行开行单机（或检测列车）：开行单机（或检测列车），对线路状态等进行先行检查确认。在始发站与终到站间上、下行线运行，并安排结合进行沿途各站到发线轨道除锈工作。铁路局安全监察室、工务处和有关客运专线公司等派人添乘（开行单机时需工务部门安排人员携带便携式添乘仪添乘），运行联系人可由铁路局安全监察室等胜任人员担当。

②再行开行货物列车：开行货物列车，进行沿途各站到发线轨道除锈工作。货物列车编组可为：机车＋货车（多辆重车）＋机车。铁路局总工程师室、机务处、车辆处和有关客运专线公司等派人添乘，运行联系人可

由铁路局总工程师室等胜任人员担当。

③运行速度：在条件具备的情况下，单机（或检测列车）正线最高运行速度宜不超过 100 km/h，侧线最高运行速度宜不超过 60 km/h；在条件具备的情况下，货物列车正线最高运行速度宜不超过 80 km/h，侧线最高运行速度宜不超过 60 km/h。

④有关车站到发线需轨道除锈的具体轨道区段由有关电务段提供给车站，车站利用货物列车进行轨道除锈，有关电务段配合。

4.10　200～250 km/h 客货共线铁路联调联试正式试验货物列车上线运行工作

4.10.1　200～250 km/h 客货共线铁路联调联试正式试验货物列车编组准备工作

试验货物列车是指根据运营和试验需求进行编组，并安装相应检测系统的货物列车。有关准备工作如下：

（1）有关车辆段需选扣符合试验要求、数量要求的有关车型重车、空车送车辆段（或站修所）更换测力轮对。

（2）有关车站需对更换测力轮对后的有关车型重车、空车进行测重。

（3）有关车站、车辆段需选扣运用状态良好并满足试验要求、数量要求的有关车型重车、空车，具体扣车时间以调度命令为准。

（4）铁路局调度所安排将更换测力轮对后的有关车型重车、空车及其他车辆送指定车站进行装车、编组等作业，装车组织工作及装载加固安全由指定单位负责。

（5）铁路局调度所安排将测试单位试验车送指定车站，需明确试验车运行限制速度。

（6）进行试验货物列车小编组作业，按试验要求将已更换测力轮对车辆和测试单位试验车等按编组顺序进行编组，有关车务段（车站）需做好试验货物列车小编组编组工作。编组完毕后，在满足要求的地点做试验货物列车小编组静、动态调试工作，调试机车由有关机务段机车担当，需铁路局调度所做好安排。试验货物列车小编组车组须连挂成组，不得分离。

（7）进行试验货物列车大编组作业，在指定车站进行，按试验要求将试验货物列车小编组车组与有关车型重车、空车等按编组顺序进行编组，有关车务段（车站）需做好有关工作。

(8)试验货物列车涉及双层集装箱等车辆时，需对双层集装箱等车辆运行径路进行明确，铁路局供电部门等检查确认该径路接触网导线高度等是否满足双层集装箱等车辆运行要求，检查确认结果经铁路局供电处等签认后于指定时间前书面报联调联试现场指挥部（涉及200～250 km/h客货共线铁路新建部分由有关客运专线公司组织对双层集装箱等车辆、试验货物列车运行径路的限界和接触网导线高度进行检查确认〔是否满足双层集装箱等车辆运行要求〕，设备管理单位配合，有关客运专线公司和铁路局供电处等共同签认）。

(9)试验货物列车编组准备工作由铁路局总工程师室、测试单位牵头组织，铁路局有关部门、有关单位等按工作职责分工做好有关工作。

4.10.2　200～250 km/h客货共线铁路联调联试正式试验货物列车准备时可同时结合进行的工作

1. 开行检测列车进行先行检查工作

检测列车编组可为：DF11型机车＋隔离客车＋综合检测车＋隔离客车＋DF11型机车。

运行安排：在200～250 km/h客货共线铁路联调联试区段上、下行线运行，沿途各站正线通过。

运行速度：在条件具备的情况下，检测列车正线运行速度可为140 km/h。

添乘安排：铁路局总工程师室、机务处、测试单位、有关客运专线公司等派人添乘，运行联系人可由铁路局总工程师室等胜任人员担当。

2. 正式试验货物列车运行准备工作及其他工作

(1)正式试验货物列车运行准备工作

1)正式试验货物列车编组完毕后，铁路局总工程师室牵头组织安全监察室、货运处、车辆处、测试单位、有关客运专线公司和负责装车组织工作及装载加固安全指定单位等对正式试验货物列车进行联合检查。

2)有关客运专线公司组织对正式试验货物列车运行径路的限界和接触网导线高度再次进行检查确认（是否满足双层集装箱等车辆运行要

求），铁路局工务处、电务处、供电处、土地房产管理处等部门配合，检查确认结果需在指定时间前经有关客运专线公司和铁路局主管业务处共同签认后报联调联试现场指挥部。

（2）转换设备静态性能指标测试工作

测试单位在有关车站有关岔位进行道岔转换阻力及夹异物试验。铁路局电务部门、单位需在有关车站组织人员，办理要点手续并配合测试单位进行试验，铁路局车务、工务部门、单位做好配合工作。

（3）综合接地、电磁兼容地面测点布置工作

1）测试单位在有关车站布置综合接地地面测点时，需铁路局供电部门、单位配合在架空回流线上安装电流传感器。

2）测试单位在有关车站布置电磁兼容地面测点时，需铁路局电务部门、单位配合在轨旁分线盘安装传感器，完成信号电缆被测芯线一端的接地，并做好试验结束后的恢复工作。

3. 有关要求

（1）负责装车组织工作及装载加固安全指定单位、有关车务段（车站）需做好对试验货物列车装载、加固、编组等工作的组织，确保试验货物列车按要求准备到位。

（2）测试单位需做好对试验货物列车小编组静、动态调试的有关组织工作。

（3）转换设备静态性能指标测试及综合接地、电磁兼容地面测点布置必须待检测列车运行完毕后方可进行，需要要点时一律由设备管理单位办理有关手续。

（4）转换设备静态性能指标测试必须得到联调联试现场指挥部的批准后方可给点，铁路局调度所、有关车站严格执行。

4.10.3　200～250 km/h 客货共线铁路联调联试开行正式试验货物列车进行地面测点 5 km/h 准静态标定工作

（1）先行开行检测列车：开行检测列车，对线路状态等进行先行检查确认。在联调联试区段间上、下行线运行，沿途各站正线通过，一个往返。检测列车编组可为：DF11 型机车＋隔离客车＋综合检测车＋隔离客车＋DF11 型机车。

（2）再行开行正式试验货物列车：开行正式试验货物列车，进行地面

测点 5 km/h 准静态标定。由有关机务段符合要求的电力机车担当牵引任务,正式试验货物列车编组为:电力机车+试验货物列车大编组车列+电力机车。在联调联试区段间上、下行线运行,沿途各站正线通过,禁止接侧线。终到站后存放,机车入有关机务段(折返段)。铁路局总工程师室、机务处、供电处、货运处、车辆处、测试单位、有关客运专线公司等派人添乘,运行联系人可由铁路局总工程师室等胜任人员担当。

在进行正式试验货物列车 5 km/h 准静态标定时,在“起”字牌前正式试验货物列车减速至 5 km/h,并匀速通过测点;在正式试验货物列车到达“止”字牌后,即整列通过测点后,方可提速。具体行别和准静态标定区段“起”、“止”里程以及具体测点位置需列表明示。

(3)运行速度:在条件具备的情况下,检测列车正线运行速度可为 140 km/h,正式试验货物列车正线最高运行速度可为 80 km/h。

4.10.4　200～250 km/h 客货共线铁路联调联试开行正式试验货物列车

(1)先行开行检测列车:开行检测列车,对线路状态等进行先行检查确认。在联调联试区段间上、下行线运行,沿途各站正线通过,一个往返。列车编组可为:DF11 型机车+隔离客车+综合检测车+隔离客车+DF11 型机车。

(2)再行开行正式试验货物列车:开行正式试验货物列车,两个往返,由有关机务段符合要求的电力机车担当牵引任务。列车编组:电力机车+试验货物列车大编组车列+电力机车,在联调联试区段间上、下行线运行,沿途各站正线通过(在条件具备的情况下,道岔侧向通过速度可为 45 km/h)。终到站后存放,机车入有关机务段(折返段)。铁路局总工程师室、机务处、供电处、货运处、车辆处、测试单位、有关客运专线公司等派人添乘,运行联系人可由铁路局总工程师室等胜任人员担当。

(3)运行速度:在条件具备的情况下,检测列车正线运行速度可为 140 km/h(之后视条件具备情况,在条件具备的情况下,正线运行速度可为 160 km/h);在条件具备的情况下,正式试验货物列车正线运行速度可为 80 km/h(之后视条件具备情况,在条件具备的情况下,科学合理进行逐级提速,上、下行正线运行速度 90 km/h、100 km/h、110 km/h、120 km/h),并达到试验要求的往返次数,一般上、下行正线运行速度80 km/h、90 km/h、100 km/h、110 km/h、120 km/h 各可运行 3 次进行联调联试速度级试验,正式试验货物列车最高测试速度根据具体情况确定。

4.11　200～250 km /h 客货共线铁路普速旅客列车上线工作

4.11.1　200～250 km/h 客货共线铁路联调联试开始前开行单机(或检测列车)和普速旅客列车进行运行环境检查等工作

在 200～250 km/h 客货共线铁路联调联试开始前，应有关客运专线公司请求，在确保安全的情况下，可安排普速旅客列车在施工线上进行工程质量检测、运行环境检查等工作，为正式联调联试做好运行环境等准备工作。

(1)先行开行单机(或检测列车)：开行单机(或检测列车)，对线路状态等进行先行检查确认。在 200～250 km/h 客货共线铁路联调联试区段上、下行线运行，沿途各站正线通过，一个往返。

(2)再行开行普速旅客列车：开行普速旅客列车，列车编组可为：DF11 型机车＋客车 16 辆(车辆最高运行速度 140 km/h 及其以上)，沿途各站正线通过。列车终到站后，机车入有关机务段(折返段)，客车车底入有关车辆段(客整所)。

(3)运行速度：在条件具备的情况下，单机(或检测列车)正线最高运行速度宜不超过 100 km/h，普速旅客列车正线最高运行速度宜不超过 120 km/h。

4.11.2　200～250 km/h 客货共线铁路联调联试开始后开行检测列车和普速旅客列车进行联调联试工作

(1)先行开行检测列车：开行检测列车，对线路状态等进行先行检查确认。在 200～250 km/h 客货共线铁路联调联试区段上、下行线运行，沿途各站正线通过，一个往返。检测列车编组可为：DF11 型机车＋接触网检测车＋轨道检查车＋电务试验车＋DF11 型机车。

(2)再行开行普速旅客列车：开行普速旅客列车，在 200～250 km/h 客货共线铁路联调联试区段上、下行线运行，沿途各站正线通过。列车编组可为：DF11 型机车＋客车 16 辆(车辆最高运行速度 140 km/h 及其以上)＋ DF11 型机车。

(3)运行速度：在条件具备的情况下，检测列车正线运行速度可为

160 km/h,普速旅客列车正线运行速度可先为 120 km/h、后为 140 km/h 等,道岔侧向通过速度可为 80 km/h,普速旅客列车最高测试速度根据具体情况确定。

(4)联调联试期间,可统筹结合进行接触网静态弹性试验等工作。

4.12 开行动车组综合检测列车上线进行联调联试工作

1. 动车组综合检测列车首次上线进行联调联试工作

(1)先行开行检测列车:开行检测列车,对线路状态等进行先行检查确认。在联调联试区段上、下行线运行,沿途各站正线通过,一个往返。检测列车编组可为:DF11 型机车+接触网检测车+轨道检查车+电务试验车+ DF11 型机车,机车拆除运行监控装置放风线。在条件具备的情况下,检测列车正线运行速度可为 160 km/h。

(2)再行开行动车组综合检测列车:开行动车组综合检测列车,可结合进行采用非接触式测量方法进行接触网几何参数检测,在联调联试区段上行线(下行线)运行。在条件具备的情况下,动车组综合检测列车运行速度为 60 km/h。

(3)在不进行采用非接触式测量方法进行接触网几何参数检测时,在条件具备的情况下,动车组综合检测列车运行速度可为 160 km/h。

2. 进行动车组列车速度级试验等

(1)检测列车运行方案

开行检测列车,对线路状态等进行先行检查确认。在联调联试区段上、下行线运行,沿途各站正线通过,一个往返。检测列车编组可为:DF11 型机车+接触网检测车+轨道检查车+电务试验车+ DF11 型机车,机车拆除运行监控装置放风线。在条件具备的情况下,检测列车上、下行正线运行速度可为 160 km/h。

(2)进行动车组综合检测列车 5 km/h 准静态标定

动车组综合检测列车在联调联试区段上行线、下行线运行,采用 ATP 隔离模式运行。在条件具备的情况下,上行线、下行线运行速度可为 160 km/h 或 180 km/h。在进行动车组综合检测列车 5 km/h 准静态标定时,在“起”字牌前动车组综合检测列车减速至 5 km/h,并匀速通过测点;在动车组综合检测列车到达“止”字牌后,即整列通过测点后,方可提速。具体行别和准静态标定区段“起”、“止”里程以及具体测点位置需列表明示。

(3)在准静态标定后采用动车组综合检测列车进行速度级试验等

1)在条件具备的情况下，动车组综合检测列车可在联调联试区段上行线或下行线速度从低到高密集反复正、反方向运行，沿途各站正线通过，道岔侧向通过速度不超过 80 km/h，进路道岔单操锁闭。

①在 200～250 km/h 铁路联调联试速度级试验时，对于设计时速 200 km 铁路联调联试，单列动车组逐级提速试验的速度级为 160 km/h、180 km/h、200 km/h、210 km/h、220 km/h，一般每个速度级运行至少 3 个往返；对于设计时速 250 km 铁路联调联试，单列动车组逐级提速试验的速度级为 180 km/h、200 km/h、220 km/h、230 km/h、240 km/h、250 km/h、260 km/h、275 km/h，一般每个速度级运行至少 3 个往返；试验过程中，根据测试数据，在符合行车安全标准前提下逐级提速；动车组采用 ATP 隔离模式运行。

②在 300～350 km/h 高速铁路联调联试速度级试验时，单列动车组逐级提速试验的速度级为 180 km/h、200 km/h、220 km/h、240 km/h、260 km/h、280 km/h、300 km/h、310 km/h、320 km/h、330 km/h、340 km/h、350 km/h、360 km/h、370 km/h、380 km/h、385 km/h，一般每个速度级运行各至少 3 次进行联调联试速度级试验。可在一个行别正线进行速度级试验，在时速 300 km 前，在条件具备的情况下，一般单列动车组时速可每次提高 20 km；在时速 300 km 后，在条件具备的情况下，一般单列动车组时速可每次提高 10 km。但在条件具备的情况下，单列动车组时速也可从 260～310 km、从 280～330 km、从 300～340 km、从 300～350 km、从 310～350 km 等进行提速试验。之后可换为另一行别正线进行单列动车组速度级试验，两个行别正线可交替进行单列动车组速度级试验。动车组采用 ATP 隔离模式运行，动车组司机按照运行速度做好贴线运行工作。

2)动车组列车速度级试验过程中可搭载进行、结合进行以下联调联试内容等：

①越区供电条件下供变电设备运行参数测试。

②调度通信功能测试，在车机联控间隙进行短号码呼叫、组呼、紧急呼叫等，测试需沿线车站值班员配合接听电话，通信测试人员在铁路局调

度所有关调度台进行接听测试，需铁路局有关通信段和铁路局调度所有关人员给予配合。若因调度通信功能测试导致通信不能正常进行，动车组列车上有关人员可通过公网手机与铁路局调度所列车调度员、车站值班员、联调联试现场指挥部联系。须公布铁路局调度所有关调度台、有关车站(线路所)运转室、联调联试现场指挥部地方固定电话号码等。

③奇数(偶数)基站打开情况下(或全部基站打开情况下)的通信系统GSM-R场强覆盖测试和服务质量测试。

④道岔相关性能测试，有关道岔禁止加钩锁器。

⑤振动噪声测试，动车组列车通过振动噪声测试工点所在区段时，禁止鸣笛(特殊情况除外)，并保证工点周围200 m范围内无施工作业噪声和振动影响。

⑥综合视频监控系统视频图像质量评估，需铁路局电务处、调度所、有关通信段、有关客运专线公司等派人参加，参加人员到铁路局调度所有关高速铁路调度台对视频图像进行评测。

3. 进行重联动车组速度级试验等

(1)动车组重联时，需一列动车组8车与另一列动车组1车连挂，动车段(动车运用所)按要求整备。可在联调联试区段上行线或下行线速度从低到高密集反复正、反方向运行，沿途各站正线通过，进路道岔单操锁闭。

1)在200～250 km/h铁路联调联试进行重联动车组速度级试验时，对于设计时速200 km铁路联调联试，在条件具备的情况下，重联动车组试验的正、反方向运行速度可为180 km/h、200 km/h，一般每个速度级运行各至少3次进行重联动车组联调联试速度级试验；对于设计时速250 km铁路联调联试，在条件具备的情况下，重联动车组试验的正、反方向运行速度可为200 km/h、210 km/h、220 km/h、230 km/h、240 km/h、250 km/h，一般每个速度级运行各至少3次进行重联动车组联调联试速度级试验。

2)在300～350 km/h高速铁路联调联试进行重联动车组速度级试验时，在条件具备的情况下，重联动车组试验的正、反方向运行速度可为250 km/h、300 km/h、320 km/h、330 km/h、340 km/h、350 km/h，一般每个速度级运行4次进行重联动车组联调联试速度级试验。始发站、终点站信号机点灯。

(2)重联动车组在联调联试区段上、下行线运行时,两个动车组均采用试验需要的规定车厢受电弓升弓受流。

(3)重联动车组速度级试验过程中可结合进行以下联调联试内容等:

1)可结合进行接触网动态抬升量测试,测试单位在有关车站进行接触网动态抬升量测试时,需有关车站、铁路公安处准许测试人员在重联动车组速度级试验期间上站台等进行测试。

2)在一个行别进行重联动车组速度级试验时,可在另一个行别结合进行单列动车组速度级试验。

3)进行重联动车组速度级试验期间,可结合进行动车组隧道交会试验。

4.13 其他有关试验行车组织等工作

4.13.1 开行动车组综合检测列车进行 GSM-R 电磁环境测试、GSM-R 紧急呼叫测试等试验

1. 检测列车运行方案

在信号系统联调联试未完成情况下,开行检测列车,对线路状态等进行先行检查确认。在联调联试区段上、下行线运行,沿途各站正线通过,一个往返。检测列车编组可为:DF11 型机车+接触网检测车+轨道检查车+电务试验车+ DF11 型机车,机车拆除运行监控装置放风线。在条件具备的情况下,检测列车上、下行正线运行速度可为 160 km/h。

2. 动车组综合检测列车运行方案

在信号系统联调联试未完成情况下,GSM-R 电磁环境测试、GSM-R 紧急呼叫测试须慎重进行,为安全起见,宜只开行一列动车组综合检测列车在联调联试区段上、下行正线运行,动车组综合检测列车可在检测列车到达联调联试区段另一端终到站并从另一个行别正线折返时始发开车,并可在检测列车到达始发站后折返,动车组采用 ATP 隔离模式运行。在条件具备的情况下,动车组综合检测列车上、下行正线运行速度可为 140 km/h、200 km/h 等。

进行 GSM-R 电磁环境测试期间,动车组综合检测列车在联调联试区段上、下行正线往返运行时,关闭联调联试区段有关沿线全部 GSM-R 基站和直放站(已投入正式运营的既有高速铁路车站基站除外),检测沿

线 GSM-R 频段干扰信号的强度和分布，检测条件及配合需求如下：

（1）GSM-R 电磁环境测试开始前，由测试单位测试人员通知有关集成商驻联调联试现场指挥部人员向联调联试现场指挥部提出关闭沿线 GSM-R 基站、直放站的请求；联调联试现场指挥部同意关闭后，有关集成商、有关通信段在有关 BSC 机房配合，进行 GSM-R 基站、直放站关闭操作，关闭联调联试区段沿线全部 GSM-R 基站、直放站，以及连续关闭临近联调联试区段两端端点车站的需要数量的 GSM-R 基站；关闭后，有关集成商有关人员通知动车组综合检测列车上 GSM-R 电磁环境测试人员。动车组综合检测列车启动前，有关集成商、测试单位测试检查人员、动车组综合检测列车运行联系人确认 GSM-R 基站和直放站关闭情况，动车组综合检测列车运行联系人需向动车组综合检测列车上 GSM-R 电磁环境测试人员确认是否准备就绪，关闭到位、准备就绪后方可启动。动车组综合检测列车运行时，测试单位在动车组综合检测列车上进行 GSM-R 电磁环境测试。

（2）GSM-R 电磁环境测试结束后，由动车组综合检测列车上 GSM-R 电磁环境测试人员报告联调联试现场指挥部测试结束，并待联调联试现场指挥部指示后，通知有关集成商和有关通信段有关人员开启所有 GSM-R 基站和直放站。

（3）GSM-R 电磁环境测试期间，全线 GSM-R 不能提供无线通信服务，动车组综合检测列车与地面不能使用 GSM-R 进行通信，有关部门、单位须提前做好应急预案。动车组综合检测列车运行联系人和司机做好瞭望工作，有关单位负责杜绝其他车辆进入 GSM-R 基站关闭区域等。关闭沿线 GSM-R 基站、直放站不会影响铁路局调度所列车调度员、车站值班员之间固定行车调度电话（FAS 台）的使用，不会影响铁路自动电话（路电）的使用。

（4）GSM-R 电磁环境测试期间，检测列车、动车组综合检测列车等运行联系人和司机等只能通过公网手机与铁路局调度所列车调度员、车站值班员、联调联试现场指挥部等联系。须公布铁路局调度所有关调度台、各有关车站（线路所）运转室、联调联试现场指挥部等地方固定电话号码和有关人员手机电话号码以及检测列车、动车组综合检测列车等运行联系人和司机等手机电话号码。

（5）GSM-R 电磁环境测试须做到：关闭地点确定到位；值守配合人员

到位；支持配合工作到位；车站安全进出列车保证到位；所有其他可用通信工具（座机、手机、对讲机）功能具备及号码知晓确保到位。检测列车、动车组综合检测列车等运行联系人和司机等必须知晓各有关车站（线路所）运转室等地方固定电话号码和有关人员手机电话号码。

3. 行车组织

（1）沿途各站正线通过，进路道岔单操锁闭。

（2）在 GSM-R 电磁环境测试期间，检测列车、动车组综合检测列车等运行时，原则上按“问路行车”的方式以公网手机与固定电话进行站车车机联控（GSM-R 电磁环境测试区段各站 GSM-R 手机必须关闭）。在 GSM-R 电磁环境测试期间，有关固定电话等必须只用于站车车机联控和行车指挥，有关通话必须简捷、明确。各站要认真掌握检测列车、动车组综合检测列车等运行状况，提前准备接发列车进路，开放信号。

（3）届时运行联系人、司机、车站（线路所）间使用无线对讲机进行通信，使用公网手机与固定电话等进行站车联系，确保列车运行绝对安全。

4. 试验动车组可搭载试验

根据具体情况，在确保安全的情况下，有关试验动车组可搭载进行以下试验：

（1）可搭载进行自动过分相试验

在联调联试有关试验期间，可搭载进行自动过分相试验。要求试验动车组全程采取自动过分相，人工不干预过分相操作。

（2）可搭载进行 GSM-R 紧急呼叫测试

1）在联调联试有关试验期间，在试验动车组上可搭载进行 GSM-R 紧急呼叫测试。

2）为了不影响 200～250 km/h 铁路调度台和沿线车站 FAS 系统的正常使用，在进行 299 紧急呼叫性能测试前，可由有关集成商、通信段配合 FAS 系统厂家在 FAS 系统里删除与 299 紧急呼叫的相关数据。在性能测试合格后，再按照编号方案重新配置。该操作不会影响正常的行车调度指挥。

3）300～350 km/h 高速铁路联调联试进行 GSM-R 紧急呼叫。

测试时，试验动车组可以 300 km/h、320 km/h 等运行速度进行全基站条件下通信系统 GSM-R 紧急呼叫测试，明确测试区段起、止基站及其公里标，一般进行 2 个往返，测试时使用车载测试系统每 30 秒自动发起

1 次呼叫。紧急呼叫测试不影响既有高速铁路运营线路的运营，但会影响试验动车组运行位置相邻三个基站范围内的话音通信，影响试验动车组与车站的车机联控，同时影响联调联试区段调度台的无线通信，有关部门、单位须提前做好应急预案。

4)注意事项。

①避免其他无关车辆进入测试区域。

②GSM-R 紧急呼叫测试过程中，试验动车组运行联系人和司机做好瞭望工作。

③GSM-R 紧急呼叫测试过程中，试验动车组运行联系人和司机等可以通过公网手机与铁路局调度所列车调度员、车站值班员、联调联试现场指挥部等联系。在特殊情况下通信专业可以随时中断测试，试验动车组与铁路局调度所、有关车站(线路所)、联调联试现场指挥部等通信可以马上恢复。

须公布测试单位 GSM-R 紧急呼叫测试联系人、前后行各次列车运行联系人和司机等手机电话号码以及铁路局调度所有关调度台、有关车站(线路所)运转室、联调联试现场指挥部等地方固定电话号码和有关人员手机电话号码。

(3)在 300～350 km/h 高速铁路联调联试速度级试验过程中，采用试验动车组搭载进行偶数(奇数)基站条件下通信系统 GSM-R 调度通信和服务质量测试时，试验动车组发车前关闭联调联试区段(已投入正式运营的既有高速铁路车站基站除外)GSM-R 奇数(偶数)基站，需集成商在 BSC 机房进行基站关闭操作(GSM-R 偶数〔奇数〕基站全部打开)，有关通信段配合。若因关闭 GSM-R 奇数(偶数)基站 GSM-R 通信不能正常进行，试验动车组等运行联系人和司机等可以通过公网手机与铁路局调度所列车调度员、车站值班员、联调联试现场指挥部等联系。须公布测试单位测试联系人、前后行各次列车运行联系人和司机等手机电话号码以及铁路局调度所有关调度台、有关车站(线路所)运转室、联调联试现场指挥部等地方固定电话号码和有关人员手机电话号码。

4.13.2 进行列车空气动力学响应等测试

1. 有关要求

(1)动车组、试验货物列车、试验普速旅客列车在确定的隧道内进行隧道内交会试验前，需提前做好运行距离计算、计划安排、工作组织等准备工作。

(2)动车组、试验货物列车、试验普速旅客列车在确定的隧道内进行隧道内交会试验时，在条件具备的情况下，凭车站出站信号进入区间，区间返回凭正(反)向进站信号进站，列车调度员可不发布调度命令。

(3)动车组与试验货物列车、试验普速旅客列车、动车组两车两端宜各配备一名固定司机负责当天交会试验操作，以保证操作方法等一致性。

2. 检测列车运行方案

开行检测列车，对线路状态等进行先行检查确认。在联调联试区段上、下行线运行，沿途各站正线通过，一个往返。检测列车编组可为：DF11 型机车＋接触网检测车＋轨道检查车＋电务试验车＋ DF11 型机车，机车拆除运行监控装置放风线。在条件具备的情况下，检测列车上、下行正线运行速度可为 160 km/h，道岔侧向通过速度可为 80 km/h。

3. 交会试验列车运行方案

(1)200～250 km/h 客货共线铁路动车组与试验货物列车进行隧道内交会试验

1)有关车站按照试验需要的试验货物列车编组顺序进行编组，并在指定时间前编好。可由铁路局总工程师室牵头组织铁路局车辆、货运部门，测试单位，负责装车组织工作及装载加固安全指定单位，有关客运专线公司等对试验货物列车进行检查，确保试验货物列车安全。

2)采用动车组、试验货物列车在确定的隧道内进行隧道内交会试验，需明确试验运行范围公里标、交会地点公里标。对于时速 200 km 客货共线铁路，动车组、试验货物列车交会速度级一般为：200 km/h/80 km/h、200 km/h/100 km/h、200 km/h/120 km/h，每个速度级一般需交会 3 个往返；动车组正线最高运行速度 200 km/h，试验货物列车正线最高运行速度 120 km/h。对于时速 250 km 客货共线铁路，动车组、试验货物列车交会速度级一般为：180 km/h/120 km/h、200 km/h/120 km/h、220 km/h/120 km/h、250 km/h/120 km/h，每个速度级一般需交会 3 个往返；动车组正线最高运行速度 250 km/h，试验货物列车正线最高运行速度120 km/h。

交会试验时，根据实际交会情况，具体速度级、往返次数以及发车时间等由测试人员与运行联系人共同商定。交会试验期间，动车组采用试验需要的指定车厢受电弓升弓受流，采用 ATP 隔离模式运行。

3)可试验货物列车先从始发站一个行别运行至试验运行范围最远处公里标处停车，等待与动车组进行隧道内交会试验；动车组后从始发站另一个行别开车，与试验货物列车进行隧道内交会试验。隧道内交会试验具体方案、行车要求以及方案实施等由运行联系人与测试单位人员现场确定。

(2)200～250 km/h 铁路动车组与试验普速旅客列车进行隧道内交会试验

1)采用动车组、试验普速旅客列车在确定的隧道内进行隧道内交会试验，需明确试验运行范围公里标、交会地点公里标。对于时速 200 km 铁路，动车组、试验普速旅客列车交会速度级一般为：200 km/h/120 km/h、200 km/h/140 km/h、200 km/h/160 km/h，每个速度级一般需交会 3 个往返；动车组正线最高运行速度 200 km/h，试验普速旅客列车正线最高运行速度 160 km/h。对于时速 250 km 铁路，动车组、试验普速旅客列车交会速度级一般为：180 km/h/160 km/h、200 km/h/160 km/h、220 km/h/160 km/h、250 km/h/160 km/h，每个速度级一般需交会 3 个往返；动车组正线最高运行速度 250 km/h，试验普速旅客列车正线最高运行速度 160 km/h。

交会试验时，根据实际交会情况，具体速度级、往返次数以及发车时间等由测试人员与运行联系人共同商定。交会试验期间，动车组采用试验需要的指定车厢受电弓升弓受流，采用 ATP 隔离模式运行。

2)可试验普速旅客列车先从始发站一个行别运行至试验运行范围最远处公里标处停车，等待与动车组进行隧道内交会试验；动车组后从始发站另一个行别开车，与试验普速旅客列车进行隧道内交会试验。隧道内交会试验具体方案、行车要求以及方案实施等由运行联系人与测试单位人员现场确定。

(3)200～250 km/h 铁路动车组与动车组进行隧道内交会试验

1)采用动车组、动车组在确定的隧道内进行隧道内交会试验，需明确试验运行范围公里标、交会地点公里标。对于时速 200 km 铁路，动车组、动车组交会速度级一般为：160 km/h/160 km/h、180 km/h/180 km/h、200 km/h/200 km/h，每个速度级一般需交会 3 个往返；动车组正线最高运行速度 200 km/h。对于时速 250 km 铁路，动车组、动车组交会速度级一般为：180 km/h/180 km/h、200 km/h/200 km/h、220 km/h/220 km/h、250 km/h/250 km/h，每个速度级一般需交会 3 个往返；动车组正线最高运行速度 250 km/h。

交会试验时，根据实际交会情况，具体速度级、往返次数以及发车时间等由测试人员与运行联系人共同商定。交会试验期间，动车组采用试验需要的指定车厢受电弓升弓受流，采用 ATP 隔离模式运行。

2)一列动车组先从始发站一个行别运行至试验运行范围最远处公里标处停车，等待与另一列动车组进行隧道内交会试验；另一列动车组后从始发站另一个行别开车，与前一列动车组进行隧道内交会试验。隧道内交会试验具体方案、行车要求以及方案实施等由运行联系人与测试单位人员现场确定。

(4)300～350 km/h 高速铁路动车组与动车组进行隧道内交会试验

1)可根据检测列车对线路状态等进行先行检查确认先后顺序，先在指定时间封锁检测列车先已完成检查确认的联调联试区段一个行别，后在指定时间封锁检测列车后已完成检查确认的联调联试区段另一个行别。

2)可一列动车组先进入封锁区段先封锁的一个行别，在条件具备的情况下，运行速度可为 300 km/h，先运行至最远方指定起点位置停车，后以 350 km/h 运行速度做上行标尺、下行标尺并运行至最近方指定起点位置停车。

3)可另一列动车组后进入封锁区段后封锁的另一个行别，在条件具备的情况下，运行速度可为 300 km/h，先运行至最远方指定起点位置停车，后以 350 km/h 运行速度做上行标尺、下行标尺并运行至最远方指定起点位置停车。

4)进行满足试验要求的交会试验，动车组、动车组交会速度级一般为：250 km/h/250 km/h、300 km/h/300 km/h、330 km/h/330 km/h、350 km/h/350 km/h，每个速度级一般需交会 3 个往返；动车组正线最高运行速度 350 km/h。

5)两列动车组均采用试验需要的指定车厢受电弓升弓受流。

4.13.3　进行接触网短路测试

(1)需公布测试具体时间、测试具体地点及测试封锁线路范围等。

(2)测试要求：

1)有关客运专线公司,测试单位,设计院,施工单位,铁路局供电处、工务处、电务处(含通信、信号专业),有关供电段、工务段、电务段、通信段,铁路公安局等派人参加测试。

2)测试期间,除参加测试人员和车辆外,其余人员和车辆严禁进入接触网短路测试封锁区间。

3)全体参加测试人员接挂地线、撤除地线及命令申请等,必须严格按上级、铁路局有关规定、办法等执行。

4)具体测试方案由有关客运专线公司、测试单位组织制定,方案制定后,需及时发至各参试单位和配合单位,各参试单位和配合单位按照方案进行测试。

5)须确保人身等各项安全。

4.13.4 进行接触网几何参数非接触式测量等测试

(1)检测列车运行方案

开行检测列车,对线路状态等进行先行检查确认。在联调联试区段上、下行线运行,沿途各站正线通过,一个往返。检测列车编组可为:DF11 型机车＋接触网检测车＋轨道检查车＋电务试验车＋DF11 型机车,机车拆除运行监控装置放风线。在条件具备的情况下,检测列车上、下行正线运行速度可为 160 km/h,道岔侧向通过速度可为 80 km/h。

(2)动车组运行方案

1)运行计划

动车组从始发站始发,根据试验需要,可上行线或下行线正方向或反方向运行,进行接触网几何参数非接触式测量,运行速度 60 km/h。不进行接触网几何参数非接触式测量运行时,运行速度可根据有关情况确定。

2)试验要求

试验期间,动车组采用 ATP 隔离模式运行,动车组司机按照运行速度做好贴线运行工作。动车组采用试验需要的指定车厢受电弓升弓受流。

(3)可随后组织进行地面磁感应器自动过分相测试并搭载进行 GSM-R 服务质量测试等

1)动车组上、下行线均正向运行,进行地面磁感应器自动过分相测试,运行速度可为 200 km/h,但均须以不超过 60 km/h 运行速度越过测试点。

2)试验要求

①动车组采用 ATP 隔离模式运行,动车组采用试验需要的指定车厢受电弓升弓受流。

②动车组进行地面磁感应器自动过分相测试期间,以不超过 60 km/h 运行速度过分相。若动车组头部越过“断”字牌测试指定距离后仍未自动断电,动车组司机立即采取手工断电。

③可搭载进行 GSM-R 服务质量测试:在动车组进行地面磁感应器自动过分相测试时,可搭载进行奇数(偶数)基站条件下的 GSM-R 服务质量测试,可在动车组发车前 15 分钟,关闭联调联试区段(已投入正式运营的既有高速铁路车站基站除外)GSM-R 偶数(奇数)基站,需集成商在 BSC 机房进行基站关闭操作(奇数〔偶数〕基站全部打开),有关通信段配合。需确保有关进路正确、车机联控到位、列车运行安全。

(4)行车组织

1)试验需动车组进入区间停车、返回时,动车组按试验要求的停车地点停车,停妥后,及时联系有关车站,有关车站进路准备妥当后及时联控司机,动车组直接由区间返回,凭进、出站信号进出车站,列车调度员可不发布区间返回调度命令。

2)检测列车、动车组运行时,沿途各站可为非常站控模式。沿途各站进路准备妥当后,进路道岔单操锁闭,车站值班员与盯岗管理人员共同确认。

(5)进行接触网几何参数非接触式测量期间,可同时利用时间间隔、空间间隔组织其他动车组进行列控系统 ITC 测试、调度通信功能测试等。搭载进行调度通信功能测试时,在车机联控间隙进行短号码呼叫、组呼、紧急呼叫等,测试需沿线车站值班员配合接听电话,通信测试人员在铁路局调度所高速铁路台进行接听测试,需有关通信段和铁路局调度所有关人员配合。若因调度通信功能测试导致通信不能正常进行,动车组综合检测列车等运行联系人和司机等可以通过公网手机与铁路局调度所列车调度员、车站值班员、联调联试现场指挥部等联系。须公布测试单位测试联系人、前后行各次列车运行联系人和司机等手机电话号码以及铁路局调度所有关调度台、有关车站(线路所)运转室、联调联试现场指挥部等地方固定电话号码和有关人员手机电话号码。

4.14 信号系统联调联试行车组织等工作

以300～350 km/h高速铁路信号系统联调联试为例进行说明,特别进行说明的200～250 km/h铁路信号系统联调联试除外。

4.14.1 信号系统联调联试准备工作

信号系统联调联试前,有关客运专线公司需组织有关施工单位等做好信号系统联调联试条件全面具备工作,要做到全面、细致、及时、正确。测试单位等需做好信号系统联调联试的计划、人员等有关准备工作,要做到全面、细致、及时、正确。

4.14.2 信号系统联调联试行车组织

(1)检测列车运行方案

开行检测列车,对线路状态等进行先行检查确认。在联调联试区段上、下行线运行,沿途各站正线通过,一个往返。检测列车编组可为:DF11型机车+接触网检测车+轨道检查车+电务试验车+DF11型机车,机车拆除运行监控装置放风线。在条件具备的情况下,检测列车上、下行正线运行速度可为160 km/h,道岔侧向通过速度可为80 km/h。

(2)检测列车、动车组运行时,有关车站可为分散自律模式、也可为非常站控模式,进路道岔可单操锁闭。当为分散自律模式时,列车调度员办理接发列车作业;当为非常站控模式时,车站值班员办理接发列车作业。试验期间,检测列车运行时,试验区段沿途各站信号机点灯,始发站、终点站检测列车进、出时信号机点灯;试验期间,动车组采用ATP控车运行时,按目标距离模式曲线贴线运行,试验区段沿途各站信号机灭灯。

(3)信号系统联调联试需动车组进入区间停车、返回时,动车组按试验要求的停车地点停车,停妥后,及时联系有关车站,有关车站进路准备妥当后及时联控司机,动车组直接由区间返回,凭进、出站信号进出车站,列车调度员可不发布区间返回调度命令。

(4)联调联试区段等有关限速可明确开始时间、限速区段、限制速度,到另有通知时止，列车调度员可不再发布限速调度命令。

（5）检测列车、动车组运行时，车站站长上岗盯控，铁路局调度所副主任盯台，各设备管理单位人员须上岗监控。有关车务站段对行车作业重点车站（线路所）派管理人员到车站（线路所）运转室盯控把关。

4.14.3　信号系统联调联试试验要求

（1）300～350 km/h 高速铁路联调联试期间，动车组自始发站始发，在不具备信号系统联调联试条件的区段，动车组采用 ATP 隔离模式运行，在条件具备的情况下，正线运行速度可为 200 km/h、250 km/h、300 km/h等；需在侧线运行时，并明确侧线最高运行速度。在具备信号系统联调联试条件的区段，动车组采用 ATP 控车运行，在条件具备的情况下，按目标距离模式曲线贴线运行，正线最高运行速度 300 km/h 或 350 km/h；需在侧线运行时，并明确侧线最高运行速度；根据信号系统联调联试需要明确动车组按 C3 级或 C2 级运行，进行 C3、C2 信号系统联调联试；为使信号系统联调联试不受影响，非操作端不得使用休眠模式；信号系统联调联试日计划需排满试验往返各个行程。

（2）200～250 km/h 铁路信号系统联调联试时，动车组采用 ATP 控车运行，在条件具备的情况下，按目标距离模式曲线贴线运行，正线最高运行速度 200 km/h 或 250 km/h；需在侧线运行时，并明确侧线最高运行速度。

（3）试验期间需有关车站配合辅助改方。

（4）试验期间，铁路局调度所列车调度员、运行联系人、司机等按照测试单位提供的试验场景、序列给予配合。

1）试验需地面配合内容：

①临时限速的设置/取消。

②移动授权变化：轨道电路故障占用（占用时机）。

③通信中断：RBC 与 TSRS、联锁、相邻 RBC 通信中断。

④倒机试验：RBC、联锁、TSRS、TCC 主备机切换。

⑤异物侵限：异物防护继电器落下。

⑥人工解锁进路。

⑦辅助改方。

⑧其他需配合内容。

2)试验需动车组上配合内容：

①无线超时/级间转换：关闭 MT 电源/拔 MT 天线。

②超速报警。

③其他需配合内容。

(5)临时限速：在 C2、C3 测试序列中，临时限速设置点覆盖中继站、TCC 边界、站内、离去区段、长短链区段等；需铁路局调度所有关调度台配合设置临时限速。涉及跨局指挥时，设置与取消临时限速时机由负责指挥的铁路局调度所列车调度员通知。

(6)试验动车组每列次发车前需测试单位人员、有关客运专线公司人员、运行联系人以及动车组司机等对限速表进行签认。

(7)铁路局总工程师室、工务处、供电处、电务处、车辆处，铁路公安局，测试单位，有关客运专线公司等派人添乘，有关机务段派管理人员添乘，运行联系人可由铁路局总工程师室、机务处等胜任人员担当。工务部门添乘人员携带运用状态良好的便携式添乘仪添乘。

(8)互联互通试验：C3 互联互通：根据实际运营情况，对装有不同类型列控车载设备的动车组进行计划测试序列测试；C2 互联互通：根据实际运营情况，对装有不同类型列控车载设备的动车组进行计划测试序列测试。测试动车组在试验期间须运用状况良好，满足信号系统联调联试场景试验要求。

(9)有关单位需对信号系统联调联试发现的问题及时、正确做好整改，以利测试单位及时进行复核验证等。

4.14.4 信号系统联调联试试验进路

进行有关车站有关股道 C3、C2 测试序列试验，有关试验进路为：正向发车、反向发车，正向接车、反向接车，正向通过、反向通过，正向到开、反向到开，正向通过(引导)、反向通过(引导)、正向发车(引导)、反向接车(引导)、正向到开(引导)、反向到开(引导)，正接正发(通过)、反接反发(通过)、正接正发(到开)、反接反发(到开)，正接反发(通过)、反接正发(通过)、正接反发(到开)、反接正发(到开)等试验进路。

4.14.5 信号系统联调联试主要内容具体实施

1. 宜建立调试安全隔离段，先完成两个铁路局分界区间及临近车站

两端信号系统联调联试

（1）宜先进行两个铁路局分界区间及临近车站两端简单的平行进路试验

可运用两列动车组自始发站始发，在联调联试区段上、下行运行，在联调联试区段分上、下行行别进行 C3 和 C2 级控车下上、下行行别各股道正向通过、反向通过、正向到开、反向到开等平行进路试验；返回运行中顺便进行沿途各站侧线通过等平行进路试验。

（2）宜后进行两个铁路局分界区间及临近车站两端复杂的平行进路等试验

可运用两列动车组自始发站始发，在联调联试区段上、下行运行，在联调联试区段分上、下行行别进行 C3/C2 信号系统联调联试平行进路等试验。具体主要进行：

1）先可一列动车组采用 C2 级控车，进行有关车站第一个行别侧有关股道正向通过、在指定地点停车后转 C3 级控车进行两个铁路局分界区间临近车站第二个行别侧有关股道正接反发（通过）等测试序列试验，并进入前方车站。采用 C3 级控车，在两个铁路局分界区间临近车站第二个行别侧有关股道正向通过，临近车站第二个行别侧有关股道正向通过后在指定停车地点停车，设置故障配合条件，RBC 切换边界附近轨道电路故障占用：列车从前方车站开车时，设置相邻两个 RBC 切换边界区段故障占用（接收 RBC 区域）；列车停在故障占用区段前，司机目视通过故障区段后恢复占用。采用 C2 级控车，在指定停车地点开车，进行两个铁路局分界区间临近车站第二个行别侧有关股道反向到开、正向到开、反向通过、正向通过等测试序列试验；返回运行中顺便进行其他有关车站第二个行别侧有关股道正向通过、正向通过（引导）等测试序列试验。在一些测试区段设置有关速度级临时限速，本测试序列结束后取消设置的临时限速。

2）后可另一列动车组采用 C2 级控车，进行有关车站第一个行别侧有关股道正向通过、正向到开等测试序列试验，以及两个铁路局分界区间临近车站第一个行别侧有关股道正向通过、反向通过、正向到开、反向到开等测试序列试验。采用 C3 级控车，进行两个铁路局分界区间临近车站第一个行别侧有关股道正向通过（并进入前方车站）、反向通过，设置故障配合条件，RBC 切换边界附近轨道电路故障占用：列车从前方车站开车时，设置相邻两个 RBC 切换边界区段故障占用（接收 RBC 区域）；列车停在故障占用区段前，司机目视通过故障区段后恢复占用。在指定停车地点停车关闭 MT 电源转 C2 级继续运行，返回运行中顺便进行其他有关车站第一个行别侧有关股道反向通过等测试序列试验。在一些测试区段设置有关速度级临时限速，本测试序列结束后取消设置的临时限速。

（3）宜再进行两个铁路局分界区间及临近车站两端复杂的交叉进路等试验

宜运用一列动车组自始发站始发，在联调联试区段上、下行运行，进行 C3/C2 信号系统联调联试交叉进路等试验。

主要进行：采用 C2、C3 级控车进行两个铁路局分界区间及临近车站等站有关股道正向停车反向发车、反向停车正向发车、正向到开、反向到开、正向通过反向出站、反向通过正向出站、正向通过、反向通过至上行线、下行线的交叉进路、平行进路试验。设置故障配合条件，RBC 与相邻 RBC 通信中断：列车运行至临近车站指定地点附近时设置移交 RBC 与接收 RBC 通信中断，车载转入 C2 运行。

2. 后宜在调试安全隔离段外自局区域联调联试区段分行别由简到繁进行平行进路的信号系统联调联试

（1）先可一列动车组自始发站始发，在调试安全隔离段外自局区域联调联试区段检测列车先已完成检查确认的第一个行别运行，采用 C3 级控车数个往返、采用 C2 级控车数个往返，进行 C3 和 C2 信号系统联调联试平行进路试验。另一列动车组自始发站始发，在调试安全隔离段外自局区域联调联试区段检测列车后已完成检查确认的第二个行别运行，采用 C3 级控车数个往返、采用 C2 级控车数个往返，进行 C3 和 C2 信号系统联调联试平行进路试验。300～350 km/h 高速铁路，采用 C3 级控车运行时，正方向 ATP 控车，运行速度 300 km/h 或 350 km/h；反方向 ATP 控车，运行速度 300 km/h。采用 C2 级控车运行时，正方向 ATP 控车，运行速度 300 km/h；反方向 ATP 控车，运行速度 250 km/h。

（2）后可两列动车组先后自始发站始发，在调试安全隔离段外自局区域联调联试区段检测列车先后已完成检查确认的第一个行别、第二个行别封锁区段，分别进行有关车站上行、下行有关股道到开、通过、到开（引导）、通过（引导）等测试序列试验。为确保安全，两列动车组运行到计划行别后，各站上、下行正线间渡线道岔开通定位，单操锁闭。

并可在第一个行别动车组运行有关单程进行故障设置，有关故障设置配合条件为：

1）

①在 CSM 区段超速报警

列车在通过指定中继站（指定地点）后，在 CSM 区段加速至出现超速报警。

②在 CSM 区段超过最大常用制动曲线

列车在通过指定中继站（指定地点）后，在 CSM 区段加速超过最大常用制动曲线，列车实施最大常用制动。

③在 TSM 区段超速报警

列车在通过指定中继站（指定地点）后，在 TSM 区段加速至出现超速报警。

④停车时车载设备允许司机随时修改当前的列车参数

列车在指定车站停车后，司机修改当前列车长度参数，修改完成后再改回正常值。

⑤列车运行至指定车站附近轨道区段（指定地点）时，人工取消指定车站接车进路，列车停在进站信号机前，恢复指定车站接车进路后，列车进站停车。

2）

①列车前方轨道电路故障占用

列车运行至指定轨道区段附近时，设置前方指定区段故障占用。列车停在故障占用区段前，司机目视通过故障区段后恢复占用。

②无线通信中断降级 C2 级

列车运行至指定中继站附近时，关闭 MT 电源，当车载设备检测到无线通信中断时，应实施最大常用制动，同时向司机显示未收到无线消息。当列车速度低于 CTCS-2 级允许速度时，提示司机确认，司机确认后列车转入 C2 级运行至前方站，停车后恢复 MT 电源。

③RBC 切换边界附近轨道电路故障占用

列车运行至指定轨道区段附近时，设置相邻两个 RBC 切换边界轨道区段故障占用（接收 RBC 区域）。列车停在故障占用区段前，司机目视通过故障区段后恢复占用。

3）

在一些测试区段设置有关速度级临时限速，本测试序列结束后取消设置的临时限速。

①RBC与临时限速服务器通信中断

列车运行至指定轨道区段时，设置RBC与临时限速服务器通信中断，之后立刻取消临时限速TSR1，同时设置临时限速TSR2。待列车指定车站停车后恢复通信正常。

②收到C3预告后接收临时限速

列车在指定中继站附近拔双MT天线，列车无线超时转C2级，指定车站出站后停在指定地点附近（2LQ区段接收到C3预告），之后设置临时限速TSR3。

③RBC主备机切换

列车运行至指定车站停车时，进行RBC主备机切换。

并在指定中继站和车站TCC边界指定区段、指定车站离去区段等设置有关速度级临时限速，临时限速设置时机参照故障配合条件，本测试序列结束后取消设置的临时限速。

4）

①单电台RBC交权

列车运行至指定车站发车后，拔掉一个MT天线。等故障配合条件②试验完成后一并恢复。

②无线通信中断后转C2级司机不确认

列车通过指定中继站后拔双MT天线，列车低于CTCS-2级允许速度时提示司机确认，司机不确认，MSB停车。之后恢复双MT天线。

5）

①SH模式转SB模式

列车在指定车站停车后，重启驾驶台，司机选择进入调车模式，然后退出调车模式，进入待机模式。

②OS模式转CO模式，司机不确认

司机选择目视模式后，通知办理指定车站引导发车进路，司机不确认转CO模式，列车实施最大常用制动停车。

并在相邻两个RBC交界处指定区段、一些中继站附近指定区段、车站与指定中继站的TCC交界处指定区段设置有关速度级临时限速，本测试序列结束后取消设置的临时限速。

6）

RBC 切换边界附近轨道电路故障占用：列车运行至指定轨道区段附近时，设置相邻两个 RBC 切换边界指定轨道区段故障占用（移交 RBC 区域）。列车冒进故障区段后停车转入冒进后模式，司机选择目视模式发车。列车发车后恢复故障区段。

7）

C3 区域内的等级转换：列车在指定车站以 C2 级发车，通过出站口应答器后转入 C3 级运行。

并在一些车站一离去区段等设置有关速度级临时限速，本测试序列结束后取消设置的临时限速。

8）

人工解锁进路：列车运行至指定车站附近指定轨道区段时，人工取消指定车站接车进路，列车停在进站信号机前，恢复指定车站接车进路后，列车进站停车。

并在一些中继站附近指定区段、中继站和中继站的 TCC 交界处指定区段设置有关速度级临时限速，本测试序列结束后取消设置的临时限速。

并可在第二个行别动车组运行有关单程进行故障设置，有关故障设置配合条件为：

1）

①无线通信中断

列车运行至指定中继站（指定地点）附近时，拔双 MT 天线，当车载设备检测到无线通信中断时，应实施最大常用制动，同时向司机显示未收到无线消息。当列车速度低于 CTCS-2 级允许速度时提示司机确认，司机不确认，MSB 停车。停车后转入 C2 级，恢复 MT 天线后发车。

②C3 区域内的等级转换

列车以 C2 级发车，通过前方站后自动进入 C3 级运行。

③异物侵限防护

列车运行至指定地点附近时停车，设置指定轨道区段异物继电器落下，观察到 MA 缩短后恢复，列车继续运行。

④RBC 切换边界附近轨道电路故障占用：

列车运行至指定轨道区段附近时，设置相邻两个 RBC 切换边界指定轨道区段故障占用(接收 RBC 区域)。列车停在故障占用区段前,司机目视通过故障区段后恢复占用。

2)

①冒进场景

列车运行至指定中继站附近(指定地点)时(尽量接近顶棚速度),设置指定轨道区段故障占用,列车冒进,停车后确认进入冒进后模式。

②PT 模式下选择目视模式行车

在 PT 模式下,司机选择目视模式行车。

③机外停车选调车

列车在车站机外停车,司机选择调车模式,RBC 拒绝调车。

④调车危险防护

列车在车站停车,发车进路开放后,选择调车模式,列车尝试通过出站口应答器。

3)

①联锁与 RBC 通信中断

列车运行至指定地点附近时设置指定车站联锁与 RBC 通信中断,车载转入 C2 级后运行;列车进入指定车站时恢复通信,列车通过指定车站出站应答器后转入 C3 级运行。

②RBC 与相邻 RBC 通信中断

列车运行至指定地点附近时设置移交 RBC 与接收 RBC 通信中断,车载转入 C2 级运行。

并在一些车站侧线测试区段设置有关速度级临时限速。

4)

①联锁主备机切换

列车运行至指定车站站内时,进行指定车站联锁主备机切换。

②TCC 主备机切换

列车运行至指定地点附近(指定中继站)时,进行指定中继站列控中心主备机切换。

并在一些中继站附近指定区段设置有关速度级临时限速,本测试序列结束后取消设置的临时限速。

5)

RBC 切换边界附近轨道电路故障占用:列车运行至指定地点附近

时，设置相邻两个 RBC 切换边界区段故障占用(移交 RBC 区域)。列车冒进故障区段后停车转入冒进后模式，司机选择目视模式发车。列车发车后恢复故障区段。

6)

无线通信中断降级 C2 级：列车运行至指定中继站附近时，关闭 MT 电源，当车载设备检测到无线通信中断时，应实施最大常用制动，同时向司机显示未收到无线消息。当列车速度低于 CTCS-2 级允许速度时，提示司机确认，司机确认后列车转入 C2 级运行至前方站，停车后恢复 MT 电源。

7)

①RBC 主备机切换

列车运行至指定车站停车时，进行 RBC 的主备机切换。

②TSRS 主备机切换

列车运行至指定地点(指定中继站)时，进行临时限速服务器主备机切换。

并在一些车站一离去区段等设置有关速度级临时限速，本测试序列结束后取消设置的临时限速。

(3)可再采用两列或一列动车组自始发站始发，在调试安全隔离段外自局区域联调联试区段上、下行进行平行进路的 C2、C3 级信号系统联调联试。

在一个行别侧有关车站有关股道和另一个行别侧有关车站有关股道进行反向通过、反向通过(引导)、反向发车、反向到开、反向停车、正向发车、正向到开、正向通过等平行进路的 C2、C3 级信号系统联调联试。并在一些测试区段设置一些有关速度级临时限速，本测试序列结束后取消设置的临时限速。

3. 再宜在调试安全隔离段外自局区域联调联试区段进行交叉进路等信号系统联调联试

(1)可运用两列动车组在调试安全隔离段外自局区域联调联试区段分区段进行交叉进路等信号系统联调联试。

可第一列动车组在上、下行有关车站有关股道进行 C3 级控车下交叉进路和平行进路信号系统联调联试，并在第一列动车组通过分区段试验的隔离车站(隔离区间)后，将隔离车站(隔离区间)一端(两端)进站、反向进站和所有出站信号机点红灯。第二列动车组后在联调联试另一指定区段有关行别往返进行 C3 级控车下有关车站有关行别侧股道正向通过、反向通过、正向到开、反向到开等交叉进路和平行进路信号系统联调联试。

设置故障配合条件，联锁与 RBC 通信中断：列车运行至指定中继站附近指定地点时设置前方站联锁与 RBC 通信中断，车载转入 C2 级后运行；列车进入前方站时恢复通信，列车通过前方站出站应答器后转入 C3 级运行。

并在上、下行一些测试区段设置有关速度级临时限速，本测试序列结束后取消设置的临时限速。

(2)可运用一列动车组在调试安全隔离段外自局区域联调联试区段进行交叉进路等信号系统联调联试。

动车组自始发站始发，在调试安全隔离段外自局区域联调联试区段上、下行进行 C3 级信号系统联调联试。进行各站到开、通过上、下行侧各个股道至上行线、下行线的信号系统联调联试。

1)进行平行进路的信号系统联调联试：

进行各站反向到开、反向通过等一个行别侧各个股道至该行别线的平行进路的信号系统联调联试。并在一些测试区段设置有关速度级临时限速，本测试序列结束后取消设置的临时限速。

进行各站正向通过、正向通过(引导)等一个行别侧各个股道至该行别线的平行进路的信号系统联调联试。设置故障配合条件，RBC 切换边界附近轨道电路故障占用：列车运行至指定地点附近时，设置相邻两个 RBC 切换边界指定区段故障占用(移交 RBC 区域)。列车冒进故障区段后停车转入冒进后模式，司机选择目视模式发车。列车发车后恢复故障区段。

进行各站反向到开、反向到开(引导)等一个行别侧各个股道至该行别线的平行进路的信号系统联调联试。设置故障配合条件，无线通信中断降级 C2 级：列车运行至指定中继站附近时，关闭 MT 电源，当车载设备检测到无线通信中断时，应实施最大常用制动，同时向司机显示未收到无线消息。当列车速度低于 CTCS-2 级允许速度时，提示司机确认，司机确认后转入 C2 级运行进站停车后恢复 MT 电源。

2)进行交叉进路等信号系统联调联试：

进行各站各个股道至一个行别线反向通过、反向停开等交叉进路等信号系统联调联试。设置故障配合条件，RBC 切换边界附近轨道电路故障占用：列车运行至指定地点附近时，设置相邻两个 RBC 切换边界指定区段故障占用（移交 RBC 区域）。列车冒进故障区段后停车转入冒进后模式，司机选择目视模式发车。列车发车后恢复故障区段。

进行各站各个股道至一个行别线正向到开等交叉进路等信号系统联调联试。设置故障配合条件，C3 区域内的等级转换：列车在指定车站以 C2 级发车，通过出站口应答器后转入 C3 级运行。在一些测试区段设置有关速度级临时限速，本测试序列结束后取消设置的临时限速。

3）进行有关车站有关股道至上、下行线反向到开、反向通过、正向通过、正向到开、正向发车、反向发车、正向停车、反向停车等交叉进路、平行进路以及进行 C2 转 C3 级运行等 C3、C2 级信号系统联调联试。

并在一些测试区段设置有关速度级临时限速，本测试序列结束后取消设置的临时限速。

并进行有关故障设置，有关配合条件：

①无线通信中断后转 C2 级司机不确认：列车通过指定中继站后拔双 MT 天线，列车低于 CTCS-2 级允许速度时提示司机确认，司机不确认，MSB 停车。之后恢复双 MT 天线。

②列车越过出站信号机后模拟占压指定轨道区段，列车在指定地点停车。本序列结束后恢复占用。

③列车在指定车站以 C2 级发车（ATP 天线开启）经过级间转换点观察能否转入 C3 级。列车进入指定车站前在指定地点关闭天线，列车转 C2 级 1 分钟后开启天线，列车以 C2 级通过指定车站指定股道，出站经过级间转换点观察能否转入 C3 级。

④列车在指定地点关闭 ATP 天线，列车转入 C2 级运行至指定车站，指定车站办理引导接车进路，测试引导接车进路行车许可。

⑤列车在指定地点关闭 ATP 天线，列车转入 C2 级运行至指定车站进行人工进路解锁测试，列车越过指定地点后人工解锁指定车站指定进站接车进路，解锁后立即重排进路；列车进入指定轨道区段后再次人工解锁接车进路，进路延时解锁后再次重排进路。

4. 动车组在调试安全隔离段外自局区域联调联试区段可分行别进行平行进路和可分区段进行平行进路、交叉进路、交叉进路加平行进路等信号系统联调联试。其实，如调试力量和资源充足，为节约调试时间等，可采取分三个及以上区段进行信号系统联调联试，每一区段均可做平行进路、交叉进路以及交叉进路加平行进路等信号系统联调联试。但为确保安全，在一个区段内做平行进路的信号系统联调联试时可采用两列动车组分行别进行；在一个区段内做交叉进路以及交叉进路加平行进路的信号系统联调联试时宜采用一列动车组进行。

4.15 两个铁路局调试安全隔离段区间及其有关车站间联通试验的行车组织

在两个铁路局调试安全隔离段区间及其有关车站间开行检测列车和动车组进行联调联试速度级试验及信号系统联调联试，以 300～350 km/h 高速铁路联调联试为例进行说明。

1. 检测列车运行方案

开行检测列车，对线路状态等进行先行检查确认。在调试安全隔离段区间及其有关车站间上、下行线运行，所有车站信号机点灯，沿途各站正线通过，一个往返。检测列车编组可为：DF11 型机车＋接触网检测车＋轨道检查车＋电务试验车＋ DF11 型机车，机车拆除运行监控装置放风线。在条件具备的情况下，检测列车上、下行正线运行速度可为 160 km/h，道岔侧向通过速度可为 80 km/h。

2. 联调联试速度级试验动车组运行方案

在调试安全隔离段区间及其有关车站间上、下行线运行，采用 ATP 隔离模式运行，始发站、终点站信号机点灯。

3. 信号系统联调联试动车组运行方案

在调试安全隔离段区间及其有关车站间运行，按 C3 级运行时，正方向运行最高运行速度 300 km/h 或 350 km/h；反方向运行最高运行速度 300 km/h。按 C2 级运行时，正方向运行最高运行速度 300 km/h；反方向运行最高运行速度 250 km/h。所有车站信号机常态灭灯。

4.16 联调联试区段与前后连接既有高速铁路段联通的信号系统联调联试行车组织

以 300～350 km/h 高速铁路信号系统联调联试为例进行说明。

1. 检测列车运行方案

可开行单机，对线路状态等进行先行检查确认。在联调联试区段与前后连接既有高速铁路段间上、下行线运行，沿途各站正线通过，一个往返。机车拆除运行监控装置放风线。在条件具备的情况下，单机上、下行正线运行速度可为 100 km/h，道岔侧向通过速度可为 80 km/h。

可开行检测列车，对线路状态等进行先行检查确认。在联调联试区段与前后连接既有高速铁路段间上、下行线运行，沿途各站正线通过，一个往返。检测列车编组可为：DF11 型机车＋接触网检测车＋轨道检查车＋电务试验车＋DF11 型机车，机车拆除运行监控装置放风线。在条件具备的情况下，检测列车上、下行正线运行速度可为 160 km/h，道岔侧向通过速度可为 80 km/h。

2. 动车组运行方案

运用装有不同类型车载设备的动车组，可在既有高速铁路列车全部到达、发出连接站(联调联试区段与前后连接既有高速铁路段接轨站)后的有关时段，进行联调联试区段与前后连接既有高速铁路段联通的信号系统联调联试，必要时需铁路局调度所根据试验计划调整连接站股道运用。进行连接站的相邻两站有关股道及其区间停车以 C2、C3 级发车运行，上行线、下行线正向、反向运行，连接站有关股道通过、到开以及以 C2、C3 级正向发车、反向接车、反向发车、正向接车、正向变更发车、反向变更接车、正向变更接车、反向变更发车等平行进路、交叉进路等信号系统联调联试。

并在一些测试区段设置有关速度级临时限速，本测试序列结束后取消设置的临时限速。

并进行有关故障设置，有关配合条件：

(1)在连接站动车组 ATP 开机后先转调车模式不运行，完毕转 C3 级运行；采用 C3 级控车，动车组越过连接站出站信号机后占用指定有关轨道区段，进行行车许可测试。

(2)采用 C3 级控车，指定相邻车站接车时进行有关信号机间指定进路停车位置测试；采用 C3 级控车，指定相邻车站发车时进行有关信号机间指定进路停车位置测试，指定进路发车后，动车组越过出站信号机后模拟占用指定轨道区段，动车组停稳后取消占用。

(3)采用 C2 级控车，指定相邻车站先排列侧线通过进路，待动车组进入股道停稳后，关闭发车信号。由车上试验人员确认后再次开放发车信号。

(4)采用C2级控车，指定相邻车站排列侧线接发车进路，动车组在股道停稳且发车信号开放后，进行TCC主备机切换试验。

4.17 高速铁路联调联试全线试拉通和正式拉通的行车组织

以300～350 km/h高速铁路联调联试为例进行说明。

1. 检测列车运行方案

开行检测列车，对线路状态等进行先行检查确认。在联调联试区段上、下行线运行，沿途各站正线通过，一个往返。检测列车运行时，沿途各站信号机点灯。检测列车编组可为：DF11型机车＋接触网检测车＋轨道检查车＋电务试验车＋DF11型机车，机车拆除运行监控装置放风线。在条件具备的情况下，检测列车上、下行正线运行速度可为160 km/h，道岔侧向通过速度可为80 km/h。

2. 试验要求

(1)动车组采用试验需要的指定车厢受电弓升弓受流，按试验要求贴线运行。

(2)试验期间，动车组采用ATP控车运行时，沿途各站信号机常态灭灯；动车组采用ATP隔离模式运行时，始发站、终点站进、出站信号机点灯，其他各站信号机常态灭灯。

3. 具体进行

(1)开行动车组，在两个铁路局联调联试区段间进行全线试拉通试验。

在开行检测列车对线路状态等进行先行检查确认后，动车组在两个铁路局联调联试区段间上行线、下行线运行，动车组可采用ATP控车、按C3(C2)级运行；动车组可采用ATP隔离模式运行，在条件具备的情况下，动车组上、下行正线运行速度可为350 km/h(限速区段除外)。

(2)开行动车组，在两个铁路局联调联试区段间进行全线正式拉通试验。

1)在开行检测列车对线路状态等进行先行检查确认后，可采取两个铁路局对开2列动车组，在两个铁路局联调联试区段间上行线、下行线运行。动车组可采用 ATP 控车、按 C3 级运行；动车组可采用 ATP 隔离模式运行，在条件具备的情况下，动车组上、下行正线运行速度可为 350 km/h(限速区段除外)。

2)在开行检测列车对线路状态等进行先行检查确认后，可采取两个铁路局对开 4 列动车组，在两个铁路局联调联试区段间上行线、下行线运行。可两列动车组采用 ATP 控车、按 C3 级运行；也可采用 ATP 隔离模式运行，在条件具备的情况下，动车组上、下行正线运行速度可为 350 km/h(限速区段除外)。可另两列动车组采用 ATP 控车、按 C2 级运行，进行沿途各站上、下行侧有关股道停开。

并进行有关故障设置，有关配合条件：有关车站排列侧线正向接车、正向发车进路，列车在股道停稳且发车信号开放后，司机先不开车，进行 TCC 主备机切换试验，倒机试验完毕后继续运行。

4. 在联调联试全线试拉通和正式拉通等过程中，可进行有关问题整改验证等工作，有关单位、部门需及时做好问题梳理和问题整改等工作。

4.18　进行联调联试速度级试验、信号系统联调联试等试验过程中行车组织有关做法

根据联调联试区段情况和与之衔接的既有高速铁路等情况，可分时段、分区段、分行别进行联调联试速度级试验、信号系统联调联试等试验。联调联试速度级试验时，列车可在一个行别速度从低到高密集反复正、反方向运行。联调联试速度级试验、信号系统联调联试等试验时，一般可采取封锁试验区段上、下行线，列车进入封锁区间进行联调联试速度级试验、信号系统联调联试等试验。为确保安全，与试验区段相邻的两个车站可配合开通上、下行线进路，进站信号、反方向进站信号开放，进路道岔单操锁闭；试验完毕后，试验区段相邻的两个车站关闭信号。

4.19　科学集约进行联调联试行车组织等工作

在整个联调联试工作组织过程中，为确保安全、节约资源、提高效率等，要统筹考虑联调联试全部试验项目，在做好工作统筹、计划统筹、力量统筹等情况下，需以严格的工作要求、严谨的工作组织，做到：总体工作要

科学安排、全面推进、确保安全;具体工作要在满足调试要求的情况下,以最少列车、最少列次、最短运距、最短时间、最优进路等科学、全面、及时完成调试工作任务,充分利用每一列次列车做最多的试验内容,以最少的列次做最多的试验内容。

第 5 章　高速铁路联调联试非常情况下的工作处理

高速铁路联调联试在非常情况下需做好工作处理，为确保各项安全、及时完成任务，必须做到：思想上慎之又慎，工作上细之又细，方法上密之又密。

5.1　高速铁路联调联试全段的中间区段不具备联调联试前提条件时的工作要求

有关客运专线公司作为建设主体单位，必须全面负责有关工作；有关铁路局作为接管主体单位，必须做好介入监管把关、履行有关程序、建设与运营衔接、联调联试及运行试验、运营接管等工作。此时，联调联试工作组织难度加大、不可预测因素增多，必须做到：

(1)确保安全万无一失。不具备联调联试前提条件的中间区段外两端其他区段的调试工作都要不急不躁、有条不紊、井然有序，要在有序中保安全、在安全下做调试，做到确保各项安全，调试有序进行。

(2)不具备联调联试前提条件的中间区段有关工作必须保质保量按期完成，以利中间区段尽早补上调试内容以及全线调试及时全面完成。

1)必须分析不具备联调联试前提条件的中间区段现状，按照规定程序，科学合理具体排定施工组织等方案并迅速实施。

2)必须科学合理具体排定联调联试方案并及时实施，且做到动态问题及时整改。

3)必须加大工作时间和人力、物力等投入；必须做到组织坚强有力，落实一丝不苟；必须加强领导，积极协调，落实责任，确保完成。

(3)有关工作必须按程序、按内容保质保量按期完成。

(4)联调联试全段开通工作程序必须全部合规。

(5)有关客运专线公司须及时组织有关设计院、测试单位、集成商、施工单位、铁路局有关部门和单位等人员，对联调联试当日发现问题，当日做好分析、整改工作。

5.2 高速铁路联调联试全段的中间区段不具备联调联试前提条件时的联调联试处理办法

5.2.1 对不具备高速铁路联调联试前提条件的中间区段进行线路封锁

当高速铁路联调联试全段的中间区段因施工等各种原因不具备联调联试前提条件时，宜对该中间区段进行线路封锁。线路封锁期间，该中间区段线路按工程线办理，工程线行车安全由有关客运专线公司负责。

5.2.2 对不具备高速铁路联调联试前提条件的中间区段进行线路封锁手续办理

当高速铁路联调联试全段的中间区段因施工等各种原因不具备联调联试前提条件，对该中间区段进行登记、封锁时，须各施工单位和设备管理单位等在指定时间在指定车站对该中间区段进行登记，明确封锁范围；并开通封锁范围外两端联调联试区段线路、接触网、信号等设备。

5.2.3 对不具备高速铁路联调联试前提条件的中间区段与两端联调联试区段实行绝对的空间隔离等要求

当高速铁路联调联试全段的中间区段因施工等各种原因不具备联调联试前提条件时，须对该中间区段与两端联调联试区段实行绝对的空间隔离等。一般宜给封锁区段比施工等中间区段略长一些距离，以便封锁区段可每端每间隔 1 km 处计 3 km 连续设置 3 处禁止标并设置防溜枕木（须牢固捆绑在钢轨上），并在最外方禁止标和防溜枕木的前方分别设置 10 km 、8 km 、6 km 、4 km 、3 km、2 km 、1 km 距离预告标，设置完毕后由有关客运专线公司安排人员监护，铁路局工务部门安排人员监管；同时，在最外方禁止标和防溜枕木处设置接触网终点标（中断标）。联调联试现场指挥部按职责分工安排专门人员确认禁止标、防溜枕木等到位情况。中间区段和两端联调联试区段人员、物料、机具等均坚决不允许越标越线。

5.2.4　不具备高速铁路联调联试前提条件的中间区段外两端联调联试区段的联调联试工作基本组织和基本要求

(1)当高速铁路联调联试全段的中间区段因施工等各种原因不具备联调联试前提条件时,为不影响联调联试进度等,可采取中间区段封锁、两端区段调试的方法,在联调联试全段两端始发、终点车站分别至封锁区段两端封锁点间进行联调联试。之后在条件具备的情况下,再进行封锁区段和全段联调联试。

(2)须注意联调联试组织方法,为确保安全,宜先运用单机在封锁区段外的两端临近车站分别至封锁区段两端封锁点间进行轧道(在条件具备的情况下,最高运行速度可为 80 km/h);之后运用检测列车、货物列车(200～250 km/h 客货共线铁路,下同)进行检测、试验;再运用普速旅客列车(200～250 km/h 客货共线铁路,下同)、动车组在缩小的后续列车运行范围内进行检测、试验。并结合联调联试全段两端始发、终点车站分别至封锁区段外的两端临近车站联调联试等工作一并进行。

1)联调联试期间,试验列车在封锁区段外的两端临近车站凭调度命令进入区间,区间返回可凭临近车站正(反)向进站信号进站。当因封锁区段施工等原因,临近车站向封锁区间的出站信号机不能开放时,为不影响试验列车按试验要求通过临近车站的速度,车站值班员在进路准备妥当后,直接联控司机,列车凭调度命令进入区间。

2)联调联试期间,试验列车由区间返回时,必须先与车站值班员联控,得到进路准备妥当后方可动车,车站值班员须提前准备进路。

3)为确保联调联试安全、顺利进行,需铁路局调度所安排值班主任(或值班副主任)等盯台,有关站段等派胜任管理人员到封锁区段外的两端临近车站运转室盯控把关,封锁区段外的两端临近车站站长(或副站长)上岗盯控把关。

4)有关列车开行基本组织要求

①宜先开行单机:可仅首次先开行单机在联调联试全段两端始发站、终点站分别至封锁区段两端封锁点间上、下行线运行,沿途各站正线通过,在条件具备的情况下,正线运行速度可为 100 km/h。

②可后开行检测列车:可在联调联试全段两端始发站、终点站分别至封锁区段两端封锁点间上、下行线运行,沿途各站正线通过,并可结合各

站股道轨道一并进行。检测列车编组可为：DF11 型机车＋接触网检测车＋轨道检查车＋电务试验车＋DF11 型机车；或 DF11 型机车＋隔离客车（车辆最高运行速度达到检测要求的客车）＋测试单位综合检测车＋隔离客车（车辆最高运行速度达到检测要求的客车）＋DF11 型机车。在条件具备的情况下，正线运行速度可为 120 km/h，道岔侧向通过速度可为 60 km/h，并留足安全距离；在前行正线运行速度 120 km/h 基础上，在条件具备的情况下，正线运行速度可为 140 km/h，道岔侧向通过速度可为 60 km/h，并留足安全距离；在前行正线运行速度 140 km/h 基础上，在条件具备的情况下，正线运行速度可为 160 km/h，道岔侧向通过速度可为 80 km/h，并留足安全距离。

③可再开行试验货物列车：可在联调联试全段两端始发站、终点站分别至封锁区段两端封锁点间上、下行线运行，沿途各站正线通过，禁止接侧线。在条件具备的情况下，正线运行速度可为 80 km/h，道岔侧向通过速度可为 60 km/h，并留足安全距离；在前行正线运行速度 80 km/h 基础上，在条件具备的情况下，正线运行速度可逐级提速至 80 km/h、90 km/h、100 km/h、110 km/h、120 km/h，道岔侧向通过速度可为 60 km/h，并留足安全距离。

④可再续开行普速旅客列车：可在联调联试全段两端始发站、终点站分别至封锁区段两端封锁点间上、下行线运行，沿途各站正线通过。在条件具备的情况下，正线运行速度可为 120 km/h、140 km/h 等，道岔侧向通过速度可为 80 km/h，并在缩小的后续列车运行范围内运行。

⑤封锁区段外上、下行线可仅单机、每日检测列车、首列试验货物列车运行至封锁区段两端封锁点停车，并留足安全距离。其他各试验列车与封锁区段两端封锁点间须留有足够的安全距离，在缩小的后续列车运行范围内运行，只需保证按试验要求速度通过封锁区段外的两端临近车站等满足试验要求即可停车返回。

5）需检测列车转场封锁区段外另一端时，需铁路局调度所安排检测列车转场封锁区段外另一端；并需铁路局车辆处、调度所安排在指定时间前完成此端检测列车提前准备工作（可另外及时安排封锁区段外另一端做好检测列车准备等工作）。

6）须在运用试验货物列车进行联调联试的有关试验完成前，提前做好下一步运用普速旅客列车进行联调联试准备等工作；并在试验货物列车在封锁区段外一端完成联调联试工作任务后，可根据需要，安排做好试验货物列车转场封锁区段外另一端等工作(可另外及时安排封锁区段外另一端做好试验货物列车准备等工作)。

①需铁路局车辆处、调度所等提前准备满足数量、速度等要求的普速旅客列车上线试验用客车车底，于指定时间前送指定地点待令。

②试验货物列车需转场封锁区段外另一端时：

a. 试验货物列车编组、检查完成后，铁路局调度所安排转场，在指定时间前转场至封锁区段外另一端指定地点。

b. 试验货物列车调车作业及转场要求：编组在试验货物列车中的动力学测试车辆须设置为"关门车"，禁止对动力学测试车辆的测力轮进行敲击，沿途列检人员须严格遵守。试验货物列车中的动力学测试车辆小编组车组禁止解编，禁止通过驼峰及减速顶。

c. 进行试验货物列车转场封锁区段外另一端后编组、检查工作，需铁路局总工程师室等牵头组织车辆、货运部门和负责货车装载、安全单位及测试单位等对试验货物列车进行联合检查。

d. 有关客运专线公司需组织对试验货物列车转场封锁区段外另一端后上线运行径路的限界和接触网导线高度进行检查确认(是否满足双层集装箱车辆运行等要求)，铁路局工务、电务、供电、房建等部门配合，检查确认结果在指定时间前经有关客运专线公司和铁路局主管业务处室共同签认后报联调联试现场指挥部。

7)对需要进行转场封锁区段外另一端的动车组，在动车段(动车运用所)整备完毕后，铁路局调度所可安排经既有线等自运行，沿途各站正线通过，进路上有关道岔单操锁闭。各设备管理单位加强设备检查，公安部门加强线路巡查，沿途各站站长(副站长)上岗接车，确保动车组运行安全。有关机务段、电务段等派专业技术管理人员添乘，沿途各站做好停留车防溜工作。

8)封锁区段外两端联调联试区段的联调联试工作同时具体进行时，根据封锁区段外两端联调联试区段的联调联试工作进展情况，需同时及时做好下一步有关工作准备。货物列车试验期间，及时做好普速旅客列车试验准备工作；普速旅客列车试验期间，及时做好动车组速度级试验准备工作；动车组速度级试验期间，及时做好隧道内交会试验、信号系统联调联试等准备工作；隧道内交会试验、信号系统联调联试等期间，及时做好牵引和电力供电远动系统、客运服务系统、防灾安全监控系统等联调联试准备工作。并在条件具备的情况下，及时组织进行有关联调联试工作。

主要进行试验计划安排、人员和设备等准备、工作内容对接等工作，确保试验计划、行车计划等逐项工作具体落实到位。

5.2.5 不具备高速铁路联调联试前提条件的中间区段外两端联调联试区段同时进行联调联试工作时必须强化管理的措施

(1)高速铁路联调联试全段的中间区段因施工等各种原因不具备联调联试前提条件时，中间区段外两端联调联试区段同时进行联调联试工作时必须做到强化管理。鉴于联调联试全段首尾两端同时进行联调联试而中间断开的实际以及因此而带来的各种不利影响，为了确保安全，有利总体统筹等，联调联试工作必须在一个联调联试现场指挥部的统一指挥下，统一试验计划、统一工作安排、统一两端行动，科学、有序、合理地同时进行中间区段外两端联调联试区段联调联试工作，两端联调联试区段按联调联试现场指挥部每日计划完成工作；联调联试以外时间按规做好设备精调、问题整改、有关施工等工作。必须有检测列车进行先行检查确认后方可进行后续行车。必须在两端联调联试区段同时行车前做到强化管理到位。

(2)为确保中间区段外两端联调联试区段联调联试期间动车组运行等绝对安全，需有关客运专线公司、铁路局有关部门和站段、铁路公安局等全面加强联调联试期间有关工作，全面强化管理措施并落实到位。

1)铁路局各有关部门须全面及时做好现场指导、工作协调、问题解决等工作，确保高速铁路联调联试区段动车组运行等绝对安全。

2)铁路局调度所安排值班主任(值班副主任)等盯台，做好调度指挥盯岗把关工作，确保中间区段外两端联调联试区段调度指挥工作安全、合理、有序进行。

3)铁路局有关机务段、动车段(动车运用所)、工务段、电务段、供电段主管领导到非联调联试现场指挥部所在地的另一端联调联试区段现场进行盯控，及时发现和解决有关问题。有关车务段(车站)主管领导到非联调联试现场指挥部所在地的另一端联调联试全段终点站进行盯控，沿线各站站长上岗盯控。有关站段盯控领导须于指定时间前到岗到位。

4)有关客运专线公司须积极、及时、全面、细致做好现场施工管理等工作，认真督促施工单位等做好现场施工管理及设备质量保证、沿线看护等工作。

5）根据非联调联试现场指挥部所在地的另一端联调联试区段现场现状，为确保动车组运行等绝对安全，对非联调联试现场指挥部所在地的另一端联调联试区段人员、物料、机具等进行全线全面细致彻底清理；同时，对线上大、中、小型机具及施工小车等按联调联试现场指挥部所在地的一端联调联试区段标准进行全线全面细致彻底清理，确保在指定时间前达到“真空”试验环境。

6）联调联试区段全线均须确保“真空”试验环境。有关客运专线公司须组织有关单位对全线安全防护进行不断全面检查和问题及时整改，全线公安人员巡守、施工单位人员看护、设备管理单位人员监管要全部到位，为联调联试区段全线动车组运行等绝对安全创造良好环境。有关客运专线公司必须确保联调联试区段全线各种施工按规要点、施工、销点，并在施工完毕时人员、物料、机具等全面细致彻底清理干净，形成“真空”试验环境。

7）联调联试现场指挥部及各有关部门、单位必须对非联调联试现场指挥部所在地的另一端联调联试区段现场实施强有力指挥和管理，及时全面盯控、掌握该端联调联试情况。

5.2.6　不具备高速铁路联调联试前提条件的中间区段外两端联调联试区段的联调联试工作具体组织和具体要求

为确保安全，中间区段外两端联调联试区段的联调联试工作宜逐步展开，在有关条件具备的情况下，中间区段外两端联调联试区段的联调联试工作在联调联试现场指挥部的统一指挥下，两端调试人员的调试工作可同时展开。在试验列车等有关调试资源充足、有关调试力量充足、有关管理控制到位等情况下，调试工作内容可同时展开同步进行；在试验列车等有关调试资源有限、有关调试力量有限等情况下，调试工作内容可同时展开不同步进行。但调试工作内容无论采取同步进行还是采取不同步进行，均宜在统筹全线调试安全、调试内容、调试时间的原则下，采取周密准备、严密组织、缜密进行和先慢后快、先少后多、先简后繁及尽量动静结合（一端行车与另一端不行车结合、本端行车与本端不行车结合）等方式逐阶段地进行联调联试工作。一般在此种情况下，联调联试时间会很有限，需要做到必须确保各项安全、必须最高效率进行、必须完成调试内容，有关调试计划要在确保安全、现场可控的情况下，以每次列车进行最多的试验内容和采取平行作业、多重作业等方式进行制定、优化和实施。

(1)宜先运用单机进入封锁区段外区间进行上、下行线检查，在条件具备的情况下，最高运行速度可为 80 km/h；后运用检测列车进入封锁区段外区间进行上、下行线轨道、接触网状态和车辆动力学响应检测等，在条件具备的情况下，最高运行速度可为 120 km/h、140 km/h、160 km/h。先运行的单机和后运行的检测列车(含每日第一趟)运行至封锁区段两端封锁点停车返回，停车时均按规定留足安全距离。

(2)宜后运用试验货物列车进行试验，试验货物列车需按试验要求进行列车编组(可同前，下同)。在封锁区段外区间上、下行线正、反方向运行，在条件具备的情况下，进行运行速度 80 km/h、90 km/h、100 km/h、110 km/h、120 km/h 等可各至少 3 次联调联试速度级试验。

在封锁区段外的两端临近车站分别至封锁区段两端封锁点间拉锯试验中，试验列车在区间停车时，须留有足够的距离，以保证试验列车按试验要求的速度通过两端临近车站等。

(3)运用试验货物列车进行试验期间，联调联试全段两端始发站、终点站分别至封锁区段外的两端临近车站可结合进行的有关联调联试工作。

1)道岔动力性能测试

需有关道岔不加钩锁器；为确保道岔侧向通过测试顺利进行，需铁路局工务部门、电务部门和有关客运专线公司在测试开始前及测试完毕后对有关道岔进行检查。可先运用检测列车进行测试，在条件具备的情况下，有关道岔侧向通过速度可为 60 km/h，之后在条件具备的情况下，有关道岔侧向通过速度可为 80 km/h；后运用试验货物列车进行测试，开行试验货物列车对有关道岔进行 5 km/h 准静态标定和进行道岔侧向通过时道岔动力性能测试拉锯试验，每个速度级可运行 3 个往返，拉锯试验中，试验货物列车在区间停车时，须留有足够的距离，以保证试验货物列车按试验要求的速度通过有关道岔。

2)运用试验货物列车进行联调联试速度级试验时可经过测点进行振动噪声测试。

3)可结合进行其他联调联试。

（4）宜再运用普速旅客列车、动车组进行试验，开行普速旅客列车、动车组在联调联试全段两端始发站、终点站分别至封锁区段两端封锁点前缩小的后续列车运行范围内上、下行线运行，进行联调联试速度级试验。沿途各站正线通过，需明确正线运行速度、道岔侧向通过速度等。

5.2.7　不具备高速铁路联调联试前提条件的中间区段外两端联调联试区段的联调联试工作内容同时展开不同步进行时的工作统筹

当试验列车等有关调试资源有限、有关调试力量有限等情况下，中间区段外两端联调联试区段的联调联试工作内容同时展开不同步进行时，需做好具体的工作统筹，各端具体联调联试工作内容可根据现场具备条件、管理控制情况等具体确定，两端结合进行，无固定模式，做到确保各项安全、满足试验要求即可。

两端联调联试区段可统筹结合进行接触网人工短路测试、接触网静态弹性测试等较为简单的联调联试；试验货物列车初步运行；货物列车逐级提速试验；普速旅客列车逐级提速试验；列车通过隧道等列车空气动力学响应测试准备及测试；动车组准静态标定；动车组逐级提速试验，同时搭载、结合进行轨道、接触网系统、供变电系统、通信系统、信号系统、综合接地、电磁兼容、振动噪声、路基及过渡段动力性能、桥梁动力性能等联调联试等；信号系统联调联试（可运用多列动车组分上、下行行别〔或分区段〕进行或运用一列动车组进行）等调试工作内容。利用货物列车等进行有关车站侧线轨道除锈；进行有关问题整改和隐患整治等工作。

（1）进行接触网人工短路测试，具体方案由有关客运专线公司组织有关单位、部门商定，铁路局有关部门等做好配合工作。

（2）可运用动车组在联调联试全段始发站（终点站）至封锁区段封锁点间上、下行线运行，进行地面测点 5 km/h 准静态标定和通信系统 GSM-R 电磁环境测试。在条件具备的情况下，正线运行速度可为 160 km/h，道岔侧向通过速度可为 60 km/h。在进行 5 km/h 准静态标定时，动车组在“起”字牌前减速至 5 km/h，并匀速通过测点，在到达“止”字牌后，动车组方可提速。

（3）可运用动车组对有关道岔进行 5 km/h 准静态标定和侧向通过测试。标定完成后对有关道岔进行侧向通过测试拉锯试验，每个速度级可 3 个往返。可搭载进行通信系统 210 组呼性能测试：

1)在运用动车组对有关车站(线路所)道岔进行侧向通过测试时进行。通信测试设备在试验运行动车组上循环发起 210 组呼,试验运行动车组上的 GSM-R 无线用户以及有关车站 FAS 台将被呼入这个小组之中,无法进行正常的点对点呼叫。

2)210 组呼性能测试前,试验动车组运行联系人必须在得到有关车站值班员同意,并得到有关车站(线路所)试验进路准备妥当的报告后,方可组织开始测试。测试完毕,运行联系人应及时告知有关车站值班员。

3)210 组呼性能测试过程中,试验动车组运行联系人和司机等做好瞭望工作。

4)210 组呼性能测试过程中,试验动车组运行联系人和司机等可以通过公网手机与铁路局调度所列车调度员、车站值班员、联调联试现场指挥部等联系,也可通过铁路自动电话(路电)联系。210 组呼性能测试过程中,在特殊情况下通信专业可以随时中断测试,试验动车组与铁路局调度所列车调度员、有关车站值班员等通信可以马上恢复。须公布测试单位试验动车组上测试联系人、运行联系人和司机等手机电话号码以及铁路局调度所有关调度台、有关车站(线路所)运转室、联调联试现场指挥部等地方固定电话号码和有关人员手机电话号码。

(4)可运用动车组在联调联试全段始发站(终点站)至封锁区段封锁点前缩小的后续列车运行范围内上、下行线运行,进行逐级提速试验,同时搭载、结合进行轨道、接触网系统、供变电系统、通信系统、信号系统、综合接地、电磁兼容、振动噪声、路基及过渡段动力性能、桥梁动力性能等联调联试等。在条件具备的情况下,上、下行线往返运行进行联调联试速度级试验,并需对限速地段予以全面核准和及时公布执行。可搭载、结合进行的具体试验项目:

1)进行供电臂末端并联供电方式下运行参数测试。

2)进行变电所越区供电运行参数测试。

3)进行接触线动态抬升量测试。在选定的车站站台等进行接触线动态抬升量测试,需有关车站、铁路公安派出所准许测试单位测试人员在动车组试验期间上站台等进行测试。

4)搭载进行动车组自动过分相性能测试。要求动车组全程采取自动过分相,人工不干预过分相操作。

5)搭载进行通信系统 GSM-R 场强覆盖和服务质量测试。搭载试验动车组进行通信系统 GSM-R 场强覆盖和服务质量测试。

6)搭载进行通信系统 GSM-R 电磁环境测试。搭载试验动车组进行通信系统 GSM-R 电磁环境测试,测试沿线 GSM-R 频段干扰信号的强度和分布。

7)进行普速旅客列车通过隧道过程中列车空气动力学响应等测试。

①在指定时间内,封锁指定区间上、下行线,测试单位在有关隧道布置隧道内气动效应测试传感器。

②按试验要求进行普速旅客列车编组,普速旅客列车编组可为:DF11 型机车+客车(一辆或多辆车辆最高运行速度等符合试验要求的客车)+测试单位综合检测车+客车(一辆或多辆车辆最高运行速度等符合试验要求的客车)+DF11 型机车。

③运用普速旅客列车进行通过隧道过程中列车空气动力学响应等测试,上、下行线往返运行次数需满足试验要求。具体起停车里程现场掌握,在条件具备的情况下,普速旅客列车运行速度需保证满足通过隧道(指定区段)时通过速度为 120 km/h、140 km/h、160 km/h,道岔侧向通过速度可为 80 km/h。试验普速旅客列车在车站凭出站信号进入区间,上(下)行线运行,按照试验要求的速度通过隧道(指定区段)后即可减速停车(停车地点须满足区间返回时能够按照试验要求的速度通过隧道〔指定区段〕),试验普速旅客列车停车后,由司机与车站值班员进行联控,得到车站值班员进路准备妥当的回话后即可由区间返回,凭通过信号、车站进站信号(反向进站信号)显示通过和进站,列车调度员可不发布调度命令。

8)搭载进行动车组与试验普速旅客列车、动车组与试验货物列车、动车组与动车组隧道交会试验。

9)可搭载、结合进行其他试验。

(5)可运用动车组在联调联试全段始发站(终点站)至封锁区段封锁点前缩小的后续列车运行范围内上、下行运行,进行信号系统联调联试。

1)根据测试单位提出并经过优化的运行进路按试验要求行车,动车组采用 ATP 控车运行。在条件具备的情况下,车站侧线通过速度可为 80 km/h。

2)采用一列或多列动车组在联调联试全段始发站(终点站)至封锁区

段封锁点前缩小的后续列车运行范围内上、下行运行，进行正线通过、侧线通过、正线接车、正线发车、临时限速（设置各种地点情况的有关速度级临时限速，下同）、级间切换、模式转换、码序、应答器数据、反向运行、侧线接车、侧线发车、引导接车、变更接发车进路等信号系统联调联试，要做到时间、空间既要绝对隔离又要充分利用。并需对限速地段予以全面核准和及时公布执行。

3)运用两列及其以上动车组同时在一端联调联试区段上、下行分行别进行信号系统联调联试时，为确保安全，有关车站上、下行正线间渡线道岔开通直股并单操锁闭。

4)运用两列及其以上动车组同时在一端联调联试区段分区段进行信号系统联调联试时，动车组可分别进行交叉进路等信号系统联调联试。当动车组进行与既有线衔接站有关股道接发车进路（含变更）、正反向通过进路等信号系统联调联试时，若与既有线衔接站信号系统联调联试试验进路较多，可根据与既有线衔接站运输秩序，具体由测试单位、与既有线衔接站根据运行图和现场列车实际运行情况进行优化安排，可采取利用不同时间段分别封锁指定区间某一个行别的方式，利用该行别进行信号系统联调联试；区间封锁由列车调度员发布调度命令；与既有线衔接站信号系统联调联试期间，如影响有关列车运行，在必要时有关列车可在指定区间改为反方向运行。

5)运用动车组利用指定区间上、下行线进行信号系统联调联试时，动车组凭信号进出车站。有关车站可改为非常站控模式，车站值班员配合改方。

(6)可统筹结合进行其他试验。

(7)利用货物列车等进行有关车站侧线轧道除锈。在联调联试全段始发站（终点站）至封锁区段封锁点间上、下行运行。货物列车编组可为：机车＋多辆 C_{70} 重车＋机车。有关车站每条侧线至少运行一个往返。在条件具备的情况下，正线、侧线运行速度可为 80 km/h。

(8)在非联调联试时间，对两端联调联试区段及时安排有关客运专线公司组织各施工单位、铁路局各有关单位等进行问题整改、隐患整治以及有关施工等工作，以利后续联调联试等工作及时完成，铁路局各有关单位做好施工配合和监管工作。

5.2.8　进行中间区段初步开通过车和联调联试工作以及做好两端联调联试区段的联调联试剩余工作和隐患整治等工作

在确保安全、确保质量的情况下，不具备高速铁路联调联试前提条件的中间区段有关工作须抓紧完成，在工程验收完成后，在条件具备的情况下，进行中间区段初步开通过车和联调联试工作；同时做好两端联调联试区段的联调联试剩余工作和隐患整治等工作。

(1)中间区段初步开通过车，宜按工程线办理，行车安全由有关客运专线公司负责，需有关客运专线公司组织有关施工单位等对禁止标、防溜枕木、距离预告标、接触网终点标(中断标)及时进行拆除和对人员、物料、机具等及时进行全面细致彻底清理，并加强看护。行车期间，上、下行严禁一切施工。列车进出中间区段工程线，列车调度员按规定发布调度命令。

1)有关客运专线公司、铁路局建设管理处、联调联试现场指挥部等需组织做好中间区段联调联试前提条件、试验动车组上线条件确认工作。

2)中间区段试验列车通过速度以经有关客运专线公司确认后提供的并经检测列车先行检查确认的速度为准。

3)需对限速地段予以全面核准和及时公布执行。

4)开行检测列车，对线路状态等进行先行检查确认。在联调联试全段有关区段上(下)行线运行，沿途各站正线通过。检测列车编组可为：DF11型机车＋接触网检测车＋轨道检查车＋电务试验车＋DF11型机车，机车拆除运行监控装置放风线。除中间区段外，在条件具备的情况下，检测列车上(下)行正线运行速度可为160 km/h，道岔侧向通过速度可为80 km/h。可检测列车在上(下)行线自联调联试全段始发站(终点站)运行至原封锁区段外的临近车站停车，尾部机车摘下用于待挂动车组，之后检测列车在具备条件的一个行别运行通过中间区段。

5)可动车组在检测列车已进行先行检查确认的上(下)行线自联调联试全段始发站(终点站)运行至原封锁区段外的临近车站停车，先行的检测列车摘下的机车挂动车组，在先行的检测列车已运行通过的中间区段一个行别运行，可在原封锁区段外的另一临近车站停车，机车摘下，动车组、机车分别自运行至指定站。

(2)可结合进行路基状况测试(200～250 km/h客货共线铁路)。

1)路基状况测试列车编组可为:轨道车+平板车+轨道车,将车载探地雷达测试设备安装于平板车上,路基状况测试列车通过中间区段,对中间区段进行路基及道床状况检测,沿途各站正线通过。在条件具备的情况下,路基状况测试列车上(下)行线最高检测速度可为 80 km/h。

2)由测试单位组织安装车载探地雷达测试设备,安装完毕后,由测试单位通知路基状况测试列车运行联系人,路基状况测试列车在指定时间指定行别运行,铁路局有关机务段安排带道司机。需对限速地段予以全面核准和及时公布执行。铁路局总工程师室、工务处,有关机务段、车辆段,测试单位,有关客运专线公司等派人添乘,路基状况测试列车运行联系人可由铁路局总工程师室等胜任人员担当。

(3)根据中间区段有关工作进展情况,在此期间有关部门、单位重点需做好以下工作:

1)有关客运专线公司需组织有关施工单位等抓紧对中间区段进行设备精调、隐患整治及物料、机具等清理工作等,铁路局各设备管理单位配合。并在指定时间前,由有关客运专线公司组织有关施工单位、设备管理单位等在封锁区段外的临近车站及时办理开通销记手续。

2)有关客运专线公司需组织有关单位等抓紧对信号系统联调联试等发现的问题做好整改工作。

3)铁路局工务处和有关单位需抓紧做好消除联调联试区段 TQI Ⅱ级偏差工作。

4)测试单位需抓紧做好已完成的、未完成的联调联试大纲试验内容清理工作。

5)有关客运专线公司、铁路局建设管理处、联调联试现场指挥部等组织进行的中间区段联调联试前提条件、试验动车组上线条件确认工作需在指定时间前完成。

5.2.9　进行全线联调联试等工作

在条件具备的情况下,以中间区段为重点,进行试验货物列车压实中段、联调联试速度级试验、全线拉通试验;中间区段及两端信号系统联调联试、信号系统联调联试复测;普速旅客列车联调联试速度级试验等;动车组联调联试速度级试验及搭载进行接触网系统联调联试、通信系统联调联试等;全线信号系统联调联试、重联动车组联调联试速度级试验、动车组全线拉通试验等工作。

(1)开行检测列车，对线路状态等进行先行检查确认。检测列车在联调联试全段上、下行线运行，沿途各站正线通过。在条件具备的情况下，正线运行速度可为 120 km/h、140 km/h、160 km/h，车站侧线运行速度可为 80 km/h。具体限速以有关工务段在原封锁区段外的临近车站登记为准，列车调度员发布临时限速调度命令；并需对限速地段予以全面核准和及时公布执行。

(2)开行试验货物列车压实中段，沿途各站正线运行，禁止接侧线。根据试验要求进行试验货物列车编组，有关机务段机车担当牵引任务，试验货物列车在中间区段上、下行线多次往返运行。在条件具备的情况下，试验货物列车运行速度可为 80 km/h。

(3)开行试验货物列车，沿途各站正线运行，在中间区段上、下行线进行联调联试速度级试验。根据试验要求进行试验货物列车编组，有关机务段机车担当牵引任务。在条件具备的情况下，试验货物列车在中间区段上、下行线进行 80 km/h、90 km/h、100 km/h、110 km/h、120 km/h 等逐级提速试验。并需对限速地段予以全面核准和及时公布执行。

之后，开行试验货物列车进行 120 km/h 全线拉通试验，沿途各站正线通过，禁止接侧线。根据试验要求进行试验货物列车编组，有关机务段机车担当牵引任务。在条件具备的情况下，试验货物列车在联调联试全段上、下行线运行速度可为 120 km/h。并需对限速地段予以全面核准和及时公布执行。

(4)进行中间区段及两端信号系统联调联试、信号系统联调联试复测。运用动车组在中间区段及两端有关车站、区间进行信号系统联调联试、信号系统联调联试复测，动车组采用 ATP 控车运行。具体限速以有关工务段在原封锁区段外的临近车站登记为准，列车调度员发布临时限速调度命令；并需对限速地段予以全面核准和及时公布执行。

(5)测试单位、有关客运专线公司以及铁路局工务处、电务处、供电处、客运处、信息技术处等单位和部门需迅速做好客运服务系统、防灾安全监控系统、牵引和电力供电远动系统（SCADA 系统）等联调联试准备及实施工作。

(6)开行普速旅客列车，在联调联试全段上、下行运行，进行普速旅客列车沿途各站正线通过、到发线到开等联调联试速度级试验等。普速旅客列车编组可为：机车＋多辆客车，有关机务段机车担当牵引任务。在条件具备的情况下，正线运行速度可为 160 km/h。

(7)开行动车组，沿途各站正线运行，在中间区段上、下行线和联调联试全段上、下行线(联调联试全线)进行联调联试速度级试验。可先运用动车组在中间区段上、下行线进行逐级提速试验，同时搭载进行轨道、接触网系统、通信系统、信号系统等联调联试。试验期间，根据轨道、接触网状态和动车组动力学响应等检测结果进行必要的临时限速。动车组须保证按照试验要求的速度通过试验区段才能停车折返；提速条件根据动车组检测情况等，并经测试单位人员、有关客运专线公司人员、运行联系人等现场签认后方可进行逐级提速试验。在条件具备的情况下，后可运用动车组进行联调联试全段上、下行线(联调联试全线)高等级运行速度的联调联试速度级试验。运用动车组进行联调联试速度级试验期间，可搭载进行：

1)中间区段接触网系统联调联试动车组自动过分相性能测试、通信系统联调联试 GSM-R 电磁环境测试(中间区段通信系统联调联试 GSM-R电磁环境测试过程中，需关闭中间区段沿线全部 GSM-R 基站和直放站)。

2)通信系统联调联试数据网业务测试。通信系统联调联试数据网业务测试选择在指定时间内在指定通信站进行，采用 IP 网络分析仪测试数据网吞吐量、延时等指标，同时对数据网不同业务 VPN 进行互通测试，验证数据网的 VPN 等功能。

通信系统联调联试数据网业务测试要求：

①需集成商及数据网业务设备厂家在指定通信站配合测试，需有关通信段提供进出机房、查看设备等便利条件。

②测试采用断业务测试模式，相关数据网承载的业务系统将无法使用(不影响联调联试区段正常行车调度指挥)。

3)通信系统联调联试传输通道保护功能测试。通信系统联调联试传输通道保护功能测试选择在指定时间内在指定通信站进行，主要测试：

①传输系统骨干层光倒换对调度系统的影响。

②传输系统保护倒换对 GSM-R 系统的影响。

③调度系统的通道保护功能。

④GSM-R 系统的通道保护功能对 GSM-R 话音业务及 GPRS 业务

的影响。

⑤传输通道保护功能其他测试内容。

通信系统联调联试传输通道保护功能测试要求：

需 FAS 系统网管在铁路局调度所配合测试，需有关通信段在 FAS 系统车站台配合测试，需传输网管在指定通信站配合测试。同时，需有关通信段提供进出机房、查看设备等便利条件。

4)通信系统联调联试 GSM-R 紧急呼叫测试。

(8)进行联调联试全段信号系统联调联试。运用测试动车组在联调联试全段上、下行进行信号系统联调联试，动车组采用 ATP 控车运行，可先进行正线正向运行一个或数个往返，再后进行沿途各站上、下行侧线通过等信号系统联调联试。

(9)进行重联动车组联调联试速度级试验

1)可运用动车组综合检测列车和铁路局提供的测试动车组在联调联试全段上、下行线(联调联试全线)进行重联动车组联调联试速度级试验。试验期间，根据轨道、接触网状态和动车组动力学响应等检测结果进行必要的临时限速。试验期间，重联动车组编组、运行方向及受电弓升弓要求如下：每个行别正方向及另一个行别反方向重联动车组编组均为：铁路局提供的测试动车组(前车)＋动车组综合检测列车(后车)，动车组重联只能 1 车与 8 车联接，不能 1 车与 1 车或 8 车与 8 车联接。受电弓升弓要求：动车组综合检测列车采用试验需要的指定车厢受电弓升弓受流。一般在联调联试全段上、下行线(联调联试全线)进行每个速度级各至少 3 个往返的有关速度级重联动车组联调联试速度级试验。

2)可搭载进行、结合进行通信系统、接触网系统联调联试等。

①可搭载进行联调联试全段 GSM-R 场强覆盖、GSM-R 服务质量测试。

②在动车组车机联控间隙等时间可搭载进行调度通信业务等测试(调度通信业务等测试在车机联控间隙短时进行时，对车机联控没有影响，对正常行车调度通信没有影响)。需沿途各站车站值班员配合接听电话；通信测试人员在铁路局调度所调度台进行接听测试，需铁路局调度所和有关通信段有关人员给予配合。

③可结合进行接触线动态抬升量测试。在指定车站站台等进行接触线动态抬升量测试，需有关车站、铁路公安派出所准许测试单位测试人员在重联动车组联调联试速度级试验期间上站台等进行测试。

(10)进行动车组全线拉通试验。运用动车组综合检测列车在联调联试全段上、下行线(联调联试全线)进行全线拉通试验,在上、下行正线正向运行,动车组综合检测列车采用 ATP 控车运行,可运行两个往返。试验期间,动车组综合检测列车采用试验需要的指定车厢受电弓升弓受流;同时,根据轨道、接触网状态和动车组动力学响应等检测结果进行必要的临时限速。

5.3 在进行信号系统联调联试前和期间进行有关信号系统软件升级、换装等须做好的有关工作

在进行信号系统联调联试前和期间,如需进行有关信号系统软件升级、换装等,有关客运专线公司等须做好有关工作:

(1)如果更换的软件等不需要经第三方单位进行信号系统软件等功能测试验证,则需施工单位向有关客运专线公司以公文形式明确更换的软件等不需要经第三方单位进行信号系统软件等功能测试验证、不影响既有高速铁路和调试高速铁路运行和安全。

(2)如果更换的软件等需要经第三方单位进行信号系统软件等功能测试验证,则需有关客运专线公司组织纳入联调联试期间或其他期间实施,并及时向进行信号系统软件等功能测试验证的第三方单位行委托测试验证函,第三方单位需根据委托测试验证函,结合集成商、有关设备厂商等提供的信号系统施工方案、软件修改说明、实验室测试报告等,及时做好测试验证大纲编写、方案制定和计划安排,并在第三方单位进行信号系统软件等功能测试验证合格后方可运营使用。

5.4 第三方单位进行信号系统软件等功能测试验证的有关条件

5.4.1 第三方单位进行信号系统软件等功能测试验证的前提条件

由第三方单位进行信号系统软件等功能测试验证的前提条件是:集成商等须保证静态验收发现问题及 ITC 测试发现问题等已经整改完毕,现已具备现场功能测试验证条件;集成商等须保证对需功能测试验证的信号系统软件等的安全性、严谨性、全面性负责;集成商等须保证需功能测试验证的信号系统软件等不影响既有高速铁路运营和安全以及联调联试高速铁路联调联试等安全。

5.4.2　第三方单位进行信号系统软件等功能测试验证的试验条件

由第三方单位进行信号系统软件等功能测试验证的试验条件是：集成商等完成软件换装、应答器报文修改等，完成相应的自身测试并提供自测报告；功能测试验证前，有关客运专线公司协调提供有关软件修改说明、列控工程数据表、车站及区间信号平面布置图等技术资料；功能测试验证前，有关客运专线公司协调有关设备厂商等提供功能测试验证期间的信号各子系统设备硬件型号和软件版本号等，并保持功能测试验证期间软件版本号等固定；功能测试验证过程中，集成商等须保证试验区段信号设备运行正常，并制定有效应急预案。

5.5　与高速铁路联调联试段衔接的既有高速铁路运营车站有关信号系统软件升级、换装等功能测试验证的工作处理

5.5.1　功能测试验证背景

当高速铁路联调联试段引入既有高速铁路运营车站，该车站一端方向咽喉和股道已经投入运营、另一端方向为高速铁路联调联试段新的引入，需对既有高速铁路运营车站信号系统进行软件升级、换装等时，需对升级、换装软件等进行专项的功能测试、动态检测，以对软件升级、换装等所涉及的列控系统相关功能和影响范围等进行验证，即进行信号系统软件等功能测试验证，为工程开通提供技术支持，为既有高速铁路运营车站信号系统软件升级、换装等改造后的动态验收提供依据。

5.5.2　功能测试验证内容

需根据既有高速铁路运营车站信号系统软件升级、换装等改造工程特点，针对软件升级、换装等影响的有关区段、功能进行功能测试验证。功能测试验证主要内容包括：应答器报文及链接关系测试、行车许可功能测试、RBC 自动切换功能测试、列控系统等级自动转换功能测试、临时限速功能测试等，有关内容可结合高速铁路联调联试段信号系统联调联试同步进行，先后进行该既有高速铁路运营车站已经投入运营端基本进路场景、该既有高速铁路运营车站两相邻车站间拉通场景、该既有高速铁路运营车站高速铁路联调联试段引入端有关进路（含变更进路）场景、该既

有高速铁路运营车站已经投入运营端变更进路场景等功能测试验证。有关客运专线公司、测试单位等须全面、细致、正确、科学、及时做好计划场景、计划次序、计划统筹以及试验准备、试验实施、试验安全等各项工作。

5.5.3 功能测试验证评判标准

(1)《CTCS-3 级列控系统总体技术方案》(科技运〔2008〕34 号)。

(2)《CTCS-3 级列控系统应答器应用原则(V2.0)》(科技运〔2010〕21 号)。

(3)《列控中心技术规范》(科技运〔2010〕138 号)。

(4)其他有关标准、规范等。

5.5.4 功能测试验证基本要求

(1)功能测试验证需测试单位,有关客运专线公司,铁路局总工程师室、安全监察室、运输处、客运处、机务处、车辆处、工务处、电务处、供电处、建设管理处、土地房产管理处,铁路公安局,铁路局有关车务段(车站)、客运段、机务段、客车车辆段、动车段(动车运用所)、工务段、电务段、通信段、供电段、房建生活段,铁路公安处等单位、部门有关人员参加。施工单位和铁路局有关部门、单位等做好支持配合工作。

(2)功能测试验证具体要求

1)须在集成商等完成自身信号系统软件等功能测试的基础上,在既有高速铁路运营车站天窗点内等,由第三方单位进行信号系统软件等功能测试验证。

2)功能测试验证期间,动车组采用 ATP 控车运行,按目标距离模式曲线贴线运行,非操作端不得使用休眠模式。

3)功能测试验证区段信号机常态灭灯。

4)功能测试验证期间,铁路局调度所列车调度员、运行联系人、司机等按照测试单位提供的试验场景、序列等给予配合;铁路局有关部门和单位人员做好配合、支持、确认工作;铁路局有关电务段安排胜任人员在铁路局调度所盯台。

5)须在既有高速铁路运营车站给点内结束由第三方单位进行的当日信号系统软件等功能测试验证和其他有关工作,做到不影响各项安全、不影响运输秩序。

5.5.5　功能测试验证工作组织

集成商等提供有关施工要点方案和计划，组织进行有关信号系统软件换装施工等，并及时全面做好功能测试验证配合工作；测试单位提供测试验证计划和实施方案，并进行实施；有关铁路局根据测试单位提供的测试验证计划和实施方案，做好行车组织工作；有关客运专线公司组织做好施工现场安全管理、系统状态调整、功能测试验证配合、后勤保障等工作。

5.5.6　功能测试验证行车组织

(1)进行功能测试验证动车组运行时，有关车站可采用分散自律模式。

(2)进行功能测试验证动车组可按“指路行车”方式执行车机联控。进行功能测试验证动车组上 GSM-R 手机电话号码由司机告知铁路局调度所调度台，再由铁路局调度所调度台通知各有关车站。

(3)进行功能测试验证动车组在指定时间前到达既有高速铁路运营车站，可在既有高速铁路最后一趟到达(出发)动车组到达(出发)既有高速铁路运营车站后开始施工和进行后续的功能测试验证等，并在上、下行线行车空闲时间和天窗点内时间等完成有关计划工作。

5.5.7　功能测试验证具体过程

根据集成商、测试单位等提报的施工、测试验证计划，宜充分利用上、下行线行车空闲、天窗点等时间、空间，进行与高速铁路联调联试段衔接的既有高速铁路运营车站等信号施工和由第三方单位进行功能测试验证等工作。

1. 基本程序

(1)进行换上新版软件等施工

先在天窗点内等规定时间内，停用既有高速铁路有关信联闭、铁路局调度台 CTC、RBC、TSRS 等设备，接通调试高速铁路安全数据网与既有高速铁路安全数据网，进行既有高速铁路有关 RBC、TSRS、CTC、联锁、列控等软件换装等，修改该既有高速铁路运营车站有关股道应答器报文、LEU 报文及尾缆安装等，施工完毕启用信联闭、CTC 系统采用分散自律模式进行功能测试验证。

（2）进行功能测试验证

施工完毕后，在天窗点内等规定时间内，停止一切施工作业，由第三方单位进行与高速铁路联调联试段衔接的既有高速铁路运营车站有关股道接发车进路和该既有高速铁路运营车站至其前方既有高速铁路运营车站（线路所）间信号系统功能测试验证等工作。

（3）进行恢复既有软件等施工

功能测试验证结束后，在天窗点内等规定时间内，停用有关信联闭、CTC、RBC、TSRS 等设备，恢复既有软件等，断开安全数据网，恢复联锁与 CTC 的通信方式等，检查设备状态，点毕销记开通。

2. 具体进行

安排列控车载设备符合试验条件的动车组，在上、下行线进行该既有高速铁路运营车站至其前方指定中继站、前方指定既有高速铁路运营车站（线路所）采用 C3、C2 级控车有关股道接发车平行进路、交叉进路测试，即分别进行该既有高速铁路运营车站两个咽喉接发车 C3 本线股道基本进路、C3 本线股道变更进路、C3 跨线股道基本进路、C3 跨线股道变更进路、C2 本线股道基本进路、C2 本线股道变更进路、C2 跨线股道基本进路、C2 跨线股道变更进路等测试序列测试。

（1）可安排列控车载设备符合试验条件的动车组，在上、下行线进行该既有高速铁路运营车站至其前方指定中继站、前方指定既有高速铁路运营车站（线路所）采用 C3、C2 级控车有关股道接发车平行进路、交叉进路测试。测试内容包括应答器报文及链接关系测试、行车许可功能测试、临时限速功能测试等。在有关区段设置有关速度级临时限速，本测试序列结束后取消设置的临时限速。

（2）可安排列控车载设备符合试验条件的动车组，在上、下行线进行该既有高速铁路运营车站至其前方指定中继站等采用 C3、C2 级控车有关股道接发车平行进路、交叉进路测试；与跨局既有高速铁路运营车站 C3 拉通测试，并在有关区段设置有关速度级临时限速，本测试序列结束后取消设置的临时限速。测试内容包括应答器报文及链接关系测试、行车许可功能测试、RBC 切换测试、临时限速功能测试、TSRS 与 TSRS 接口测试等。

（3）可安排列控车载设备符合试验条件的动车组，在上、下行线进行该既有高速铁路运营车站上、下行股道至其前方指定中继站等采用 C2、

C3 级控车本线股道、跨线股道变更进路发车、接车测试和变更通过进路测试、上下行线正反向该既有高速铁路运营车站股道通过测试等。测试内容包括 TCC 主备机切换测试等。

5.5.8　功能测试验证试验报告

功能测试验证须在确保安全、不留隐患的原则下，科学组织、提高效率、又好又快完成。功能测试验证内容全部完成后，由测试单位出具功能测试验证试验报告，正式启用已完成更换施工的新版软件等。如测试单位不能出具功能测试验证试验报告，在功能测试验证结束后，在天窗点内等规定时间内，停用有关信联闭、CTC、RBC、TSRS 等设备，恢复既有软件，断开安全数据网，恢复联锁与 CTC 的通信方式等，检查设备状态，点毕销记开通。

5.6　既有高速铁路运营车站与高速铁路联调联试段衔接端等信号系统联调联试准备工作

进行既有高速铁路运营车站与高速铁路联调联试段衔接端等信号系统联调联试前，需及时做好除锈等信号系统联调联试准备工作，有关客运专线公司和铁路局电务处、运输处、机务处及时做好研究安排。进行既有高速铁路运营车站与高速铁路联调联试段衔接端等信号系统联调联试时，宜在既有高速铁路运营车站天窗点内时间或上、下行运行列车全部到达、全部出发后的长时间的运行间隔时间等进行。

5.7　与高速铁路联调联试段衔接的联络线联调联试的工作处理

为确保安全、提高效率、节约资源，与高速铁路联调联试段衔接的联络线联调联试工作宜与高速铁路联调联试段有关车站等联调联试工作统筹结合、同步进行。当未做到统筹结合、同步进行，并在高速铁路联调联试段开通运营后的天窗点内时间、列车运行间隔时间等进行时，将对高速铁路安全、运输等均产生不利影响。

5.8 高速铁路联调联试段两端新站和与其他线接轨站联调联试的工作处理

为确保安全、提高效率、节约资源，高速铁路联调联试段两端新站（尽头站除外，下同）和与其他线接轨站的站内及车站两端联调联试速度级试验、信号系统联调联试等联调联试工作宜与高速铁路联调联试段联调联试工作统筹结合进行、共同一次完成。在有关条件具备的情况下，不宜只进行完成两端新站和与其他线接轨站一端联调联试工作。否则，在高速铁路联调联试段开通运营后进行两端新站和与其他线接轨站另一端等联调联试工作时，将对高速铁路安全、运输等均产生不利影响。

5.9 高速铁路联调联试段桥梁试验的工作处理

5.9.1 桥梁试验有关试验项目与联调联试有关试验项目的结合

当高速铁路联调联试段有需要进行桥梁静载、动载等试验时，可将桥梁试验有关试验项目与联调联试有关试验项目进行结合，科学、集约、合理组织进行有关试验项目，保证桥梁试验和联调联试安全、科学、高效进行和完成。有关单位、部门需及时提高设备质量，以确保桥梁逐级提速试验等顺利进行和及时完成。

5.9.2 高速铁路联调联试段桥梁试验的工作要求

当高速铁路联调联试段有需要进行桥梁静载、动载等试验时，桥梁试验单位需及时制定《试验方案》，并对《试验方案》的安全性、全面性、严谨性等负责；准确确定试验速度级，并在《试验方案》、技术资料、有关文函、准备工作等到位情况下，提出试验列车运行方案。在进行桥梁试验期间，可搭载进行高速铁路联调联试速度级试验，以确保高速铁路联调联试全段上、下行线（联调联试全线）同期达速。同时，桥梁试验需与高速铁路联调联试全段联调联试结合好；有关单位、部门需对桥梁试验工作予以支持和配合。

5.9.3　高速铁路联调联试段桥梁试验的工作对接、合同签订

当高速铁路联调联试段有需要进行桥梁静载、动载等试验时，有关单位、部门人员需及时全面做好桥梁试验有关对接工作，有关单位需依法依规及时签订有关合同。

5.9.4　有关铁路局主管部门制定桥梁试验实施方案

有关铁路局主管部门需会同有关部门、单位，根据上级《关于桥梁试验大纲的批复》、《关于桥梁通车鉴定方案的批复》等要求，制定桥梁试验实施方案。

1. 桥梁试验组织机构

为全面做好桥梁试验工作，统筹协调桥梁试验和配合事宜，有关铁路局等单位成立桥梁试验工作领导小组。桥梁试验工作领导小组主要任务是全面做好对桥梁试验工作的组织领导，按照上级批准的《桥梁试验大纲》，具体组织实施本次桥梁试验工作，确保桥梁试验安全、顺利、有序、及时进行和完成。

组　长：铁路局主管领导

副组长：桥梁试验单位主管领导等

组　员：铁路局建设管理处、总工程师室、安全监察室、运输处、货运处、机务处、车辆处、工务处、电务处、供电处和调度所，铁路公安局(处)，桥梁试验单位，有关客运专线公司等部门和单位负责人及有关工作人员

桥梁试验工作领导小组下设运输组织组、试验测试组、设备保障组、安全保卫组、后勤保障组。

(1)运输组织组　由铁路局运输处为组长，铁路局货运处、机务处、车辆处、工务处、电务处、供电处，调度所，有关车务段(车站)、机务段、车辆段、动车段(动车运用所)、工务段、电务段、通信段、供电段等部门和单位为组员。按照桥梁试验工作领导小组的要求，负责编制、下达桥梁试验计划，做好行车组织工作，掌握桥梁试验期间的行车情况，及时处理与列车运行有关的各种问题，保证桥梁试验工作有序进行。

(2)试验测试组　由桥梁试验单位为组长，有关客运专线公司，铁路局工务处、供电处、电务处、机务处、车辆处，有关工务段、供电段、电务段、通信段、机务段、车辆段、动车段(动车运用所)等部门和单位为组员。桥

梁试验单位负责桥梁试验技术测试，铁路局有关部门和单位等协助桥梁试验单位做好试验数据整理等工作。

（3）设备保障组　由有关客运专线公司为组长，铁路局工务处、供电处、电务处、机务处、车辆处，调度所，有关工务段、供电段、电务段、通信段、机务段、车辆段、动车段（动车运用所）、车务段（车站）等部门和单位为组员。负责线路、桥梁、牵引供电、通信、信号、机车、车辆、动车组等主要行车设备质量，做好桥梁试验轨道检查和接触网检测等工作；做好桥梁试验机车、车辆、动车组等技术状态检查工作；做好特殊情况下应急处理工作。

（4）安全保卫组　由铁路公安局（处）为组长，有关客运专线公司和铁路局安全监察室等单位和部门为组员。负责桥梁试验列车运行安全、人身安全等，维护和保障桥梁试验区段的治安秩序。

（5）后勤保障组　由桥梁试验单位为组长。全面做好桥梁试验期间参加桥梁试验单位和部门人员的交通、生活等后勤保障工作。

2. 桥梁试验目的

桥梁静载试验主要是通过测试桥梁结构在静力荷载作用下各控制截面的应力及结构变形，评判桥梁结构实际工作状态与设计期望状态是否相符，以检验桥梁性能及工作状态。

桥梁动载试验主要在试验列车高速运行下综合测试、试验列车、轨道结构和桥梁结构系统的动力响应，分析试验列车在试验区段的动力响应特征和轨道、桥梁在列车作用下的动力性能，验证行车组织方式能否满足运营要求，为完善科学合理的运输方案提供技术依据。

桥梁其他试验根据上级《关于桥梁试验大纲的批复》、《关于桥梁通车鉴定方案的批复》等要求进行。

3. 桥梁试验内容

（1）桥梁静载试验。

（2）高速铁路单线试验动车组行车试验。

（3）高速铁路两线两列试验动车组会车试验（主桥）。

（4）高速铁路两线两列试验动车组会车试验（副桥）。

（5）高速铁路两线两列试验动车组会车试验（引桥）。

（6）高速铁路单线一列试验动车组与其他铁路（当有其他铁路时，下同）单线一列试验列车（在货物列车满载、空重混编等情况下，下同）主桥会车试验。

(7)高速铁路两线两列试验动车组与其他铁路(当有两条其他铁路时,下同)两线两列试验列车(在货物列车满载、空重混编等情况下,下同)主桥会车试验。

(8)桥梁其他试验。

4. 试验区段和试验列车

(1)试验区段

根据试验需要,明确高速铁路试验动车组、其他铁路试验列车试验区段。

(2)试验列车和试验速度级

1)根据试验需要,明确高速铁路试验动车组和试验速度级;

2)根据试验需要,明确其他铁路试验列车机车类型、数量,车辆类型(需要货车时包括货车空重)、数量,运行速度等;

3)根据试验需要,明确其他铁路试验列车编组。

5. 桥梁试验日期安排

明确桥梁静载试验日期;明确高速铁路单线试验动车组行车试验和高速铁路两线两列试验动车组主桥、副桥、引桥会车试验日期;明确高速铁路单线一列试验动车组与其他铁路单线一列试验列车主桥会车试验日期;明确高速铁路两线两列试验动车组与其他铁路两线两列试验列车主桥会车试验日期;明确桥梁其他试验日期。

6. 试验条件和计划安排

桥梁试验涉及既有运营线路时,利用既有运营线路天窗点等时间,可安排封锁桥梁试验所需上、下行线等有关线路,进行桥梁试验。桥梁试验列车运行计划和涉及既有列车运行调整计划纳入调度日班计划。每日须公布具体试验计划。

7. 桥梁试验行车要求

(1)有关行车办法按《高速铁路联调联试及运行试验期间行车有关规定》执行。

(2)由铁路局运输处等牵头组织做好以下工作:一是组织制定《桥梁试验行车组织方案》;二是根据《桥梁试验实施方案》和《桥梁试验行车组织方案》组织进行桥梁试验。

(3)桥梁试验行车组织

1)在封锁点前,试验动车组等可运行至指定车站指定正线股道停放,正线上、下行方向开通正线位置,正线道岔及邻线防护道岔单操锁闭;其他有关车站正线上、下行方向开通正线位置,正线道岔及邻线防护道岔单操锁闭。并对需人工加锁道岔开通试验需要位置后进行人工加锁。

2)在每日桥梁试验开始前,可铁路局有关工务段、桥梁试验单位在指定车站或铁路局调度所登记,由列车调度员发布封锁区间的调度命令,司机接到允许进入封锁区间的调度命令后,试验动车组等在封锁区间内进行桥梁试验;桥梁试验结束后,试验动车组等返回指定车站,铁路局有关工务段、桥梁试验单位在指定地点销记后,列车调度员发布取消封锁区间的调度命令。

3)在试验动车组等试验期间,根据试验、安全需要,可按照试验行别,桥梁两端临近车站(线路所)有关进路一次排通后,开放进、出站信号,道岔单操锁闭。300～350 km/h 高速铁路在试验动车组采用 ATP 隔离模式运行时,桥梁两端临近车站(线路所)信号机可点灯。

4)试验动车组、试验列车进入封锁区间、由封锁区间返回,列车调度员按规定发布调度命令。

(4)试验动车组、试验列车须同时各自配备通话作用良好的 4 部对讲机(运行联系人 1 部、司机 1 部、测试单位检测终端 2 部)和 4 部 GSM-R 手机(运行联系人 1 部、司机 1 部、桥梁试验单位检测终端 2 部)。运行联系人、司机、测试单位和桥梁试验单位人员负责开车前进行通话试验,确认通话作用良好后方可开车。

(5)确保良好的试验动车组、试验列车运行环境,试验动车组、试验列车上线前,所有人员、物料、机具等必须及时全面彻底清理干净,全部撤离现场,确保"真空"试验环境,由桥梁试验单位负责清理并向运行联系人及时据实报告。

(6)铁路局调度所需加强调度指挥工作,既要保证桥梁试验顺利进行,又要保证既有线运输畅通和重点列车正点运行。

(7)在每日桥梁试验开始前,由列车调度员与有关车站值班员核对清楚试验动车组、试验列车运行进路;桥梁试验当天或桥梁试验过程中,需对列车运行计划进行临时调整时,以列车调度员的命令、通知和下达的三、四小时调整计划为准。

(8)机车整备和机车乘务员换班由铁路局调度所根据试验方案编制

机车运用方案并及时下达。

8. 桥梁试验安全措施

(1)试验动车组、试验列车每列次发车前,需工务人员、供电人员,测试单位人员、桥梁试验单位人员,有关客运专线公司人员,试验动车组、试验列车司机、运行联系人对速度表进行签认。

(2)为确保试验动车组、试验列车等绝对安全,铁路局机务处、车辆处和有关机务段、车辆段、动车段(动车运用所)需对桥梁试验机车、车辆、动车组等进行严格检查,确保桥梁试验机车、车辆、动车组等运用状态良好;铁路局货运处和有关车务段(车站)按货规规定做好装载、加固工作。

(3)铁路局有关车辆段、动车段(动车运用所)派车辆检车人员、随车机械师,添乘试验列车、试验动车组进行技术检查。

(4)需有关单位做好桥梁试验有关线路达速的养护维修工作,确保满足桥梁试验速度要求和桥梁试验行车安全。

(5)有关单位需加强桥上管理,桥梁试验工作人员上桥作业须征得铁路局有关工务段同意,铁路局有关工务段对上桥作业人员要进行安全防护;对安装的检测设备是否满足安全及限界要求要认真检查,确保桥上行车安全、人身安全。铁路公安局和有关铁路公安处做好桥梁试验期间的安全保卫工作。

(6)指定有关救援列车处于待命状态。

(7)各有关部门和单位要根据《桥梁试验实施方案》有关要求,细化具体的组织措施,制定安全措施和应急预案,并做好各项准备工作,确保桥梁试验安全、顺利、有序、及时完成。

9. 桥梁试验其他要求

(1)有关客运专线公司需全面组织做好日常桥梁试验和与铁路局有关部门、单位及联调联试现场指挥部的协调工作,配合桥梁试验单位做好桥梁试验后勤保障工作。

(2)铁路局总工程师室、安全监察室、机务处、车辆处、工务处、供电处、电务处、建设管理处,有关机务段、车辆段、动车段(动车运用所)、工务段、供电段、电务段,测试单位、桥梁试验单位等派人添乘,运行联系人可由铁路局总工程师室等胜任人员担当。有关机务段添乘人员同时做好会车试验的前期信息收集工作,以利后续会车试验顺利进行。

5.9.5 桥梁试验准备工作

以四线铁路(其中:两条高速铁路设计时速 200 km,并按时速250 km作仿真设计;两条其他铁路设计时速 120 km)桥梁为例进行说明,下同。

1. 对需要补充道砟的桥梁及时进行补充道砟

(1)可联调联试现场指挥部组织铁路局工务处、机务处等有关部门、单位对需要补充道砟的桥梁及时进行补充道砟工作,铁路局工务处、机务处和有关工务段、机务段等有关部门、单位派人添乘补砟列车,补砟列车运行联系人可由铁路局机务处等胜任人员担当;卸车指挥人可由铁路局工务处等胜任人员担当。

(2)在行车组织上,可对有关道岔开通进路后单操锁闭或人工加锁,有关道岔单操锁闭或人工加锁后,可对有关区段上、下行线路封锁,并可对有关区段线路按工程线办理,补砟列车进入封锁区间进行卸车。补砟列车进入封锁区间、由封锁区间返回,列车调度员按规定发布调度命令;补砟列车执行车机联控。补砟列车返回车站后,取消有关区段上、下行线路封锁,列车调度员布置恢复至原来进路状态。

2. 根据桥梁试验安排进行桥梁试验扣车和列车编组等准备工作

根据桥梁试验安排,组织铁路局调度所、有关车务段(车站)、车辆段、机务段等做好桥梁试验扣车和列车编组等准备工作:

(1)需有关车辆段选扣技术状态良好并满足试验数量要求、试验速度要求等试验要求的有关车型车辆(需要货车时,明确货车重车、空车等)。

(2)需有关车站在指定时间前按照试验要求完成有关列车编组工作。

(3)需有关机务段有关机型机车在指定时间出库挂车,并在指定时间开车运行至指定车站。

(4)铁路局调度所可根据有关工务段、供电段等提报的施工计划,安排在指定时间、指定区段进行线路大机捣固作业、线路调高施工和进行接触网检查、精调等,为桥梁试验做好准备工作。

5.9.6 桥梁试验具体工作

可结合桥梁联调联试速度级试验等一并进行桥梁静载、动载等试验。桥梁试验单位利用动车组综合检测列车等运行在桥梁时搭载进行桥梁动载等试验，有关铁路公安处、工务段配合；其他时间单独进行桥梁静载、动载等试验。

根据桥梁试验单位和高速铁路联调联试测试单位提报的试验计划，需科学合理利用时间、空间等资源，由有关部门、单位人员共同进行并做好桥梁试验和高速铁路联调联试。

(1)明确桥梁试验区段。

(2)明确桥梁试验时间，并须桥梁试验区段在桥梁试验期间停止施工、维修等作业。

(3)开行检测列车(或电力机车〔弓网检测装置良好〕，工务人员携带便携式添乘仪添乘)，对线路状态等进行先行检查确认。在桥梁试验区段上、下行线运行，沿途各站正线通过，一个往返。检测列车运行时，沿途各站信号机点灯。检测列车编组可为：DF11 型机车＋接触网检测车＋轨道检查车＋电务试验车＋DF11 型机车，机车拆除运行监控装置放风线。在条件具备的情况下，检测列车上、下行正线运行速度可为 100 km/h、160 km/h等，道岔侧向通过速度可为 80 km/h。

(4)在桥梁试验期间，可封锁桥梁试验区段上、下行正线等有关线路，同时封锁可能引发安全问题等其他有关线路，进行桥梁试验。

(5)在每日桥梁试验开始前，可铁路局有关工务段、桥梁试验单位在铁路局调度所登记，由列车调度员发布封锁有关线路的调度命令，司机接到允许进入桥梁试验区段上、下行正线等有关封锁线路的调度命令后，试验动车组等在桥梁试验区段上、下行正线等有关封锁线路内进行桥梁试验；桥梁试验结束后，试验动车组等返回指定车站指定正线等股道，铁路局有关工务段、桥梁试验单位在铁路局调度所销记后，列车调度员发布取消封锁有关线路的调度命令。

(6)根据桥梁试验单位提报的试验计划，进行桥梁静载试验时，运用一列及其以上符合试验要求的指定编组的货物列车，在指定试验时间、指定试验区段、指定试验线路进行桥梁静载试验。可结合进行其他区段供变电系统联调联试、综合接地测试和电磁兼容测试等联调联试；并可安排施工单位、铁路局设备管理单位等做好工程施工和问题整改等工作，需保证施工计划计划好、安排好、实施好，以确保后续联调联试工作及时进行和完成。

(7)铁路局车务部门、单位人员及时正确做好组织工作，铁路局工务部门、单位等人员根据桥梁试验的检测情况及时正确进行车地确认后，如具备提速条件时，在指定车站及时正确进行登销记；如存在影响提速问题时，及时正确报告联调联试现场指挥部、铁路局调度所。具备提速条件时，可多日运用试验动车组等在桥梁试验区段上、下行线正反方向运行，运行速度根据具体情况确定。在条件具备的情况下，试验动车组在桥梁试验区段上、下行线运行速度可为 160 km/h、200 km/h 等。

(8)可在试验动车组在桥梁试验区段上、下行线进行 5 km/h 准静态标定和 80 km/h、120 km/h、140 km/h、160 km/h、180 km/h、200 km/h、210 km/h、220 km/h、230 km/h、240 km/h、250 km/h 等试验后，进行试验动车组两车会车试验：根据桥梁试验单位提报的试验计划，进行工况两线两列试验动车组会车试验(主桥、副桥)，明确交会速度保持区段，交会速度分别为 80 km/h、120 km/h、180 km/h、200 km/h、220 km/h 等；进行工况两线两列试验动车组会车试验(两端引桥)，明确交会速度保持区段，交会速度分别为 80 km/h、120 km/h、180 km/h、200 km/h 等。需有关部门、单位根据交会地点、交会速度、有关设备等情况，提前做好试验动车组会车试验起始点测算等工作。

(9)在进行桥梁速度级试验时，在条件具备的情况下，可试验动车组进入封锁区间在上行线(下行线)正向、反向运行，进行 160 km/h、180 km/h、200 km/h、220 km/h、230 km/h、240 km/h、250 km/h、260 km/h、270 km/h、275 km/h 等速度级试验，上行线(下行线)正向、反向每个速度级一般运行 1～4 次，区段通过速度根据工程条件、临时限速和线路允许速度等因素综合确定。桥梁速度级试验和其他区段联调联试速度级试验可结合进行，试验动车组进入封锁区间在上、下行线正向、反向分段进行桥梁速度级试验和其他区段联调联试速度级试验，可铁路局有关工务段在铁路局调度所登销记。速度级试验一般需反复试验和问题整改，一般需多日完成。

(10)在条件具备的情况下，进行高速铁路两线两列试验动车组与其他铁路两线两列试验列车主桥会车等会车试验时，需根据桥梁试验单位提报的试验计划，联调联试测试单位配合，试验动车组、试验货物列车等在指定时间分别进入试验区段上、下行有关线路进行有关会车试验(详见表 5-1 会车试验计划表)，区段通过速度根据工程条件、临时限速和线路允许速度等因素综合确定，需指定运行联系人。

表 5-1　会车试验计划表

序号	会车地点	线别	速度	方向	备注
1	主桥	Ⅰ	200 km/h	正向	区段通过速度根据工程条件、临时限速和线路允许速度等因素综合确定
		Ⅲ	120 km/h	反向	
2	主桥	Ⅰ	200 km/h	正向	
		Ⅲ	120 km/h	反向	
3	主桥	Ⅱ	200 km/h	正向	
		Ⅳ	80 km/h	反向	
4	主桥	Ⅱ	200 km/h	正向	
		Ⅳ	80 km/h	反向	
5	主桥	Ⅰ	200 km/h	正向	
		Ⅱ	200 km/h	反向	
		Ⅲ	120 km/h	正向	
		Ⅳ	80 km/h	反向	
6	主桥	Ⅰ	200 km/h	反向	
		Ⅱ	200 km/h	正向	
		Ⅲ	120 km/h	反向	
		Ⅳ	80 km/h	正向	
7	主桥	Ⅰ	220 km/h	正向	
		Ⅱ	220 km/h	正向	
8	主桥	Ⅰ	220 km/h	反向	
		Ⅱ	220 km/h	反向	
9	主桥	Ⅰ	200 km/h	正向	
		Ⅱ	200 km/h	正向	
10	主桥	Ⅰ	180 km/h	反向	
		Ⅱ	180 km/h	反向	
11	副桥	Ⅰ	220 km/h	正向	
		Ⅱ	220 km/h	正向	
12	副桥	Ⅰ	220 km/h	反向	
		Ⅱ	220 km/h	反向	

(11)需结合进行并做好桥梁试验和其他区段联调联试、工程施工和问题整改等工作;在桥梁试验区段非桥梁试验期间,需结合进行并做好桥梁试验区段问题整改等工作。

(12)在桥梁试验期间,因试验需要,桥梁试验单位等人员需上线工作时,必须经联调联试现场指挥部、铁路局调度所同意后方可上线工作,并在要求时间内完成。

(13)在桥梁试验期间,各有关部门、单位人员须做到地上计算好、车上监控好、桥上监测好、速度签认好。

5.10 无检测列车和检测列车车辆故障的处理办法

(1)因检测列车车辆故障等原因无检测列车时,可使用单机(工务人员携带便携式添乘仪添乘)作为检测列车进行先行检查确认,此时:

1)机车在联调联试区段上、下行线运行,沿途各站正线通过,一个往返,进路道岔单操锁闭。

2)机车运行时,沿途各站信号机点灯。

3)在条件具备的情况下,机车上、下行正线运行速度可为 100 km/h,道岔侧向通过速度可为 80 km/h。

4)机车在联调联试区段上、下行线运行前后,在始发车站拆除和恢复运行监控装置放风线,由有关机务段负责通知有关电务段在指定地点进行。

(2)当检测列车电务试验车故障、动车组等需上线进行联调联试时,检测列车编组可为:DF11 型机车+接触网检测车+轨道检查车+隔离车+DF11 型机车,机车拆除运行监控装置放风线。铁路局有关机务段、车辆段需加强对机车和隔离车、轨道检查车、接触网检测车的整备检查,确保上线机车、车辆运用状态良好;铁路局调度所需提前安排做好检测列车编组工作。检测列车在联调联试区段上、下行线运行,沿途各站正线通过,一个往返。检测列车运行时,沿途各站信号机点灯。在条件具备的情况下,检测列车上、下行正线运行速度可为 160 km/h,道岔侧向通过速度可为 80 km/h。检测列车在联调联试区段上、下行线运行前后,在始发车站拆除和恢复运行监控装置放风线,由有关机务段负责通知有关电务段在指定地点进行。

(3)当检测列车接触网检测车故障、动车组等需上线进行联调联试时,可使用电力机车(弓网检测装置良好)代替检测列车接触网检测车的检测功能。此时,检测列车编组可为:电力机车(弓网检测装置良好)+隔离车+轨道检查车+电务试验车(或隔离车)+电力机车或内燃机车,机车拆除运行监控装置放风线。铁路局有关机务段、车辆段需加强对机车和隔离车、轨道检查车、电务试验车的整备检查,确保上线机车、车辆运用状态良好;铁路局调度所需提前安排做好检测列车编组工作。检测列车在联调联试区段上、下行线运行,沿途各站正线通过,一个往返。检测列车运行时，沿途各站信号机点灯。在条件具备的情况下，检测列车上、下行正线运行速度可为 160 km/h，道岔侧向通过速度可为 80 km/h。有关要求：

1）检测列车在联调联试区段上、下行线运行前后，在始发车站拆除和恢复运行监控装置放风线，由有关机务段负责通知有关电务段在指定地点进行。

2）检测列车运行时，要求电力机车升弓。铁路局供电处需派人在电力机车上添乘，检查确认接触网状态。

5.11　对高速铁路延期施工工程的有关工作要求

对高速铁路有关延期施工工程，须做到按确定的施工时间完成，并做到：管理细致到位，封闭全面到位，施工及时到位，质量保证到位，检测快速到位，验收跟进到位，以不影响或少影响高速铁路联调联试等后续工作。

第6章 高速铁路联调联试需统筹做好的有关工作

6.1 列控系统ITC测试

为确保CTCS-3级列控系统联调联试顺利进行等，需由集成商进行CTCS-3级列控系统联调联试前的ITC测试，在CTCS-3级列控系统ITC测试方案、人员、动车组等已准备到位的情况下进行。列控系统ITC测试应在高速铁路联调联试开始前完成，确因各种原因未完成的，须及早完成。

6.1.1 列控系统ITC测试术语和缩略语（表6-1）

表6-1 列控系统ITC测试术语和缩略语表

术语和缩略语	中文	术语和缩略语	中文
CBI	计算机联锁	RBC	无线闭塞中心
CEM	有条件紧急停车	RE	无线闭塞中心连接应答器组
CO	引导模式		
CTC	调度集中	SB	待机模式
EOA	行车许可终点	SH	调车模式
EOM	任务结束	SL	休眠模式
FS	完全监控模式	SMA	缩短行车许可
LEU	地面电子单元	SOM	任务开始
LTA	预告应答器组	TCC	列控中心
MA	行车许可	TSR	临时限速
OS	目视模式	TSRS	临时限速服务器

6.1.2 列控系统ITC测试目的

列控系统ITC测试采用实际运营的满足测试要求的动车组列车，验证线路数据和停车位置，并对高速铁路各个系统的状态、性能、功能和系统间匹配等进行测试，使高速铁路信号系统达到设计要求。C3级列控系统 ITC 测试，为测试单位进行 C3 级列控系统动态功能验证做好准备。

6.1.3　列控系统 ITC 测试条件和准备

(1)RBC、CBI、TCC、TSRS、应答器、轨道电路、CTC 子系统完成现场安装和子系统调试、测试。

(2)列控系统工程数据表与现场数据一致。

(3)GSM-R 无线网络完成低速网优，能够满足 C3 级列控系统控车要求。

(4)测试用车采用装备 C3 级列控系统 ATP 及其监测设备的符合测试要求的动车组。车载 ATP 设备通过动态调试验证，获得上道运营资格。

(5)测试设备准备。测试设备包括测试过程中的记录设备和对测试发现问题进行整改的设备、器具，按动车组、RBC 中心、CTC 中心、车站等需要地点配备。包括 ATP 运行记录信息读出设备、激光测距仪、RBC 故障记录分析设备、TSRS 故障记录分析设备、轨道电路选频表、应答器编程和读写工具、LEU 报文解析工具、联锁测试和故障分析设备、CTC 测试和故障分析设备、通信工具(GSM-R 手机)等。

6.1.4　列控系统 ITC 测试行车速度和测试要求

1. 行车速度

(1)在条件具备的情况下，正线最高速度：

C3 级运行时：线路正方向 300 km/h 或 350 km/h，线路反方向300 km/h。

C2 级运行时：线路正方向 300 km/h，线路反方向 250 km/h。

ATP 隔离模式运行时：根据具备条件等情况，具体确定运行速度。

(2)在条件具备的情况下，侧线、特殊地段按线路设计速度运行。

(3)有动态测试项目的地段，在条件具备的情况下，根据测试序列要求的速度运行。

(4)有限速的地段根据要求速度运行。

2. 测试要求

(1)列控系统 ITC 测试计划必须全面、正确、严谨；有关客运专线公司需安排列控系统 ITC 测试集成商专人负责列控系统 ITC 测试的准备、推进、组织等工作，各有关单位、部门需做好支持、配合、协助工作。

(2)测试区段 GSM-R 网开放，无线闭塞中心(RBC)开机，基本联锁正常，列控中心(TCC)开机，CTC 开机，按站间闭塞方式行车，信号机常态灭灯(始发、终到的两端车站除外)。铁路局调度所、RBC 中心、动车组、各车站通信畅通，接触网送电状态良好。

(3)测试动车组设运行联系人，测试动车组司机按要求行车，并进行车机联控。测试动车组设测试负责人，由集成商或有关客运专线公司胜任人员担当，负责测试指挥。根据测试要求列车停车、开车或开、关 ATP 的动作，由测试负责人向运行联系人提出请求，再由运行联系人指示司机等进行。集成商和设备供应商在 RBC 中心、铁路局调度所有关调度台、车站、中继站等设有驻点测试联络人，负责测试的地面配合；测试动车组的 ATP 设备供应商随车配备车载测试负责人，负责开关车载设备、下载车载设备数据等工作。铁路局电务部门在 RBC 中心、铁路局调度所有关调度台、各车站和中继站、动车组派人参加测试，配合和监控测试工作；其他部门配合人员按联调联试现场指挥部有关要求和有关规定等做好配合工作。测试安全由集成商负责。

(4)测试动车组 ATP 开机，测试过程以人控为主、机控为辅。通过分相区时自动过分相，动车组司机手动保护。为节省测试动车组有关人员换端等时间，提高测试效率，测试动车组宜按两端分别配备司机(并配备两把钥匙)，按运行联系人的要求进行测试。

(5)车站进路排列由铁路局调度所列车调度员或车站值班员操作：有关区段的数据验证(C2/C3 拉通测试)时，除指定车站外，其他车站由铁路局调度所列车调度员集中排列进路；其他测试可采用非常站控模式，由车站值班员排列进路，集成商派驻点测试联络人配合，电务值班人员监控，车站值班员确认，确保安全。

(6)测试过程中，需要进行设置轨道电路占用、出清等测试配合工作时，由测试动车组测试负责人向车站驻点测试联络人发出指令，驻点测试联络人组织实施，电务值班人员监控，车站值班员确认，确保安全。

(7)测试计划中安排的临时限速设置，由铁路局调度所列车调度员在 CTC 中心终端设置，集成商驻点测试联络人配合。按明确的设置限速值区段位置(公里标)、限速值要求设置临时限速。

(8)测试过程中，需要对测试计划进行变更时，由测试动车组测试负责人向运行联系人提出请求，由运行联系人报联调联试现场指挥部批准，在得到联调联试现场指挥部批准后，方可变更测试计划。

(9)测试过程中，如设备发生故障无法恢复，需测试动车组采用 ATP 隔离模式运行时，由测试动车组测试负责人向运行联系人报告，运行联系人指示测试动车组司机，测试动车组采用 ATP 隔离模式运行。

(10)铁路局各有关处室、站段，有关客运专线公司及集成商等添乘人员开车前必须到检测列车、测试动车组运行联系人处(司机室)签到。检测列车检查确认工作结束返回后，进有关车辆段存放，有关车辆段按要求进行整备；测试动车组测试工作结束返回后，进动车段(动车运用所)存放，动车段(动车运用所)按要求进行整备。

(11)铁路局总工程师室、机务处、车辆处、电务处，铁路公安局，有关客运专线公司，有关机务段等有关部门、单位派人添乘，运行联系人可由铁路局总工程师室、机务处等胜任人员担当。

6.1.5　列控系统 ITC 测试行车组织

(1)在测试区段开行检测列车，检测列车编组可为：DF11 型机车＋接触网检测车＋轨道检查车＋电务试验车＋DF11 型机车。

(2)检测列车、测试动车组可按“指路行车”方式执行车机联控。

1)检测列车、测试动车组按“指路行车”方式执行车机联控时，车机联控用语为：

车站值班员：×次×站×道通过(停车)。

司机：×次×站×道通过(停车)，司机明白。

车站值班员：好(了)。

需明确车机联控上行、下行检测列车 GSM-R 手机电话号码和测试动车组 GSM-R 手机电话号码。测试动车组 GSM-R 手机电话号码可由司机报告高速铁路调度台，再由高速铁路调度台通知各站。

2)测试动车组区间返回时，必须执行车机联控，车机联控用语为：

司机：×站，×次已停车(准备返回)，请开放信号。

车站在得到司机的通知后，方可开放进站信号。

(3)列车调度员根据测试方案，编制日班计划并下达各站。

(4)测试期间，指定车站可转为非常站控模式，车站值班员办理接发列车作业。指定车站进行全站进路列控系统 ITC 测试时，相邻两站车站值班员配合辅助改方。有关车务段(车站)派人到管辖各站信号楼(运转室)进行重点盯控把关,有关电务段在指定车站登销记。

(5)可采取封锁行别、区段等方法,运用测试动车组在封锁行别、区段有关车站和区间进行列控系统ITC测试;也可采取空间隔离的方法,运用测试动车组分区域在封锁区段进行列控系统ITC测试。

(6)可在测试动车组到达指定车站后,封锁指定车站及其两端区间,在指定车站各条股道进、出站进路往返运行测试,车站值班员必须一次排通测试股道进路,进路准备好后,联控司机,司机方可动车。

(7)需公布测试动车组运行联系人、测试动车组测试负责人、测试动车组测试人,集成商和设备供应商在联调联试现场指挥部、RBC中心、铁路局调度所有关调度台、车站、中继站等驻点测试联络人等人员名单、GSM-R手机电话号码、公网手机电话号码、固定电话号码。

6.1.6 列控系统ITC测试内容

6.1.6.1 C2系统测试内容

列控系统控制范围内所有线路。其中主要包括车载、联锁、列控中心、TSRS、应答器、轨道电路及基础线路数据等。

主要测试项目:应答器报文验证;轨道电路发码验证;线路限速测试;分相信息测试。

各项测试内容具体安排见表6-2。

表6-2 C2系统测试内容安排表

序号	场　景	测试内容
1	正、反向上下行往返	应答器报文验证
2	正、反向上下行往返	轨道电路发码验证
3	正、反向上下行往返	线路限速测试
4	正、反向上下行往返	分相信息测试

1. 应答器报文验证

(1)测试目的　验证现场应答器报文及链接关系是否正确。

(2)测试内容　对动车组在拉通测试中应答器报文接收异常情况进行观察并记录。

(3)评判标准　通过动车组全线拉通，观察动车组接收应答器报文后是否出现应答器数据异常现象。如出现异常现象，通过对 ATP 数据分析查找原因并解决。

2. 轨道电路发码验证

(1)测试目的　验证现场轨道电路发码情况是否正常。

(2)测试内容　对动车组在拉通测试中轨道电路载频和发码接收异常情况进行观察并记录。

(3)评判标准　通过动车组全线拉通，观察动车组接收轨道电路发码情况后是否出现异常现象。如出现异常现象，通过对 ATP 数据分析查找原因并解决。

3. 线路限速测试

(1)测试目的　验证测试中动车组生成目标距离模式曲线情况是否正常。

(2)测试内容　对动车组在拉通测试时的目标距离模式曲线异常情况进行观察并记录。

(3)评判标准　通过动车组全线拉通，观察动车组生成目标距离模式曲线情况是否出现异常现象。如出现异常现象，通过对 ATP 数据分析查找原因并解决。

4. 分相信息测试

(1)测试目的　验证测试中动车组自动通过分相区情况是否正常。

(2)测试内容　对动车组在拉通测试中不能正常实现自动过分相功能的情况进行观察并记录。

(3)评判标准　通过动车组全线拉通，观察动车组自动通过分相区情况是否出现异常现象。如出现异常现象，通过对 ATP 数据分析查找原因并解决。

6.1.6.2　C3 系统测试内容

列控系统控制范围内所有线路。其中主要包括车载、RBC、联锁、列控中心、TSRS、应答器、轨道电路及基础线路数据等。

主要测试项目：移动授权测试，含完全监控模式移动授权和引导模式移动授权；调车区域测试；级间转换测试；RBC 移交测试；临时限速测试；移动授权缩短和人工取消进路测试；灾害区段测试。

各项测试内容具体安排见表 6-3。

表 6-3　C3 系统测试内容安排表

序号	场景	测试内容
1	正向上下行往返	分相区、RBC 不停车切换
2	正向上下行往返	MA-FS、RBC 停车切换、缩短移动授权
3	正向上下行往返	MA-CO、灾害区段、调车区域
4	正向上下行往返	级间转换、临时限速、人工取消进路
5	反向上下行往返	分相区、RBC 不停车切换
6	反向上下行往返	MA-FS、RBC 停车切换、缩短移动授权
7	反向上下行往返	MA-CO、灾害区段、调车区域
8	反向上下行往返	级间转换、临时限速、人工取消进路
9	级间转换场景	C3/C2 临时限速一致性测试
10	其他测试	根据需要确定
11	室内测试	根据需要确定

测试进路须覆盖站内所有列车进路、区间每个闭塞分区(正反向),引导进路为各站抽测项目。

1. 线路参数测试

(1)测试目的　测试 RBC 配置分相区位置是否与现场一致,记录分相区记录表。

(2)测试内容

1)根据列控系统工程数据表和集成商测试记录表格模板,准备实际现场分相区测试记录表格。

2)根据记录表格起点和终点排列进路,列车缓慢匀速运行,以便能够根据地面标志验证和记录所有数据。

(3)评判标准

测试记录时,可估算到可视参考点的距离。当某一测试点不确定时,在记录中标明,并且在后续测试中重新测试。对现场未安装的标志牌,在记录中标注;对现场安装标志牌的填写标志牌的数据。

分相区数据需记录 DMI B4 区显示分相区信息时的公里标和现场“断”、“反断”标志牌的公里标数据。

2. 移动授权测试

(1)测试目的　移动授权测试包括完全监控模式移动授权测试、引导模式移动授权测试。测试包括在所有信号点对列车进行注册/注销登记。

实际测试过程中，该测试项目与停车位置测试合并进行。

(2)测试内容

1)FS 移动授权　完全监控模式移动授权测试需要在区间和车站进行测试。

①根据测试记录表格，通过 CTC(或联锁)系统办理一条列车进路，并检查该列车进路是否被锁闭。

②在进路起点外方激活车载设备，在 RBC 中注册该列车，请求移动授权。

③司机驾驶列车以目视模式(OS)运行，当列车运行到该进路的起点，MA 应变更为 FS。司机根据车载 DMI 显示信息驾驶列车，直到移动授权终点。

2)CO 移动授权　引导模式移动授权测试只在车站进行部分测试。

①根据测试记录表格，通过 CTC(或联锁)系统办理一条引导进路，并检查该列车进路是否被锁闭。

②在进路起点外方激活车载设备，在 RBC 中注册该列车，请求移动授权，并记录。

③司机驾驶列车以目视模式(OS)运行，当列车运行接近进路起点时，获取转换到引导模式(CO)的移动授权，司机确认，并根据车载 DMI 显示信息驾驶列车运行至进路终点，并记录。

(3)评判标准

在 CTC(或联锁)系统检查列车进路是否在列车行进期间自动解锁，并记录。在 RBC/IL 中检查列车进路是否及时解锁，如果未自动解锁，通过 CTC(或联锁)系统取消进路，并记录。

3. 停车位置测试

(1)测试目的　该项测试检查列车信号点前停车位置和信号防护是否满足要求。

(2)测试内容　停车位置测试需要在区间和车站进行测试。

根据列控系统工程数据表和集成商测试记录表格模板，准备实际现场测试记录表格。

1)根据测试记录表格，通过 CTC(或联锁)系统办理一条列车进路，并检查该列车进路是否被锁闭。

2)司机驾驶列车以目视模式(OS)运行，当列车运行到该进路的起点，MA 应变更为 FS。司机根据车载 DMI 显示信息驾驶列车，直到移动授权终点。

3)当测试列车到达终点并停车时，记录列车停车后的剩余速度和 DMI 显示的距离目标点的距离和里程信息。

4)检查测试列车是否在信号标志牌之前停车。

5)用激光测距仪测量列车头部与进路终端信号机之间的距离，并记录。

6)列车头部通过信号机标志牌时，记录列车经过时 DMI 显示的里程信息。

7)在长大下坡道区段，司机不应触发制动，由车载 ATP 自动触发制动直至停车，检查测试列车是否在信号标志牌之前停车。

8)记录列车头部至信号标志牌的距离。

9)对区间闭塞分区进行停车位置测试时，需要人工模拟前方闭塞分区占用，待列车在信号标志牌前停车后，恢复前方闭塞分区状态。

(3)评判标准

所有列车进路的终点须通过集成商测试检查；实际测试过程中，该测试项目与移动授权 MA 测试合并进行；当进行 MA 测试时，检查列车停车位置与 MA 终点是否一致。

4. 紧急停车测试

(1)测试目的　紧急停车是对灾害区段进行测试，验证停车区的边界、联锁与 RBC 灾害接口是否与实际情况相符。

(2)测试内容　该项测试需要测试所有的灾害区段。

根据测试记录表格，办理一条通过灾害区段(ESA)的列车进路，并在完全监控模式下驾驶列车运行。当车载移动授权覆盖该灾害区段(ESA)时，激活该灾害区段(ESA)。

(3)评判标准

列车应收到来自 RBC 的 CEM，并且 EOA 缩短至 ESA 所在分区起点，列车制动并在 ESA 所在分区起点前停车。

5. 缩短 MA 测试

(1)测试目的　缩短 MA 是对人工取消进路和轨道电路故障进行测试。

(2)测试内容

该测试只在车站进行，针对部分进路进行抽样测试。

1）在七个以上的闭塞分区上办理一条列车接车/发车进路，驾驶列车以 FS 模式从第一接近区段外向车站运行。

2）地面取消车站接车/发车进路。

3）信号机关闭后，RBC 将发送终点为进站信号机/出站信号机的一个 SMA。

4）如果列车位置与新的 EOA 距离大于列车制动距离长度，列车将在收到 SMA 之后向 RBC 发送确认消息。

5）对于取消接车进路，如果列车未占用接近锁闭区段，进路将立即解锁；如果列车已占用接近锁闭区段，列车进路将延时 4 分钟后解锁。对于取消发车进路，如果列车未占用接近锁闭区段，进路将立即解锁；如果列车已占用通过正线的接近锁闭区段，列车进路将延时 4 分钟后解锁；如果列车已占用通过侧线的接近锁闭区段，列车进路将延时 1 分钟后解锁。

6）当车载 DMI 显示移动授权缩短后，地面开放信号延长 MA。

7）在延长 MA 之后，返回至步骤 1），继续进行这一序列，直到抵达线路终点。

（3）评判标准

当进路建立后，列车已获取进路终端的移动授权后，人工取消进路测试是否缩短移动授权。

6. 轨道电路故障测试

（1）测试目的　验证轨道电路故障条件下，列车根据故障信息采取制动措施。

（2）测试内容　轨道电路故障 SMA 测试须在区间和站内抽取测试点进行测试。

1）区间空闲，列车以 FS 模式运行。

2）列车到达测试点，地面车站人工设置前方闭塞分区轨道电路故障。

（3）评判标准

RBC 根据联锁发送的轨道电路占用信息，立即给列车发送 CEM，并且缩短 FS 模式 MA。列车应根据新的 EOA 开始制动，当列车距离故障轨道电路较近时，将实施紧急制动。

7. 临时限速测试

（1）测试目的　验证临时限速功能可用，验证临时限速数据准确性。

(2)测试内容

临时限速测试须在区间、RBC 切换边界、站内正线和侧线抽取测试点进行测试。

根据列控系统工程数据表和集成商测试记录表格模板,准备实际现场测试记录表格。

1)地面设定临时限速区段,记录并通知车载测试人员。

2)通过 CTC(或联锁)系统办理一条列车进路覆盖临时限速区段,司机驾驶列车以 FS 模式运行。

3)验证车载 DMI 显示的目标距离模式曲线是否与临时限速设置一致。

(3)评判标准

记录当列车车头抵达临时限速区段及列车车尾出清临时限速区段时的公里标,列车允许速度须与临时限速值相一致。

8. 调车区域测试

(1)测试目的　测试列车在调车区内和调车区外可否进入调车模式,并且驾驶列车通过每个正反向进站口,验证调车防护功能。

(2)测试内容

根据列控系统工程数据表和集成商测试记录表格模板,准备实际现场测试记录表格。

1)进入调车模式

在 RBC 现场数据中,整个车站定义为一个调车区(PSA),调车区的边界为正反向进站信号机。边界应答器组应包含调车危险信号,如果处于调车模式中的列车接收到该应答器信息后,将触发制动。

①根据测试记录表格,准备该进站口的发车进路,在调车区内与 RBC 建立连接,并在 DMI 上请求调车。

②如果车载设备向 RBC 报告的位置在 PSA 区内,RBC 将向车载系统发出进入调车模式的授权。

③车载系统将确认调车模式,并且关闭与 RBC 的通信。

④司机控制列车以调车模式越过调车区边界。

⑤当列车收到调车边界应答器组发出的调车危险信息后触发紧急制动。

2)退出调车模式

在退出调车模式后，用一条现场进路在一个位置上进行测试。

①驾驶一列处于调车模式的列车，停车并在 DMI 上请求退出调车模式。

②车载系统将进入待机模式。

③启动并注册列车。

④办理一条 FS 的列车进路，驾驶列车到 EOA。

(3)评判标准

当列车越过调车边界应答器组后，会触发紧急制动。

9. 级间转换测试

(1)测试目的　对 C3 区域内、从 C2 区域驶出进入 C3 区域、从 C3 区域驶出进入 C2 区域的级间转换功能进行测试。

(2)测试内容

1)C3 区域内的级间转换(CTCS-2 转换到 CTCS-3)

当列车正向驶出 C3 区域内每个车站时，需对部分出站信号机进行该测试。

①在站内启动列车，进入 C2 级。

②为列车办理正向发车进路。

③列车接收到轨道电路信息后，进入 PS 模式。

④列车通过出站口 RE 应答器后，车载根据应答器组信息呼叫 RBC。

⑤RBC 开始注册列车，在 CTC 中检查列车是否注册成功。

⑥驾驶列车通过级间转换预告 LTA 应答器组(区间第 2 个通过信号机处)，列车向 RBC 发送位置报告。

⑦列车在通过第 3 个通过信号机前，应接收来自 RBC 的 MA 和级间转换命令。

⑧在距边界运行 5 秒距离处时，在 DMI 上确认级间转换。

⑨确认后，列车应转为 C3 级。

2)驶入 CTCS-3 区域(CTCS-2 转换到 CTCS-3)

必须在所有级间转换边界(CTCS-3 与 CTCS-2)对两个测试案例进行测试：一个测试案例是前方无障碍，不停车转换到 CTCS-3；另一个测试案例是在进入 CTCS-3 区域前停车。

①前方无障碍，进入 CTCS-3 区域(不停车转换到 CTCS-3)。

a. 办理一条进入 CTCS-3 区域的列车进路。

b. 在CTCS-2区域内以C2下的FS模式控车。

c. 列车通过RE应答器后,车载根据应答器组信息呼叫RBC。

d. RBC开始注册列车,在CTC中检查列车是否注册成功。

e. 驾驶列车通过级间转换预告LTA应答器组,列车向RBC发送位置报告。

f. 列车接收来自RBC的MA和级间转换命令。

g. 在DMI上确认级间转换。

h. 当列车车头通过边界时,应转换为CTCS-3 FS模式。

i. 当列车车头通过边界时,应记录通过边界的列车允许速度和列车按照该模式通过边界时,距离起模点的距离。

j. 驾驶列车,在EOA之前停车。

②进入CTCS-3区域前停车。

a. 办理一条至CTCS-2/CTCS-3边界的列车进路。

b. 在CTCS-2区域内以C2下的FS模式控车。

c. 列车通过RE应答器后,车载根据应答器组信息呼叫RBC。

d. RBC开始注册列车,在CTC中检查列车是否注册成功。

e. 驾驶列车通过级间转换预告LTA应答器组,列车向RBC发送位置报告。

f. 列车接收来自RBC的MA和级间转换命令。

g. 在DMI上确认级间转换。

h. 驾驶列车,直到EOA。列车应在CTCS-3区域之前停车,EOA也在该位置。

i. 办理一条进入CTCS-3区域的列车进路。

j. 列车收到来自RBC的MA。

k. 当列车车头通过边界时,应转换为CTCS-3 FS模式。驾驶列车,在EOA之前停车。

3)驶出CTCS-3区域(CTCS-3转换到CTCS-2)

必须在所有级间转换边界(CTCS-3与CTCS-2)对两个测试案例进行测试:一个测试案例是前方无障碍,不停车转换到CTCS-2;另一个测试案例是在进入CTCS-2区域前停车。在其中一个转换边界,须以OS模式控车作为一个样本进行抽测。

①前方无障碍,进入CTCS-2区域(不停车转换到CTCS-2)。

a. 办理一条进入 CTCS-2 区域的列车进路。

b. 在 CTCS-3 区域内以 FS 模式控车。

c. 当列车到达 C3→C2 执行应答器位置时，DMI 将显示级间转换请求。在 DMI 上确认级间转换。

d. 当列车车头通过边界时，应转换为 CTCS-2 模式。

e. 当列车车头通过边界时，应记录通过边界的列车允许速度和列车按照该模式通过边界时，距离起模点的距离。

f. 当列车车尾通过边界后，列车应在 RBC 中注销。

g. 驾驶列车，在 EOA 之前停车。

②进入 CTCS-2 区域前停车。

a. 办理一条至 CTCS-3/CTCS-2 边界的列车进路。

b. 在 CTCS-3 区域内以 FS 模式控车。

c. 当列车到达 C3→C2 执行应答器位置时，DMI 将显示级间转换请求。在 DMI 上确认级间转换。

d. 驾驶列车并在 CTCS-3/CTCS-2 边界前停车，且 EOA 也在该位置。

e. 办理一条进入 CTCS-2 区域的列车进路。

f. 列车应收到进入 CTCS-2 区域的 MA。

g. 当列车车头通过边界时，应转换为 CTCS-2 模式。

h. 驾驶列车，在 EOA 之前停车。

(3)评判标准

在 CTCS-2→CTCS-3、CTCS-3→CTCS-2 的转换过程中，级间转换将在 CTCS-3 级系统控制下，在固定地点进行不停车转换。

10. RBC-RBC 切换测试

(1)测试目的　对前方无障碍进入接收 RBC 区、停车后进入接收 RBC 区分别进行测试。

(2)测试内容　必须在所有的 RBC-RBC 切换边界上对两个测试案例进行测试。

1)RBCX-RBCY 切换不停车测试

①办理一条进入 RBCY 的列车进路。

②以 FS 模式驾驶一列位于 RBCX 的列车。

③当列车抵达切换预告应答器(YG-R)的位置时，列车将向 RBCY

发送位置报告。

④RBCX 将向车载设备发出 RBC 切换命令。命令的内容包括列车到 RBC 切换点的距离、RBCY 的 ID 以及 RBCY 的电话号码等。

⑤车载设备开始呼叫 RBCY,并与 RBCY 建立通信。在测试记录表格中记录列车是否已在 RBCY 中注册。

⑥驾驶列车朝边界行驶(列车按照从 RBCX 收到的 MA 运行)。

⑦如果列车前端越过了边界,列车将只接收来自 RBCY 的命令。

⑧当列车车头通过边界时,应记录通过边界的列车允许速度和列车按照该模式通过边界时,距离起模点的距离。

⑨列车将继续在从 RBCY 处接收到的 MA 中行驶,继续行驶直到 EOA 的终点。在测试记录表格中记录列车是否在 EOA 的终点停车。

⑩如果列车车尾已经越过边界,车载系统将关闭与 RBCX 的通信,列车将从 RBCX 中注销。在测试记录表格中记录列车是否已在 RBCX 中注销。

2)RBCX-RBCY 切换停车测试

①办理一条进入 RBCY 的列车进路,EOA 在 RBC 切换边界之前。

②以 FS 模式驾驶一列位于 RBCX 的列车。

③当列车抵达切换预告应答器(YG-R)的位置时,列车将向 RBCY 发送位置报告。

④RBCX 将向车载设备发出 RBC 切换命令。命令的内容包括列车到 RBC 切换点的距离、RBCY 的 ID 以及 RBCY 的电话号码等。

⑤车载设备开始呼叫 RBCY,并与 RBCY 建立通信。在测试记录表格中记录列车是否已在 RBCY 中注册。

⑥驾驶列车在 EOA 的终点停车。

⑦车载设备收到 RBCX 发送的 MA,列车朝边界行驶(列车按照从 RBCX 收到的 MA 运行)。

⑧如果列车前端越过了边界,列车将只接收来自 RBCY 的命令。在测试记录表格中记录列车是否收到 RBCY 发送的 MA。

⑨列车将继续在从 RBCY 处接收到的 MA 中行驶,继续行驶直到 EOA 的终点。在测试记录表格中记录列车是否在 EOA 的终点停车。

⑩如果列车车尾已经越过边界,车载系统将关闭与 RBCX 的通信,列车将从 RBCX 中注销。在测试记录表格中记录列车是否已在 RBCX

中注销。

（3）评判标准

运用测试列车对移交 RBC 与接收 RBC 分别进行检查，能够成功注销或注册测试列车。列车能够在 C3 级下成功进行停车、不停车 RBC 移交。

6.1.7　列控系统 ITC 测试序列主要项目具体进行

1. 测试序列：C2 列控系统拉通测试

测试项目：（1）上、下行线正向通过、反向通过测试；（2）线路限速测试；（3）分相信息测试；（4）应答器报文验证；（5）轨道电路发码验证。

动车组运行速度：按 ATP 允许速度，反向最高 250 km/h，正向最高 300 km/h。

测试操作：动车组在始发站上、下行正线股道 ATP 开机选择 C2 级发车（拔掉 ATP 天线），上、下行线正向、反向依次通过有关车站，在终点站上、下行正线股道停车。按明确的设置限速值区段位置（公里标）、限速值要求设置临时限速。各站信号机常态灭灯。

进路办理：始发车站上、下行正线接发车进路；有关车站上、下行线正向、反向通过进路；终点车站上、下行正线接发车进路。各站信号机常态灭灯。

2. 测试序列：C2 级过 C2/C3 级间转换点测试

测试项目（1）：C2 测试。

动车组运行速度：按 ATP 允许速度，反向最高 250 km/h，正向最高 300 km/h。

测试操作：

1）动车组在指定站停车后，以 C2 级发车正向运行（拔掉 ATP 天线），动车组运行至区间指定轨道区段停车。

2）动车组停车后，区间改方，C3 级开车，进入车站前关掉车载台，转 C2 级反向运行至另一区间指定轨道区段停车。

3）动车组停车后，区间改方，ATP 开机 C3 级开车，运行至指定站停车。

进路办理：指定站按上述情况排列进路，各站信号机常态灭灯。

测试项目（2）：C2 转 C3 测试。

动车组运行速度：按 ATP 允许速度，C3 级反向最高 300 km/h，正向最高 300 km/h 或 350 km/h；C2 级反向最高 250 km/h，正向最高300 km/h。

测试操作：

1)动车组以 C3 级开车，在某一行别运行（测试负责人在进入指定站前拔掉天线，自动转 C2 级运行），在指定站（站内恢复天线）至前方站间该行别区间指定地点停车，观察列车出站后转 C3 级。

2)区间返回转 C3 级开车（测试负责人在指定站内拔掉天线，自动转 C2 级运行），经该行别运行至前方站停车，观察列车出站后转 C3 级。

3. 测试序列：C3 列控系统拉通测试

测试项目：(1)临时限速测试；(2)分相区测试；(3)RBC 移交测试（不停车）。

动车组运行速度：按 ATP 允许速度，反向最高 300 km/h，正向最高 300 km/h 或 350 km/h。过分相区时 90 km/h。

测试操作/进路办理：动车组在始发站上、下行正线股道发车，在终点站上、下行正线股道停车，上、下行线正向、反向运行，ATP 开机选择 C3 目视模式发车，以 C3 完全监控模式运行。按明确的设置限速值区段位置（公里标）、限速值要求设置临时限速。各站信号机常态灭灯。

4. 测试序列：全站进路 C3 列控系统 ITC 测试

测试项目：(1)侧线行车许可测试；(2)移动授权缩短。

动车组运行速度：按 ATP 允许速度。

测试操作：动车组在指定站依次对所有进路进行移动授权测试。在动车组停稳后，车站值班员依次开放指定站各进路信号，配合人员按要求占压相应区段。列车在行车许可终点前停车，停车后列车换端折返。指定站 XF 口、S 口、X 口、SF 口发车进路，列车越过出站信号机后模拟占用指定轨道区段（注意不要停到分相区内），列车停稳后取消占用。

进路办理：在每次动车组停稳后，指定车站依次开放有关指定的灭灯进路。指定站的相邻两站配合指定站办理改方，各站均采用非常站控模式。

5. 测试序列：C3 列控系统 ITC 其他测试

(1)测试项目：1)行车许可测试；2)分相区测试；3)RBC 移交测试（停车）；4)临时限速测试。

动车组运行速度：按 ATP 允许速度，反向最高 300 km/h，正向最高 300 km/h 或 350 km/h。过分相区时 90 km/h。

测试操作：动车组在始发站上、下行正线股道正向、反向发车（ATP 开机选择 C3 目视模式发车）、在其他站侧线股道发车，以 C3 完全监控模式至终点站间上、下行线正向、反向运行，进行列控系统 ITC 测试行车许可测试等，地面人员在每个闭塞分区设置轨道电路模拟占用，停车后取消前方占用或根据运行联系人要求开放接车进路。终点站上、下行正线股道接车。RBC 切换边界附近轨道电路故障占用：列车从前方车站开车时，设置相邻两个 RBC 切换边界区段故障占用（接收 RBC 区域）；列车停在故障占用区段前，司机目视通过故障区段后恢复占用。按明确的设置限速值区段位置（公里标）、限速值要求设置临时限速。各站信号机常态灭灯。

进路办理：始发站上、下行正线正向、反向发车；终点站接到运行联系人指令后，方可排列上、下行正线接车进路。按要求设置临时限速。各站信号机常态灭灯。

（2）测试项目：1）行车许可测试；2）RBC 移交测试（不停车）；3）分相区测试；4）临时限速测试。

动车组运行速度：按 ATP 允许速度，反向最高 300 km/h，正向最高 300 km/h 或 350 km/h。

测试操作：以 C3 完全监控模式，在某个行别反向运行，地面人员在每个闭塞分区设置轨道电路模拟占用，停车后取消前方占用或根据运行联系人要求开放接车进路，列车运行至指定站该行别正线停车，停车后以 C3 完全监控模式，在该行别反向运行至前方站该行别正线转另一个行别正线正向发车（转线通过），在另一个行别正向运行，有关车站正线正向通过。按明确的设置限速值区段位置（公里标）、限速值要求设置临时限速。

进路办理：某个行别反向发车，指定站接到运行联系人要求后，方可排列该行别正线接车进路。前方站先后办理该行别正线反向接车、另一个行别正线正向发车进路，有关车站办理另一个行别正线通过进路。按明确的设置限速值区段位置（公里标）、限速值要求设置临时限速。各站信号机常态灭灯。

（3）测试项目：1）行车许可测试；2）分相区测试；3）应答器报文及位置测试。

动车组运行速度：按 ATP 允许速度，反向最高 300 km/h，正向最高 300 km/h 或 350 km/h。

测试操作：动车组 ATP 开机选择 C3 目视模式发车，以 C3 完全监控模式在某个行别正向运行，有关车站该行别正线正向通过，至指定站进站信号机前停车，指定站排列接车进路，列车进指定站该行别正线并进行行车许可测试。指定站排列该行别正线发车进路，列车在该行别正向运行，地面人员在每个闭塞分区设置轨道电路模拟占用，停车后取消前方占用或根据运行联系人要求开放接车进路，列车运行至前方指定站该行别正线停车。

进路办理：有关车站该行别正线正向通过，有关车站该行别正线接、发车。各站信号机常态灭灯。

(4)测试项目：1)行车许可测试；2)RBC 移交测试(不停车)；3)分相区测试；4)应答器报文及位置测试。

动车组运行速度：按 ATP 允许速度，反向最高 300 km/h，正向最高 300 km/h 或 350 km/h。

测试操作一：动车组 ATP 开机选择 C3 级发车，在某个行别正向运行至指定站进站信号机外停车，在指定站至其前方站进行行车许可测试，地面人员在每个闭塞分区设置轨道电路模拟占用，停车后取消前方占用或根据运行联系人要求开放接车进路，列车运行至指定站的前方站停车。

进路办理一：一些站该行别正线正向通过；指定站正线接、发车，其前方站接车，根据运行联系人要求排列进路。各站信号机常态灭灯，沿途各站均采用非常站控模式。

测试操作二：动车组 ATP 开机选择 C3 级发车，在某个行别正向运行至指定前方站，地面人员在每个闭塞分区设置轨道电路模拟占用，停车后取消前方占用或根据运行联系人要求开放接车进路，列车运行至指定前方站该行别正线停车。返回时动车组在指定前方站该行别正线选择 C3 目视模式发车，列车在该行别正线反向运行。

进路办理二：有关车站根据运行联系人要求，办理该行别正线正、反向接、发车和通过进路。各站信号机常态灭灯。

(5)测试项目：1)行车许可测试；2)轨道电路发码验证(转线)。

动车组运行速度：按 ATP 允许速度，C3 级反向最高 300 km/h，正向最高 300 km/h 或 350 km/h；C2 级反向最高 250 km/h，正向最高300 km/h。

测试操作：动车组在第一个行别反向运行至指定站第二个行别正线股道停车，以 C2 级向第一个行别反向发车至第一个行别区间停车；返回列车在第一个行别正向以 C3 级运行至指定站第二个行别正线股道至第一个行别正向运行，进行列控系统 ITC 测试行车许可测试等，地面人员在每个闭塞分区设置轨道电路模拟占用，停车后取消前方占用。

进路办理：有关车站根据运行联系人要求办理接、发车进路。

6. 测试序列：C3 列控系统低速拉通测试

测试项目：(1)应答器报文及位置测试；(2)分相区测试；(3)RBC 移交；(4)轨道电路发码验证；(5)临时限速测试。

动车组运行速度：按 90 km/h 速度匀速进行。

测试操作/进路办理：动车组在始发站至终点站间以 C3 级上、下行线正向、反向运行，沿途各站开放通过进路，控制运行速度 90 km/h。始发站、终点站信号机可点灯。列车在某个行别正向运行时，当运行至距离有关站进站信号机指定的两个闭塞分区时，运行联系人通知车站值班员人工解锁接车进路，延时 4 min 解锁，车站配合人员观察并记录是否成功，解锁后立刻重新复排进路；当运行至距离有关站进站信号机指定的两个闭塞分区时，运行联系人通知车站值班员取消接车进路并重新复排进路，车站配合人员观察并记录是否成功。按明确的设置限速值区段位置(公里标)、限速值要求设置临时限速。

7. 测试序列：C3 列控系统 ITC 复测

测试项目：(1)停车位置测试；(2)C2/C3 级间转换测试；(3)引导信号测试；(4)灾害信息测试。

动车组运行速度：按 ATP 允许速度，C3 级反向最高 300 km/h，正向最高 300 km/h 或 350 km/h；C2 级反向最高 250 km/h，正向最高300 km/h。

测试操作：

(1)列车以 C3 级运行至指定地点，由近及远依次激活、恢复前方站灾害信息，观察。

列车运行至指定地点，激活、恢复前方指定地点灾害信息，观察移动授权和“落物”提示。

列车运行至接近车站指定地点停车后，激活前方附近灾害信息，列车转为冒进模式后恢复灾害信息，选择 C3 目视模式发车，进入 C3 完全监控模式后拔掉 ATP 的 MT 天线，进入 C2 级 60s 后恢复 MT 天线出站（观察列车出站后转 C3 级）。

（2）列车在车站出站信号机前停车到位（停车位置测试）后，开放出站信号发车信号模拟有关轨道区段故障，以及发车前模拟有关轨道区段故障、出站后模拟有关轨道区段故障，列车在各模拟占用区段前停车到位后恢复此故障区段。

（3）列车在车站出站信号机前停车到位（停车位置测试）后，模拟无线超时进入 C2 级（拔掉天线转 C2 级）大于 60s 后恢复 MT 天线，开放出站信号发车（观察列车出站后转 C3 级）。列车越过出站信号机后，模拟有关轨道区段故障，列车在各模拟占用区段前停车到位后恢复此故障区段。

（4）列车在车站进站信号机前停车到位（停车位置测试）后，办理接车进路；列车在车站出站信号机前停车到位（停车位置测试）后，列车以 C3 级发车，列车越过出站信号机后，模拟有关轨道区段故障，列车在各模拟占用区段前停车到位后恢复此故障区段。

（5）列车在车站进站信号机外停车后换端，以 C3 级发车，办理进站接车进路，进入 C3 完全监控模式后，模拟无线超时进入 C2 级后 60s 恢复 MT 天线，办理出站发车进路，列车出站后进行 C2/C3 级间转换测试，进入 C3 级后停车。

（6）列车在车站进站信号机前进行停车位置测试后，办理引导接车进路，办理出站发车进路。

（7）有关站引导接车停车，模拟无线超时进入 C2 级，开放发车信号（观察列车出站后转 C3 级）。列车越过出站信号机后，模拟有关轨道区段故障，列车在各模拟占用区段前停车到位后恢复此故障区段。

（8）有关站通过进路、接发进路。列车以 C3 级向有关站运行，在指定地点拔掉 MT 天线（不要关 MT 电源），列车转为 C2 级大于 60s 后恢复 MT 天线（出站前），列车出进站信号机观察 C2 级转 C3 级后停车换端。

（9）列车在有关站进行侧线停车位置测试，排列 X 口、XF 口、S 口、

SF 口发车进路，列车越过出站信号机后，模拟占用有关轨道区段，列车停稳后取消占用。

进路办理：按测试要求进行有关站各种通过进路、接车进路、引导接车进路等办理。

测试要求：

（1）动车组有关运行模式，由测试负责人报告运行联系人，有关人员按照要求操作。

（2）动车组非操作端（后端）不得使用休眠模式。

（3）测试期间，动车组由区间返回时，有关车站配合辅助改方。

6.1.8　列控系统 ITC 测试问题整改

每日列控系统 ITC 测试完成后，由集成商组织项目部和设备供应商等，对当日列控系统 ITC 测试进行总结，对发现的问题纳入问题库，由有关责任方对问题进行分析和整改，并确定整改完成日期；问题整改完成后，在后续列控系统 ITC 测试中进行复测，直至满足有关标准要求为止。有关客运专线公司、集成商需对列控系统 ITC 测试问题整改计划和后续工作计划（列控系统 ITC 测试问题整改后复测计划、未完成的列控系统 ITC 测试计划）及时科学制定并迅速组织实施，不能影响信号系统联调联试等后续工作。有关客运专线公司需保证列控系统 ITC 测试方案内容和措施全面、细致、正确，做好列控系统 ITC 测试问题整改督导工作，保证列控系统 ITC 测试安全、及时完成。

6.1.9　列控系统 ITC 测试与高速铁路联调联试等统筹安排

联调联试现场指挥部需将列控系统 ITC 测试与高速铁路联调联试等科学合理进行统筹安排，在确保高速铁路联调联试等正常进行的情况下，安排做好列控系统 ITC 测试、列控系统 ITC 测试发现问题整改和复测等工作；同时，联调联试现场指挥部需督促有关单位、部门做好高速铁路联调联试发现问题的整改工作等，确保列控系统 ITC 测试与高速铁路联调联试等安全、高效、有序进行。

6.2 利用非联调联试时间进行问题整改、缺陷整治和未完工程施工等工作

6.2.1 联调联试开始前组织做好有关问题整改、未完工程施工等工作

为做好有关高速铁路联调联试前提条件确认和有关准备工作，确保后续高速铁路联调联试工作有序进行，有关客运专线公司需组织各施工单位和铁路局设备管理单位等做好对有关问题进行整改、对未完工程进行施工等工作，铁路局各有关单位、部门做好施工配合和管理，铁路局调度所做好给点工作，有关车务段（车站）做好给点配合工作。重点安排做好接触网热滑、轨道电路分路不良整治、问题整改、隧道冲洗、钢轨打磨等工作，保证施工计划提报好、安排好、实施好。

（1）有关客运专线公司需及时安排完成各车站站外安装里程提示牌工作。

（2）有关客运专线公司需提前做好道岔打磨和钢轨打磨组织和实施工作，并同时全面彻底清理干净现场打磨铁屑，确保不影响高速铁路联调联试后期工作的如期进行。

（3）施工单位等需做好轨道精调、隧道灰尘清理和设备问题整改等工作。

（4）铁路局有关工务段、供电段等需做好线路、接触网等检修和问题整改等工作，确保后续高速铁路联调联试顺利进行。

（5）有关客运专线公司需组织各施工单位、铁路局设备管理单位等对高速铁路设备质量进行全面整治，确保后续高速铁路联调联试顺利进行。

（6）动车段（动车运用所）需配合测试单位及时做好试验动车组检查、整备工作，确保后续高速铁路联调联试顺利进行。

（7）铁路局有关部门、单位需及时对机车和接触网检测车、轨道检查车、电务试验车进行全面彻底检查、整备，确保检测列车按期上线检测。

（8）对未完成接触网热滑的各车站到发线及渡线道岔等，由有关客运专线公司派人与各站车站值班员联系热滑股道和走行路径等，需铁路局调度所、有关车站予以配合，务必保证热滑工作按时完成。

（9）对可能影响联调联试、运行试验的施工，有关客运专线公司需及时确定方案，会同测试单位对施工影响范围、影响时间和施工后是否需要

检测，以及需要检测时的检测方式、检测时间等进行据实说明，报上级主管部门同意后组织实施。

6.2.2　联调联试期间组织做好有关问题整改、未完工程施工等工作

根据有关高速铁路工作总体安排，为确保后续联调联试工作等及时、有序进行，在联调联试期间，需科学、充分利用非联调联试时间，安排有关客运专线公司、工程单位和铁路局设备管理单位等对联调联试等发现问题、设备缺陷等进行及时、全面、彻底整改和整治等，对工程尾工等未完工程进行及时施工并完成。

1. 有关单位、部门准备工作

施工单位、集成商、有关设备管理单位等需提前做好施工计划、施工方案、人员机具等各项准备工作，以利按批准的施工计划，结合高速铁路现场情况，做好轨道、接触网、通信信号等问题整改、缺陷整治、功能调试、工程施工等有关工作。

2. 有关单位、部门施工计划提报和实施

每日联调联试结束后，铁路局调度所根据有关单位、部门提报(依据联调联试等发现问题等提报)的施工计划(均宜提前一天及以上提报计划)，及时安排好对联调联试区段的有关设备进行整治、调试、施工等作业，保证充分利用时间、空间重点对线路、接触网等缺陷进行整治和对未完工程进行施工等。铁路局设备管理单位、部门施工计划按既有线有关要求执行；工程单位等施工计划于每日指定时间由联调联试现场指挥部审批签认后，铁路局调度所安排实施。各有关单位、部门需及时提报施工计划，做好问题整改、缺陷整治、工程施工等工作。

可充分利用并安排其他时间、空间进行问题整改、缺陷整治、工程施工等作业，作业结束后，有关单位、部门须确保所有人员、物料、机具等及时全面彻底清理干净并撤离现场。

6.3　高速铁路联调联试地面测点的布置

高速铁路联调联试测试单位需及时做好高速铁路联调联试地面测点的布置工作，联调联试现场指挥部需根据测试单位的地面测点布置计划，做好有关工作安排；需铁路公安局和各有关单位、部门做好配合工作。

6.4 高速铁路联调联试准备等初始时间可组织进行的工作

在高速铁路联调联试准备等初始时间，高速铁路联调联试测试单位可组织进行道岔转换设备性能静态测试和接触网静态弹性测试等工作。

6.4.1 道岔转换设备性能静态测试

(1)高速铁路联调联试测试单位在指定时间对有关车站道岔进行道岔转换阻力和转换夹异物测试，铁路局有关电务段在有关车站做好登、销记等工作。

(2)测试条件和测试配合。

道岔转换设备性能静态测试需铁路局有关电务段、工务段和施工单位等做好现场配合，铁路局调度所做好安排，具体要求：

1)现场需要有关车站电动操作道岔，道岔处于解锁状态。

2)需要铁路局有关电务段或施工单位等备有扳手、手摇把和转辙机钥匙，以便手动摇动转辙机和进行更换测力销。

3)更换动作杆连接销为测力销，需要铁路局有关电务段或施工单位等现场配合人员携带有关工具进行拆换。

4)铁路局有关电务段或施工单位等现场配合人员需要和有关车站保持联系，确认道岔表示状态。

6.4.2 接触网静态弹性测试

(1)高速铁路联调联试测试单位在指定时间采用接触网作业车或梯车，在指定区间上、下行线(直线区段)，对定位点和吊弦点处接触线进行测量和记录，测试接触网静态弹性。有关上、下行线接触网须停电，铁路局有关供电段在有关车站做好登、销记等工作。

(2)测试条件和测试配合。

接触网静态弹性测试需铁路局有关供电段和施工单位等做好现场配合，铁路局调度所做好安排，具体要求：

1)需要测试区段接触网停电，测试区段两端的接触网挂接地杆。

2)需要铁路局有关供电段或施工单位等提供接触网作业车或梯车，

并派人防护。

6.5　货物列车牵引试验

根据有关铁路局实际运营需要，有关铁路局可组织对客货共线铁路联调联试区段上、下行线进行货物列车牵引试验。

6.5.1　牵引试验主要目的、内容

(1)对客货共线铁路联调联试区段上、下行货物列车牵引质量进行测定。

(2)查定机车牵引力、制动力发挥情况，进行困难区段和限制坡道起动试验，查定长大下坡道电阻制动和空电联合制动情况。

(3)采集列车运行时分，核算区间通过能力。

(4)有关供电部门、单位等采集各变电所负荷测定记录和各馈线最大电流，查看各变电所容量是否满足要求。

(5)其他测定、查定等。

6.5.2　有关列车运行方案

1. 检测列车运行方案

开行检测列车，对线路状态等进行先行检查确认。在客货共线铁路联调联试区段上、下行运行，可结合进行沿途各站侧线轧道除锈等工作。铁路局安全监察室、工务处、供电处，有关客运专线公司等派人添乘，运行联系人可由铁路局安全监察室等胜任人员担当。

2. 牵引试验货物列车运行方案

(1)根据货物列车牵引试验基本计算，进行牵引试验货物列车编组，并根据牵引试验情况进行增加或减少重车。

(2)开行牵引试验货物列车，在客货共线铁路联调联试区段上、下行运行，可结合进行沿途各站侧线轧道除锈等工作。试验人员和添乘人员：铁路局总工程师室、运输处、机务处、车辆处、供电处、调度所、有关机务段和机车厂家(售后服务)等有关部门、单位派人参加试验，机车厂家(售后服务)由有关机务段负责通知。铁路局总工程师室、运输处、机务处、车辆处、供电处，有关客运专线公司等有关部门、单位派人添乘，运行联系人可

由铁路局总工程师室等胜任人员担当。

(3)牵引试验安排

1)在上、下行线长大上坡道做起车试验:明确起车地点、坡度、长度等情况。

2)在上、下行线连续上坡道(或并有分相区)等最不利情况做起车试验:明确起车地点、坡度、长度、分相区(有分相区时)等情况。

3)在站内侧线限速股道等最不利情况做起车试验:明确起车股道等情况。

4)进行其他测定、查定等。

3. 有关列车运行速度

开行检测列车,对客货共线铁路联调联试区段上、下行线路状态等进行先行检查确认时,正线最高运行速度、侧线最高运行速度根据具体情况确定(开行单机,对客货共线铁路联调联试区段上、下行线路状态等进行先行检查确认时,在条件具备的情况下,正线最高运行速度宜不超过100 km/h,侧线最高运行速度宜不超过 60 km/h);在条件具备的情况下,牵引试验货物列车正线最高运行速度宜不超过 80 km/h,侧线最高运行速度宜不超过 60 km/h。线路具体行车限制速度由有关客运专线公司书面提供给铁路局工务处,铁路局工务处审核确认后交铁路局调度所,需限速时,由铁路局调度所按规定发布限速调度命令。

6.5.3 牵引试验有关要求

(1)有关车务段、车辆段做好牵引试验货物列车编组和车站始发、终到技术检查工作,确保安全。

(2)前行列车与后行列车须保持通讯联系,工务等添乘人员须认真检查确认线路状态等,发现线路状态等不良情况需后行列车限速(正线限速80 km/h 以下,侧线限速 60 km/h 以下)时,前行列车运行联系人需立即通知后行列车运行联系人并报告列车调度员和联调联试现场指挥部,后行列车按前行列车提出的运行条件掌握运行,列车调度员及时按规发布临时限速调度命令。

(3)铁路局供电处需组织有关供电段做好接触网等设备检测巡视工作,重点掌握牵引试验货物列车运行中各项供电参数变化情况,确保牵引试验货物列车正常运行。

(4)铁路局有关机务段需对参加牵引试验的机车进行认真检查整备，确保砂管畅通和加满砂，并及时配合有关电务段、通信段等单位做好机车上线前无线列调、机车信号、LKJ 数据等各项调试工作。

(5)铁路局有关机务段提前编制好牵引试验机车操纵示意图和安全卡控项点，牵引试验中一并进行验证、校核，并根据实际情况进行修改完善。

6.6　高速铁路与并行既有线联通道岔的开通调试

6.6.1　联通道岔开通调试时机

为确保安全，高速铁路与并行既有线联通道岔需提前做好准备，宜在高速铁路联调联试的最后时间阶段开通，进行高速铁路与并行既有线联通道岔速度级试验(联通道岔侧向通过测试，下同)、信号系统联调联试。

6.6.2　联通道岔速度级试验

为确保安全，高速铁路与并行既有线联通道岔速度级试验宜在并行既有线天窗点等停运期间进行，列车调度员需给足时间；有关工务等单位需必保联通道岔及时开通、争取精调到位。一般宜先运用检测列车进行从低速到高速先行检测，再运用动车组等列车进行 5 km/h 准静态标定后进行规定速度级的每个速度级一般不少于 3 个往返的速度级试验。

(1)有关客运专线公司和铁路局有关工务段、电务段、供电段需提前对有关车站高速铁路与并行既有线联通道岔等进行精调精整，以确保后续联调联试顺利进行；需有关车站做好配合工作，铁路局调度所做好安排。

(2)有关列车运行方案。

1)检测列车运行方案

①检测列车编组

检测列车编组可为：DF11 型机车＋接触网检测车＋轨道检查车＋电务试验车＋DF11 型机车。

②检测列车运行计划

在并行既有线天窗点等指定时间，封锁有关线路进行有关车站高速铁路与并行既有线联通道岔侧向通过测试。检测列车区间停车位置须满足检测列车通过有关车站高速铁路与并行既有线联通道岔侧向通过测试速度达到测试要求的运行速度。

③试验要求

a. 机车拆除运行监控装置放风线，需有关电务段在指定地点拆装运行监控装置放风线。

b. 铁路局安全监察室、工务处、电务处、供电处，测试单位，有关客运专线公司等部门、单位派人添乘，运行联系人可由铁路局安全监察室等胜任人员担当。

2)动车组运行方案

①动车组运行计划

在运用检测列车进行有关车站高速铁路与并行既有线联通道岔侧向通过测试后，可采取在封锁区段内运用动车组进行有关车站高速铁路与并行既有线联通道岔侧向通过测试。

有关车站高速铁路与并行既有线联通道岔开通测试进路，所有道岔单操锁闭；动车组第一个运行单程在有关车站高速铁路与并行既有线联通道岔进行 5 km/h 准静态标定，完成后动车组按照测试要求的规定速度级进行每个速度级一般不少于 3 个往返的速度级试验。动车组具体停车位置由司机根据动车组加速距离掌握。

②试验要求

a. 动车组采用 ATP 隔离模式运行。

b. 动车组每列次发车前，需测试单位人员，有关客运专线公司人员，铁路局工务处、供电处人员，运行联系人和动车组司机对速度表进行签认。

c. 铁路局机务处、车辆处、工务处、电务处、供电处，有关机务段，铁路公安局，测试单位，有关客运专线公司等部门、单位派人添乘，运行联系人可由铁路局机务处等胜任人员担当。

(3)行车组织。

1)检测列车、动车组等列车进行有关车站高速铁路与并行既有线联通道岔侧向通过测试期间，检测列车、动车组等列车需进入区间停车、返回时，检测列车、动车组等列车按测试需要的停车地点停车，停妥后，及时联系有关车站，车站进路准备妥当后及时联控司机，检测列车、动车组等列车直接由区间返回，列车调度员可不发布区间返回调度命令。

2）检测列车、动车组等列车进行有关车站高速铁路与并行既有线联通道岔侧向通过测试运行时，有关车站（线路所）可为非常站控模式。

3）检测列车、动车组等列车进行有关车站高速铁路与并行既有线联通道岔侧向通过测试期间，两相邻车站（线路所）进站信号机显示红灯，开通进路并单操锁闭有关道岔。

4）检测列车、动车组等列车进行有关车站高速铁路与并行既有线联通道岔侧向通过测试运行时，有关车站站长须上岗盯控，有关车务段（车站）须指派人员到有关车站信号楼（运转室）进行重点盯控；有关设备管理单位人员须上岗监控；铁路局调度所副主任盯台。

（4）有关要求。

铁路局工务、电务、供电部门、单位等需对检测、测试数据进行及时、全面、认真分析，对存在问题向有关部门、单位及时反馈并督促整改。

6.6.3　联通道岔信号系统联调联试

为确保安全，高速铁路与并行既有线联通道岔信号系统联调联试宜在联通道岔速度级试验完成后，在并行既有线天窗点等停运期间进行。一般宜先运用检测列车进行先行检测，再运用测试动车组进行联通道岔信号系统联调联试。

6.7　做好联调联试有关问题日常性、阶段性整改工作

测试单位在联调联试过程中，在对检测、测试数据进行认真分析整理的基础上，针对轨道联调联试、接触网系统联调联试、通信系统联调联试、振动噪声测试、列车空气动力学响应测试、综合接地测试、信号系统联调联试等专业检测、测试发现的问题，及时提出日常性、阶段性整改建议。有关部门、单位需根据测试单位日常和阶段提交的联调联试有关问题和整改建议，及时组织进行问题整改；需依据各类检测、测试数据，进行认真检查分析，找出产生问题原因并及时做好整改，为高速铁路联调联试及时全面完成和高速铁路顺利开通运营打下坚实基础。

6.7.1 轨道联调联试有关问题整改

1. 轨道状态检测有关问题整改

运用检测列车、动车组综合检测列车对联调联试区段轨道状态进行检测，根据局部不平顺幅值管理标准、区段不平顺均值管理标准等评判标准，对中波、长波高低，中波、长波轨向，轨距，水平，三角坑，轨距变化率，车体横向加速度和车体垂向加速度等轨道状态检测内容进行检测。有关单位、部门需依据上、下行线轨距变化率、小轨距、大轨距、三角坑、右高低、左高低、长波长—右高低、长波长—左高低、水平、垂向加速度、横向加速度等二级偏差、一级偏差的位置、超限类型、峰值、长度、超限等级、线形（直/缓/曲）、检测速度等明细情况，对上、下行线有关区段进行问题整改，消除有关轨道偏差地段；对有关道岔进行精调；做好施工作业后的复测工作。

2. 车辆动力学响应测试有关问题整改

运用动车组综合检测列车等在联调联试区段上、下行正线、有关道岔进行测试，根据动力学指标限值评判标准等，对运行稳定性（脱轨系数、轮轴横向力、轮重减载率、横向稳定性）和运行平稳性（横向平稳性、垂向平稳性）等主要测试内容进行测试。有关单位、部门需依据测试单位当日测试结束后等向铁路局和施工单位提供的测试数据，指导进行线路精调工作，根据上、下行线动力学指标内容、测试数值、测试速度、位置里程等各动力学指标大值点对应的线路里程情况，对上、下行线有关区段进行问题整改。

6.7.2 接触网系统联调联试有关问题整改

1. 接触网非接触式检测有关问题整改

运用动车组综合检测列车对联调联试区段上、下行正线接触网进行非接触式检测，最高检测速度 60 km/h。根据拉出值、定位点处接触线高度、吊弦处接触线高度、相邻两定位点高差、相邻两吊弦高差等接触网几何参数检测评判标准，对接触线高度、拉出值、高差等主要检测内容进行检测，检测接触网几何参数是否符合设计和施工要求，为施工单位等提供缺陷整治依据，同时为列车安全运行提供数据依据。有关单位、部门需依据上、下行线拉出值超限、定位点处接触线高度超限、吊弦处接触线高度超限、相邻两定位点高差超限、相邻两吊弦高差超限的数值、位置里程等情况，对上、下行线有关区段接触网进行精调，使接触网几何参数满足试验大纲和设计文件的有关要求。

2. 接触线平顺性检测、弓网受流性能测试、接触网性能测试有关问题整改

运用动车组综合检测列车对联调联试区段上、下行正线接触网进行检测、测试，350 km/h 高速铁路最高检测、测试速度为 385 km/h (200 km/h客货共线铁路最高检测、测试速度为 220 km/h；250 km/h 客货共线铁路最高检测、测试速度为 275 km/h)；运用重联动车组对联调联试区段上、下行正线接触网进行检测、测试，350 km/h 高速铁路最高检测、测试速度为 385 km/h(200 km/h 客货共线铁路最高检测、测试速度为 220 km/h；250 km/h 客货共线铁路最高检测、测试速度为275 km/h)。根据接触线平顺性(受电弓滑板所受的垂直加速度最大值 AV，即硬点；一跨内接触线高差 2A)、弓网受流性能(弓网动态接触力指标、弓网燃弧指标)等检测、测试评判标准，对硬点、弓网动态接触力、燃弧、接触线动态抬升量和受电弓运行状态图像监视等检测、测试内容进行检测、测试。有关单位、部门需依据上、下行线检测、测试结果情况和检测、测试数据分析，对上、下行线有关区段接触网进行检查和精调，并注意关注接触网下锚装置是否存在卡滞现象。

6.7.3　通信系统联调联试有关问题整改

通信系统包括 GSM-R 数字移动通信系统、调度通信系统、传输接入系统、数据网等，根据 GSM-R 电磁环境测试标准、GSM-R 场强覆盖测试标准、GSM-R 服务质量测试标准等，在测试动车组上进行 GSM-R 电磁环境、场强覆盖、服务质量等测试。有关单位、部门需依据测试结果情况和测试数据分析，找出产生问题原因，及时做好解决工作。

6.7.4　振动噪声测试有关问题整改

运用动车组等以不同速度通过选择的测点时，根据列车运行辐射噪声限值评判标准、环境振动评判标准等，对振动、噪声进行测试，动车组通过350 km/h 高速铁路测点测试速度级为 200 km/h、220 km/h、240 km/h、260 km/h、280 km/h、300 km/h、310 km/h、320 km/h、330 km/h、340 km/h、

350 km/h、360 km/h、370 km/h、380 km/h、385 km/h(动车组等通过200 km/h客货共线铁路、250 km/h客货共线铁路测点测试速度级等分别作相应变化)。有关单位、部门需依据振动噪声测试结果情况和测试数据分析,找出产生问题原因,及时做好解决工作。

6.7.5 列车空气动力学响应测试有关问题整改

运用动车组综合检测列车等对联调联试区段有关隧道等进行隧道内交会测试等,根据动车组等交会和通过隧道时,各设计速度等级的动车组等车体承受的气动载荷按最大车内外压差值考核评判标准等,对350 km/h高速铁路进行250 km/h/250 km/h、300 km/h/300 km/h、330 km/h/330 km/h、350 km/h/350 km/h等多个速度级的多次交会测试等(200 km/h客货共线铁路、250 km/h客货共线铁路交会测试速度级等分别作相应变化),有关单位、部门需依据列车空气动力学响应测试结果情况和测试数据分析,找出产生问题原因,及时做好解决工作。

6.7.6 综合接地测试有关问题整改

在动车组逐级提速阶段,综合接地测试专业人员在选择的综合接地测试测点,根据有关评判标准等,测量动车组数个运行单程的数据,350 km/h高速铁路从200～385 km/h测试速度级范围(200 km/h客货共线铁路、250 km/h客货共线铁路测试速度级范围分别作相应变化)进行综合接地测试,测试内容为轨道电位、轨旁设施电位和牵引回流等参数。有关单位、部门需依据综合接地测试结果情况和测试数据分析,找出产生问题原因,及时做好解决工作。

6.7.7 信号系统联调联试有关问题整改

1. 轨旁信号设备状态检测有关问题整改

根据有关评判标准,运用检测列车、动车组综合检测列车对联调联试区段轨旁信号设备状态进行多次动态检测。有关单位、部门需依据轨旁信号设备状态动态检测结果情况和检测数据分析,对发现的轨道电路问题、补偿电容问题、应答器问题等问题,找出产生问题原因,对上、下行线有关轨旁信号设备问题及时做好解决工作和复测工作。

2. 列控系统有关功能、有关系统接口测试有关问题整改根据有关评判标准，运用测试动车组对联调联试区段列控系统有关功能、有关系统接口进行测试。有关单位、部门需依据测试结果情况和测试数据分析，找出产生问题原因，对有关问题及时做好解决工作和复测工作。

6.8　及时组织进行工作清理、问题解决和设备质量提高工作

6.8.1　及时组织进行工作清理工作

在高速铁路联调联试过程中，联调联试现场指挥部需组织铁路局有关部门和单位、测试单位、有关客运专线公司等紧密协作，及时沟通、及时组织各自清理已完成工作情况、未完成工作情况，协调解决、推进解决有关问题。

6.8.2　及时组织进行问题解决工作

在高速铁路联调联试过程中，联调联试现场指挥部在积极、主动组织协调各有关单位和部门做好联调联试有关工作的同时，需及时将有关问题解决落实到责任单位、部门，及时组织有关单位、部门各负其责，对存在问题不拖不靠（不拖而不决，不依靠别人解决），以最短时间完成有关问题解决工作。通过要求、督促责任单位、部门限期做好问题解决，并追踪问题解决进度，确保影响高速铁路联调联试、运行试验和开通运营的有关问题得到及时、有效、全面、彻底解决。

6.8.3　及时组织进行设备质量提高工作

在高速铁路联调联试过程中，需始终紧盯设备质量这个关键，针对联调联试期间等发现的各类设备质量缺陷，要求有关客运专线公司组织施工单位、设备管理单位等科学合理制定整治方案，上足人员、物料、机具等，用好、用足时间、空间等资源，集中力量做好缺陷整治工作，努力提高高速铁路全线各类设备质量。

6.9　统筹兼顾做好高速铁路开通运营前的有关工作

有关铁路局、客运专线公司等需统筹协调及时完成联调联试与动态

检测、运行试验、动态验收报告上报和审查、初步验收申请上报和初步验收、安全评估、问题整改、图前准备工作等各项工作,统筹协调工作必须有力有效,做到科学安排、按期完成。须做到严谨、精心、严密、规范、及时做好有关工作,确保各项安全;须做到联调联试、运行试验与问题整改同步进行;须做到有关工作按时间节点、质量要求完成。

6.9.1 做好未完工程和收尾工程工作

需对有关未完工程施工,客运服务系统、防灾安全监控系统等收尾工程完成和工程验收,隧道照明远动控制工程验收,综合工区线路验收、开通和房屋及生产、生活设施等工程验收,有关线路、道岔开通等工作及其完成时间进行计划、明确,有关部门、单位及时按要求组织、完成。

6.9.2 做好 LKJ 数据校核、发布工作

需对 LKJ 数据校核、发布工作及其完成时间进行计划、明确,铁路局建设管理处与有关客运专线公司等有关部门、单位及时按要求组织、完成。

6.9.3 做好问题整改、缺陷整治工作

需对轨道联调联试、接触网系统联调联试、通信系统联调联试、振动噪声测试、列车空气动力学响应测试、综合接地测试、信号系统联调联试等有关问题,有关验收问题和验收评审提出问题,设备质量、安全防护等有关问题整改和缺陷整治时间进行计划、明确,有关部门、单位及时按时间要求和质量要求组织、完成。

6.9.4 做好联调联试下阶段工作安排工作

需对联调联试全线试拉通工作、各类问题再整改工作、联调联试全线正式拉通工作、未完成联调联试工作,以及客运服务系统、防灾安全监控系统、牵引和电力供电远动系统等因静态验收未完成或静态验收问题整改工作未完成等不具备联调联试条件等联调联试有关工作和影响联调联试有关问题及其完成、解决时间进行计划、明确,有关部门、单位及时按时间要求和质量要求组织、完成。

6.9.5　做好技术资料交接和规章制度发布工作

需对有关技术资料交接和规章制度、管理办法、技术标准、作业标准、修程修制、维修方式、应急预案等制定、发布、实施等基础工作进行和完成时间进行计划、明确，需有关铁路局总工程师室统筹组织、各专业部门各负其责，有关部门、单位及时按时间要求和质量要求组织、完成。

6.9.6　做好设备接收、调度接管工作

高速铁路有关设备接收、调度接管工作宜于联调联试结束之日或之前完成。需对有关工作进行及其完成时间进行计划、明确，有关客运专线公司有关部门和铁路局有关部门、单位及时按时间要求和质量要求组织、完成。

6.9.7　做好运行试验工作安排工作

需对运行图参数测试、故障模拟、应急救援演练、按图行车试验进行及其完成时间进行计划、明确，有关部门、单位及时按时间要求和质量要求做好准备并组织、完成。

6.9.8　做好验收工作

需对静态验收、动态验收报告完成并上报及其报告评审，初步验收申请上报、初步验收等验收工作进行及其完成时间进行计划、明确，有关部门、单位及时按时间要求和质量要求做好准备并组织、完成。

6.9.9　做好安全评估工作

需对安全预评估工作完成及其报告上报、安全评估工作进行及其完成时间进行计划、明确，有关部门、单位及时按时间要求和质量要求做好准备并组织、完成。

6.9.10　做好开通运营申请工作

有关铁路局需在对初步验收中和安全评估中等发现影响运营安全问题整改完毕或采取有效安全措施后，进行开通运营申请工作，需对开通运营申请进行及其完成时间进行计划、明确，有关部门、单位及时按时间要

求和质量要求做好准备并组织、完成。

6.9.11 做好委托运营管理协议签订工作

需对委托运营管理协议进行拟定及其完成签订时间进行计划、明确，有关客运专线公司有关部门和铁路局企业管理和法律事务处等有关部门及时按时间要求和质量要求组织、完成。

6.9.12 做好人员培训和人员、机构到位工作

需对人员培训和人员、机构到位工作进行及其完成时间进行计划、明确，铁路局职工教育处、劳动和卫生处做好组织和安排，有关部门、单位及时按时间要求和质量要求做好准备并组织、完成；同时，做好跟踪培训、强化培训工作。

6.9.13 做好设备精调精整达标和巩固完善工作

需对设备精调精整达标和巩固完善工作进行及其完成时间进行计划、明确，有关部门、单位及时按时间要求和质量要求组织、完成。

6.9.14 做好非安装设备和备品备件等配备工作

需对有关非安装设备和备品备件等配备工作进行及其完成时间进行计划、明确，有关客运专线公司和铁路局计划统计处、物资管理处、总工程师室和各专业处室组织按标准、按需要统筹配备到位，有关部门、单位及时按时间要求和质量要求组织、完成。

6.9.15 做好治安防范措施制定落实、安全环境整治工作

需对治安防范措施制定落实、安全环境整治工作进行及其完成时间进行计划、明确，有关部门、单位及时按时间要求和质量要求组织、完成。

6.9.16 做好开通运营方案制定和运行图编图工作

需对开通运营方案制定和运行图编图工作进行及其完成时间进行计划、明确，有关部门、单位及时按时间要求和质量要求组织、完成。

6.9.17　做好开通运营营销和宣传工作

需对开通运营营销和宣传工作进行及其完成时间进行计划、明确，铁路局客运处、党委宣传部等有关部门、单位及时按时间要求和质量要求组织、完成。

6.9.18　做好运行试验和开通运营后过渡期安全保证措施和跟踪写实、把关办法制定落实工作

需对运行试验和开通运营后过渡期安全保证措施和跟踪写实、把关办法进行制定落实及其完成时间进行计划、明确，有关部门、单位及时按时间要求和质量要求组织、完成。

6.9.19　做好遗留问题处理工作

需对遗留问题进行处理及其完成时间进行计划、明确，有关部门、单位及时按时间要求和质量要求组织、完成。

6.9.20　做好后勤工作

需对后勤工作进行及其完成时间进行计划、明确，有关部门、单位及时按时间要求和质量要求组织、完成。

6.9.21　做好地方配套工程工作

需对地方配套工程进行及其完成时间进行计划、明确，有关部门、单位及时按时间要求和质量要求做好协调并组织、完成。

6.10　车站站台动车组停车位置标及其车厢序号标的设置工作

6.10.1　车站站台动车组停车位置标的设置工作

在非大型客站，为简约一致、有利运营和车站站台动车组停车位置标及其车厢序号标的设置等，无论 8 辆编组还是 16 辆编组的动车组，车站站台动车组停车位置标均宜设在 16 辆编组的动车组停车位置标处(即只设一处动车组正向停车位置标和一处动车组反向停车位置标)。大型客

站动车组停车位置标根据有关规定和具体情况设置。

6.10.2 车站站台动车组车厢序号标的设置工作

(1)在非大型客站，车站站台动车组车厢序号标的设置，宜考虑动车组正向编组和反向编组，可在车站站台边部靠停车股道根据动车组停车位置标位置，依次按动车组正向编组在车门对应的规定位置设置1～16号车厢序号标。大型客站车站站台正向编组的动车组车厢序号标按其动车组停车位置标的位置作相应设置。

(2)在非大型客站，车站站台动车组车厢序号标的设置，宜考虑动车组正向编组和反向编组，可在车站站台中间线靠停车股道一侧(基本站台和最外方站台可在围墙、栅栏上，下同)根据动车组停车位置标位置，依次按动车组反向编组在车门对应的规定位置设置16～1号车厢序号标；对于8辆反向编组的动车组，可在车站站台边部靠停车股道或在车站站台中间线靠停车股道一侧根据动车组停车位置标位置，在正向编组的动车组1～16号车厢序号标或反向编组的动车组16～1号车厢序号标规定位置临近处，依次按动车组反向编组在车门对应的规定位置设置8～1号车厢序号标，并以两种颜色标识区分。大型客站车站站台反向编组的动车组车厢序号标按其动车组停车位置标的位置作相应设置。

(3)解决车站站台动车组车厢序号标设置繁琐问题，宜采用在车站站台边部靠停车股道根据动车组停车位置标位置，按16辆编组的动车组在车门对应的规定位置设置电子显示的车厢序号标的方法予以解决。

6.11 联调联试等信息工作和保密工作

6.11.1 联调联试等信息工作

根据有关规定、要求，任何单位、部门和个人未经授权，均不得擅自对外发布或透露联调联试等有关信息。

6.11.2 联调联试等保密工作

(1)所有参加联调联试等有关单位、部门人员须严格遵守有关保密规定、要求，须妥善保管和按规使用、处理联调联试等有关资料、移动介质等。

（2）联调联试等有关无用资料、记录等纸张不许乱丢乱扔，须及时彻底销毁，防止泄密。

（3）在联调联试等工作完成后，须及时全面彻底销毁有关计算机中等联调联试等有关资料，防止泄密。

6.12　联调联试等过程中的统计工作

联调联试现场指挥部等需安排专人每日及时正确全面对轨道车、单机、检测列车、货物列车、普速旅客列车、动车组综合检测列车、测试动车组等运行列次数量、运行公里数量等进行据实统计，有关单位、部门需安排专人每日及时正确全面对联调联试等有关耗用等进行据实统计，以利后续联调联试等费用清算等工作。

6.13　动车组车门、卫生等管理

为做好安全等管理，除特殊情况外，一般只许送取餐饮时开启动车组餐车车门。所有单位、部门添乘人员等均从动车组驾驶室后部车门上、下车，并严格遵守工作纪律和工作秩序。同时，务必保持动车组等清洁卫生，不许乱丢废弃物于车上、地下，并爱护动车组等高速铁路设备设施。

第 7 章　高速铁路运行试验工作

7.1　高速铁路运行试验概念和目的

运行试验是指在完成高速铁路联调联试后，按运营相关规章和运行图组织列车运行，对高速铁路整体系统在正常和非正常运行条件下的行车组织和应急救援等能力进行全面演练，对运营人员进行全面培训，对设备进行运用考验，使高速铁路运营条件满足开通要求。

具体而言，运行试验主要通过按图运行试验、故障模拟和应急救援演练，验证列车运行图列车区间运行时分的可靠性；检验各系统在正常和非正常条件下运输组织的适应性，验证行车组织方式能否满足运营要求；检验设备故障和自然灾害条件下的应急处理能力；为制定完善科学合理的运输组织方案提供技术依据。

7.2　高速铁路运行试验工作内容

高速铁路运行试验工作内容一般分为运行图参数测试、故障模拟、应急救援演练、按图行车试验。本章通过 300～350 km/h 高速铁路进行说明。

7.2.1　运行图参数测试

7.2.1.1　测试目的

通过列车运行图参数测试，为列车运行图的铺画提供可靠的列车区间运行时分，验证系统列车追踪能力是否符合设计要求。

7.2.1.2　测试内容

(1)全程运行时分及各区间运行时分。

(2)车站起停车附加时分。

(3)追踪列车间隔时间(300～350 km/h 速度级动车组追踪列车间隔时间；200～250 km/h 速度级动车组追踪列车间隔时间)。

1)单组列车全线追踪间隔时间。

2)重联列车全线追踪间隔时间。

(4)中间站列车运行间隔时间。

1)中间站先到后通间隔时间。

①300～350 km/h速度级动车组列车先到后通间隔时间。

②200～250 km/h速度级动车组列车先到后通间隔时间。

③200～250 km/h速度级动车组列车先到,300～350 km/h速度级动车组列车后通间隔时间。

2)中间站先通后发间隔时间。

①300～350 km/h速度级动车组列车先通后发间隔时间。

②200～250 km/h速度级动车组列车先通后发间隔时间。

③300～350 km/h速度级动车组列车先通,200～250 km/h速度级动车组列车后发间隔时间。

3)中间站先发后通间隔时间。

①300～350 km/h速度级动车组列车先发后通间隔时间。

②200～250 km/h速度级动车组列车先发后通间隔时间。

③200～250 km/h速度级动车组列车先发,300～350 km/h速度级动车组列车后通间隔时间。

(5)车站列车到、发间隔时间(同一股道或具有进路交叉的股道)。

1)先到后发间隔时间。

2)先发后到间隔时间。

(6)车站、入段(所)技术作业时间。

7.2.1.3　测试方法

采用高速铁路运行试验数据采集系统实时采集测试列车的里程、速度、时间,实时显示列车运行曲线,并经运行试验数据采集软件处理后得到列车运行图参数指标。

7.2.1.4　评判标准

(1)高速铁路联调联试段有关设计文件。

(2)《高速铁路设计规范(试行)》(TB 10621—2009)。

(3)高速铁路有关技术管理规章等。

7.2.1.5　测试条件和配合要求

(1)各工种岗位人员培训完成,熟悉系统和设备使用及维护,具备上岗资格，测试所需的有关岗位人员已到位。

(2)运行图参数测试前，所需动车组已按要求准备妥当，并按计划时间到位。

(3)运行图参数测试中，列车司机应按测试要求操纵列车，即按规定间隔时间发车，运行中严格按照目标距离模式曲线贴线运行。

7.2.2 故障模拟

7.2.2.1 试验目的

通过设置典型故障场景进行模拟演练，验证整体系统的故障处理能力，发现问题、消除隐患，提高系统和运营人员在设备故障或恶劣天气等条件下的快速反应和协作处理能力。

7.2.2.2 试验内容

根据不同线路实际情况，一般在以下内容等场景中选择测试，针对选择场景，测试故障处理方法、程序和时间等。

1. 动车组故障。

(1)列控车载设备故障。

(2)CIR 车载设备故障。

(3)受电弓故障。

(4)重联动车组运行中前车故障站内停留。

(5)受电弓挂有异物。

(6)运行途中晃车。

(7)动车组运行中碰撞障碍物或撞人。

(8)动车组运行中发生异音、异状。

(9)轴承温度超温报警。

(10)动车组列车无动力在 20‰及以上坡道停留。

2. 电务设备故障。

(1)列车变更到发线通过。

(2)实际限速低于列控限速，司机人工控车通过限速地段。

(3)出站信号开放后取消发车进路。

(4)因线路临时限速或故障等，列控系统设置临时限速。

(5)无法通过列控系统设置临时限速。

(6)车站接车进路道岔无表示时接入列车。

(7)车站发车进路道岔无表示时发出列车。
(8)区间连续应答器故障。
(9)有源应答器丢失。
(10)进站信号机故障引导接车。
(11)出站信号机故障引导发车。
(12)区间闭塞分区出现红光带。
(13)站内轨道出现红光带。
(14)列车反方向运行。
(15)CTC系统设备发生故障,分散自律模式转非常站控模式行车。
3.工务设备故障。
(1)钢轨折断。
(2)道岔故障。
(3)检查车检查发现Ⅳ级偏差。
4.牵引供电系统设备故障。
(1)接触网故障。
(2)动车组分相区停车。
(3)SCADA系统故障。
5.客运设备故障。
(1)客运引导广播系统故障。
(2)售票系统故障。
(3)其他客运设备故障。
6.通讯设备故障。
(1)数字调度系统(FAS)故障。
(2)电话接入网设备故障。
(3)轨旁通信设备故障。
(4)其他通讯设备故障。
7.跨局故障场景。
(1)跨局临时限速服务器故障。
(2)跨局安全数据网设备故障。
(3)跨调度区段设备维修。
(4)跨局运营动车组故障。
8.其他故障场景。

7.2.2.3　试验方法

运营单位会同测试单位共同制定故障场景库，编制并检查各个故障场景的应急预案，通过现场记录故障处置过程，确定故障流程延续时间，评价故障处置效果。

7.2.2.4　评判标准

(1)有关技术管理规章。

(2)高速铁路其他有关规章制度、操作规程和作业标准等。

(3)运营单位制定的故障处理流程。

7.2.2.5　试验条件

(1)行车组织、设备使用和维修、施工管理、安全管理等规章、制度、办法和措施，以及设备故障和事故情况下的应急处理预案和办法已制定并颁布。

(2)应急抢修和故障处理的机具、设备和人员等到位并处于待命状态。

(3)故障模拟所需机车车辆(动车组)已按要求提前准备妥当，并按计划时间到位。

(4)故障模拟必须在非预知的情况下进行。

7.2.3　应急救援演练

7.2.3.1　试验目的

通过进行突发性事故、人员疏散、应急救援、抢险维修等方面的演练，检验系统和人员应急响应和保障能力，验证预案处理流程和应急救援方案的可操作性，积累突发事件应急救援经验。

7.2.3.2　试验内容

根据不同线路实际情况，一般在以下内容等场景中选择测试，针对选择场景，测试应急救援处置程序、时间和方法等。

(1)动车组空调失效。

(2)动车组运行中发生火灾，车内组织扑救和疏散旅客，险情消除后继续运行。

(3)动车组运行中发生火灾，车内组织扑救和疏散旅客，险情无法消除，需要救援列车。

(4)动车组在隧道内发生火灾，危及旅客安全，需要组织疏散和救援。

(5)车站发生火灾、爆炸事故，需要组织扑救和疏散旅客。

(6)动车组列车故障需启用热备动车组。

(7)动车组在高架桥上发生事故,列车失去动力、危及旅客安全,需要组织疏散和救援。

(8)动车组在隧道内发生事故,列车失去动力、危及旅客安全,需要组织疏散和救援。

(9)恶劣天气组织行车。

1)大风报警。

2)遇降雾、暴风雨雪冰冻等恶劣天气。

3)降雨量超标。

(10)发生线路塌方、道床冲空、水害断道等,列车行车中断并返回。

(11)发生地震灾害,继续运行。

(12)动车组列车晚点。

(13)站车发生重大疫情。

(14)列车运行中遇有旅客因伤、病等必须临时停车抢救等。

(15)其他场景。

7.2.3.3　试验方法

铁路局有关部门对各应急演练场景处置程序、方法等进行具体细化,确定处置程序和进度等。应急演练时,以铁路局调度所为核心,指挥协调有关单位、工种配合处理紧急事件。并由测试单位记录和掌握处理紧急事件的全过程,确定应急处置延续时间,评价应急处置效果等。

7.2.3.4　评判标准

(1)有关技术管理规章。

(2)高速铁路其他有关规章制度、操作规程和作业标准等。

(3)运营单位制定的应急演练方案。

7.2.3.5　试验条件

(1)行车组织、设备使用和维修、施工管理、安全管理等规章、制度、办法和措施,以及针对突发事件的应急处理预案和办法、应急救援方案等已制定并发布。

(2)应急抢修和故障处理的机具、设备和人员等到位并处于待命状态。

(3)应急救援演练所需机车车辆(动车组)已按要求提前准备妥当,并按计划时间到位。

(4)应急救援演练必须在非预知的情况下进行。

7.2.4 按图行车试验

7.2.4.1 试验目的

通过按图行车试验，对设备运用进行考验，验证列车运行图的合理性，检验高速铁路各系统和整体系统的稳定性及能力，使各专业运营人员得到充分的实作培训，掌握各种规章制度，熟悉工作流程，使高速铁路全面满足正常运营要求。

7.2.4.2 试验内容

根据动车组列车配属情况，可按分阶段编制的运行图组织行车。

(1)设备运行状态记录。

(2)列车运行时分、车站技术作业时间等统计。

(3)动车运用所、存车场走行时间统计。

(4)其他试验内容。

7.2.4.3 试验方法

根据运行图组织开行列车，记录和分析列车运行情况和设备故障等情况。

7.2.4.4 评判标准

(1)《高速铁路设计规范(试行)》(TB 10621—2009)。

(2)有关设计文件。

(3)已经获得批准的列车运行图技术资料等。

7.2.4.5 试验条件

(1)运行试验前述各阶段已顺利完成，并达到测试、试验目的。

(2)根据列车配属情况，可分阶段编制按图行车试验的运行图。

(3)各工种岗位人员培训完成，熟悉系统和设备使用及维护，具备上岗资格，运行试验所需的有关岗位人员已到位。

(4)按图行车试验所需动车组已按要求提前准备妥当，并按计划时间到位。

(5)需有关铁路局将计划运行图及每日的实际运行图提供给测试单位。

7.3 高速铁路运行试验工作组织

7.3.1 高速铁路运行试验前提条件具体确认

高速铁路运行试验开始前，由铁路局运输处组织建设、施工、测试、设备管理等单位、部门对运行试验前提条件进行具体确认。高速铁路运行试验前提条件具体确认，一般采用签认表形式，由有关单位和部门负责人员对照高速铁路运行试验前提条件内容逐一进行签字确认（详见表 7-1 高速铁路运行试验前提条件及签认表）。

表 7-1　高速铁路运行试验前提条件及签认表

序号	内　　容	单位、部门 及确认签字	备注
1	《高速铁路运行试验大纲》已经上级批准，《高速铁路运行试验实施方案》已编制完成	有关客运专线公司： 测试单位： 铁路局：	
2	运行试验组织机构已成立	有关客运专线公司： 测试单位： 铁路局：	
3	有关规章制度已制定并发布	总工程师室： 运输处： 客运处： 机务处： 车辆处： 工务处： 电务处： 供电处： 信息技术处： 土地房产管理处：	
4	高速铁路已通过联调联试，完成系统的整改和优化，达到设计要求，满足按运行试验方案组织列车运行的条件	有关客运专线公司： 测试单位： 铁路局：	
5	各工种岗位人员培训完成，熟悉系统和设备使用及维护，具备上岗资格，运行试验所需的有关岗位人员已到位。 应急抢修和故障处理的机具、设备和人员等到位并处于待命状态	运输处： 客运处： 机务处： 车辆处： 工务处： 电务处： 供电处： 信息技术处： 其他处室：	

续上表

序号	内　　容	单位、部门 及确认签字	备注
6	运行试验所需机车车辆(动车组)、测试仪器、设备等已按要求提前准备就绪,并按计划时间到位	运输处: 客运处: 机务处: 车辆处: 工务处: 电务处: 供电处: 信息技术处: 测试单位:	
7	列车运行图已编制完成	运输处: 客运处: 机务处: 车辆处: 工务处: 电务处: 供电处: 测试单位:	

7.3.2　高速铁路运行试验实施方案制定和提报

根据《关于铁路客运专线开通运营有关工作的指导意见》(铁运〔2008〕197 号)和《高速铁路运行试验大纲》等有关要求,有关铁路局、测试单位需共同制定《高速铁路运行试验实施方案》,并向上级有关部门提报《高速铁路运行试验实施方案》。

7.3.3　高速铁路运行试验工作依据

进行高速铁路运行试验的工作依据主要是:《铁路技术管理规程》、《铁路客运专线技术管理办法(试行)》(300～350 km/h 部分)(铁科技〔2009〕212 号)、《铁路客运专线技术管理办法(试行)》(200～250 km/h 部分)(铁科技〔2009〕116 号)、《高速铁路竣工验收办法》(铁建设〔2012〕

107 号)、《关于铁路客运专线开通运营有关工作的指导意见》(铁运〔2008〕197 号)、《高速铁路工程动态验收技术规范》(TB 10761—2013)、《高速铁路联调联试及运行试验实施细则》(铁总办〔2013〕107 号)、有关客运专线公司《关于委托进行高速铁路工程联调联试及运行试验工作的函》和《关于委托进行桥梁工程联调联试及运行试验工作的函》以及测试单位、有关铁路局、有关客运专线公司共同编制完成的《高速铁路运行试验大纲》等。

7.3.4　高速铁路运行试验工作周期和阶段安排

高速铁路运行试验工作周期根据具体线路的技术构成、速度等级、线路长度等因素确定,运行试验时间一般为 1～3 个月。高速铁路联调联试完成后,有关铁路局按《高速铁路运行试验大纲批复意见》组织实施高速铁路运行试验。高速铁路运行试验现场指挥部组长单位由有关铁路局担任,铁路局运输处牵头组织高速铁路运行试验。高速铁路运行试验一般可先进行运行图参数测试;后进行故障模拟、应急救援演练,具体天数根据选定的有关场景要求等确定;再进行按图行车试验。

7.3.5　高速铁路运行试验组织机构

为全面做好高速铁路运行试验工作,在上级的正确领导下,有关铁路局等成立高速铁路运行试验领导小组和现场指挥部,全面做好对高速铁路运行试验工作的组织领导,统筹协调运行试验和配合事宜,确保高速铁路运行试验工作安全、顺利、有序进行和完成。

1. 运行试验领导小组

主要任务是在上级的正确领导下,全面做好对高速铁路运行试验工作的组织领导,确保高速铁路运行试验工作安全、顺利、有序进行。

组　长:铁路局局长、铁路局党委书记

副组长:铁路局有关副职领导,有关客运专线公司、测试单位和铁路公安局主要负责人和有关领导

组　员:铁路局、有关客运专线公司、测试单位、铁路公安局有关部门负责人等

有关铁路局负责高速铁路运行试验的具体组织实施,保证行车安全;测试单位负责《高速铁路运行试验大纲》的编制,参加《高速铁路运行试验

实施方案》的制定，具体负责运行试验测试与评估工作；有关客运专线公司负责试验配合、后勤保障等工作；有关铁路公安局负责做好运行试验期间的安全保卫工作。

2. 运行试验现场指挥部

主要任务是按照上级批复的《高速铁路运行试验大纲》和制定的《高速铁路运行试验实施方案》，在运行试验领导小组的领导下，具体组织实施高速铁路运行试验工作。

组　长：铁路局主管副职领导

副组长：有关客运专线公司、测试单位、铁路公安局主管副职领导等

组　员：铁路局运输处、客运处、机务处、车辆处、工务处、电务处、供电处、建设管理处、总工程师室、安全监察室、办公室（党委办公室），调度所，有关客运专线公司，测试单位，铁路公安局等有关部门、单位主管负责人，工作人员等

运行试验现场指挥部下设运输组织组、联系协调组、测试试验组、设备保障组、安全保卫组、后勤保障组等工作组。

（1）运输组织组　由铁路局运输处为组长，铁路局客运处、机务处、车辆处、工务处、电务处、供电处、调度所、有关车站（车务段）等有关部门、单位为组员。按运行试验现场指挥部的要求，负责编制运行试验列车运行图和运输组织办法；编制、下达运行试验日计划；做好行车组织协调工作；掌握运行试验期间的安全情况；及时处理与列车运行有关的各种问题；保证运行试验工作安全、顺利、有序进行。

（2）联系协调组　由铁路局运输处为组长，铁路局客运处、机务处、车辆处、工务处、电务处、供电处、调度所和有关客运专线公司等有关部门、单位为组员。负责运行试验期间协调运行试验有关事宜，每日指定时间前对当日运行试验出现的问题进行协调，对次日运行试验计划与有关单位进行对接。

（3）测试试验组　由测试单位为组长，有关客运专线公司，集成商，铁路局机务处、车辆处、工务处、电务处、供电处等有关部门、单位为组员。按运行试验现场指挥部的要求，测试单位负责技术测试、试验；有关客运专线公司、集成商和铁路局有关部门、单位等协助测试单位进行测试、试验数据整理，参加编制试验报告。

（4）设备保障组　由有关客运专线公司为组长，有关施工单位，集成

商，铁路局工务处、电务处、供电处、机务处、车辆处和调度所，有关工务段、电务段、通信段、供电段、机务段、车辆段、动车段（动车运用所）、房建生活段等有关部门、单位为组员。负责制定设备运用维修管理办法和故障应急处理措施；负责线路、桥梁、隧道、站场、通信、信号、机车、车辆、牵引供电等主要行车设备质量；做好对各种设备的加固、补强和重点部位日常检查工作；做好运行试验期间线桥隧和接触网等状态检查工作；组织做好运行试验动车组等技术状态检查工作。

（5）安全保卫组　由铁路公安局为组长，有关客运专线公司和铁路局安全监察室、宣传部，铁路公安处和有关单位等有关部门、单位为组员。负责制定并实施高速铁路运行试验期间安全保障措施；对线路、桥梁、隧道、站场、通信、信号、机车、车辆、牵引供电等主要行车设备安全质量进行监督检查；采取有效措施保障运行试验列车运行安全、人身安全等；维护和保障运行试验的治安秩序，并协调做好有关新闻工作。

（6）后勤保障组　由有关客运专线公司为组长，有关施工单位等为组员。负责全面做好运行试验期间有关参加部门和单位人员的交通、通信、生活等后勤服务保障工作。

7.3.6　高速铁路运行试验工作组织要求

（1）高速铁路运行试验按《高速铁路运行试验实施方案》有关要求执行。

（2）高速铁路运行试验动车组等列车开行时，铁路局有关部门和单位须派人员添乘，具体添乘安排根据高速铁路运行试验需要，在运行试验日计划中明确。

（3）铁路局各有关部门须指定专人负责高速铁路运行试验工作，铁路局运输处须安排 1 名副处长、调度所须安排 1 名副主任专门负责高速铁路运行试验工作。

（4）高速铁路运行试验是以实际运行检验结果、以实际运行锻炼队伍，需加强对高速铁路运行试验的跟踪和检查，及时在高速铁路运行试验中发现问题和解决问题。

（5）铁路局每日召开高速铁路运行试验总结会议，铁路局有关部门，有关客运段、机务段、动车段（动车运用所）、客车车辆段、工务段、电务段、通信段、供电段、车务段（车站），测试单位，有关客运专线公司，铁路公安局等有关部门、单位派人参加。会议主要总结当日运行试验等情况，协调解决有关问题，安排次日运行试验工作等。铁路局各有关部门在每日运行试验总结会议上须汇报运行试验有关情况等。同时，需有关客运专线公司和施工单位、集成商、测试单位等，一是按工作职责范围做好问题整改；二是为运行试验提供工作保障；三是做好其他有关工作。

(6)运行图参数测试由铁路局运输处和调度所、测试单位等人员做好行车组织等工作，在此期间，联调联试现场指挥部可继续存在予以协助进行运行图参数测试。但在故障模拟、应急救援演练、按图行车试验时，必须由铁路局运输处统筹组织、调度所统一指挥，因为也是对其进行故障模拟、应急救援演练、按图行车试验；此时，联调联试现场指挥部须不再存在。

(7)为做好运行试验期间的试验列车添乘工作，及时发现运行试验过程中存在问题和督促责任单位做好整改，确保运行试验各项安全，确保达到运行试验效果，需对运行试验期间添乘试验列车检查工作要求如下：

1)添乘检查安排

①添乘部门、单位

铁路局固定添乘部门、单位：铁路局安全监察室、总工程师室、运输处、客运处、机务处、车辆处、工务处、电务处、供电处、建设管理处，调度所。

站段固定添乘单位：铁路局有关机务段、动车段(动车运用所)、工务段、电务段、供电段。

临时添乘部门、单位：铁路局其他部门、单位。

其他添乘单位：测试单位、有关客运专线公司等有关单位。

②添乘人员安排

试验列车等添乘负责人由铁路局固定添乘部门等胜任人员担当，铁路局固定添乘具体部门由高速铁路运行试验运输组织组在每日高速铁路运行试验计划安排中指定。站段固定添乘单位每列试验列车均须派人添乘。根据每日高速铁路运行试验计划安排，测试单位、有关客运专线公司等有关单位、部门派人添乘。

2)添乘人员职责

①检查运输部门行车组织、调度命令发布和接收、接发列车、非正常情况作业等情况。

②检查客运部门客运服务设备设施、乘务作业标准落实、“三品”查堵

等情况。

③检查动车组司机一次作业标准落实、按规定的运行速度平稳操纵等情况。

④检查接触网设备质量是否良好，有无异物或接触网部件侵入限界，有无松、脱、垮等异常情况，沿线有无危树等情况。

⑤检查线路设备和安全防护设施，突出道岔、桥梁过渡段、曲线关键部位等质量是否达标，线路外观是否达标，封闭网等防护设施是否完好无损等情况。

⑥检查运行试验动车组接收的信息是否正确，ATP、RBC、TSRS、CTC、TCC等设备工作是否正常，进路预告是否正常接收，CIR、GSM-R通信设备是否正常等情况。

⑦检查随车机械师车内巡视规定落实，车内服务设施、电气设备工作状态是否良好等情况。

⑧检查各站风雨棚等房建设备是否存在隐患等情况。

⑨检查沿线和站区治安环境、重点部位巡查和看守等情况。

3)添乘有关要求

①每日添乘工作结束后，添乘负责人需要形成书面添乘报告，在铁路局每日高速铁路运行试验总结会议上汇报，并于当日指定时间前报至高速铁路运行试验运输组织组(铁路局运输处)。

②各列车所有添乘人员须到添乘负责人处(司机室)办理签到手续；各列车添乘负责人在当日高速铁路运行试验结束后，将签到表随同添乘报告一并报至高速铁路运行试验运输组织组(铁路局运输处)。

③站段固定添乘单位需合理安排人员，保证各列车本单位有胜任人员添乘，不得漏乘。非固定添乘部门、单位需根据高速铁路运行试验内容安排相应人员添乘。

④各有关部门、单位须严格按照添乘要求，认真履行添乘职责，及时发现问题、解决问题并及时反馈。对添乘过程中发现的影响安全的问题，责任部门、单位须及时、科学制定和落实安全措施，并及时、彻底整改到位。

⑤高速铁路运行试验期间，所有添乘人员在指定车站指定地点进站，通过安检后凭高速铁路运行试验添乘证和工作证进入站台，有关车站严格查验有关证件。

⑥所有上车人员须凭高速铁路运行试验添乘证和工作证上车，高速

铁路运行试验各列车列车乘务员、乘警须及时、细致、全面做好严格查验工作，严禁无关人员上车。

7.4 高速铁路运行试验行车安全要求

7.4.1 运行图参数测试行车安全基本要求

进行高速铁路运行试验运行图参数测试时，宜尽量少运用动车组列车。

7.4.2 复杂场景运行图参数测试行车安全具体要求

在中间站列车运行间隔时间运行图参数测试中，200～250 km/h 速度级动车组列车先到，300～350 km/h 速度级动车组列车 2 min 后通间隔时间；300～350 km/h 速度级动车组列车先通，200～250 km/h 速度级动车组列车 1 min 后发间隔时间；200～250 km/h 速度级动车组列车先发，300～350 km/h 速度级动车组列车按计算时间后通间隔时间运行图参数测试场景较为复杂。须科学严谨组织，确保绝对安全。

(1)须计算好 200～250 km/h 速度级动车组列车先到前方站已停车 2 min 时 300～350 km/h 速度级动车组列车通过的场景下，以上两列动车组列车有关站开车间隔时间(min)：{[有关站至前方站实际距离km÷(200～250)km/h×60 min/h＋起车附加时分 min(一般 2 min)＋停车附加时分 min(一般 2 min)]＋停车时间 2 min}－[有关站至前方站实际距离 km÷(300～350)km/h×60 min/h＋起车附加时分 min(一般 2 min)]。

(2)200～250 km/h 速度级动车组列车先到前方站停车后 2 min 时 300～350 km/h 速度级动车组列车通过前方站的场景有关安全保证：

1)两列动车组列车均须指派得力的司机和添乘负责人。

2)两列动车组列车均须司机、添乘负责人各一部 GSM-R 手机，添乘负责人、司机、测试单位等人员负责开车前进行通话试验，确认通话作用良好后方可开车。

3)两列动车组列车之间须联控到位，主呼动车组列车为 300～350 km/h速度级动车组列车，在接近前方站其 2 min 所行距离处所时，即在距离前方站 2 min÷60 min/h×(300～350)km/h 处所时呼叫前行200～250 km/h 速度级动车组列车是否在前方站侧线停妥；

前行 200～250 km/h速度级动车组列车只允许被呼后立即据实回复，不可主呼。

4）当后行 300～350 km/h 速度级动车组列车运行至距前行 200～250 km/h 速度级动车组列车采用 B7 级制动停车距离加安全冗余距离时，前行 200～250 km/h 速度级动车组列车仍未在前方站侧线停妥或未及时回复，300～350 km/h 速度级动车组列车须立即停车。

5）后行 300～350 km/h 速度级动车组列车必须得到前行 200～250 km/h速度级动车组列车联控回复已停妥，并得到前行 200～250 km/h速度级动车组列车再次确认已停妥后方可继续行车。

（3）200～250 km/h 速度级动车组列车在 300～350 km/h 速度级动车组列车已通过后 1 min 时先发，之后另一列 300～350 km/h 速度级动车组列车后通间隔时间运行图参数测试的场景，须根据 200～250 km/h 速度级动车组列车和另一列 300～350 km/h 速度级动车组列车在前方有关站到发间隔时间、运行距离、运行速度、起停车附加时分等情况，计算好 200～250 km/h 速度级动车组列车和另一列 300～350 km/h 速度级动车组列车在本站的发通间隔时间以及在后方有关站的开车间隔时间等，以满足运行图参数测试要求。

（4）有关动车段（动车运用所）必须确保所有上线运行动车组列车制动性能良好。

（5）铁路局运输处需做好有关工作协调，以确保安全和完成任务；并做好对调度人员等应急处理的盯控工作，有关岗位人员须全过程做好行车盯控工作。

（6）遇有影响安全情况，司机须立即采取果断措施，宁可错停、不可盲行。

（7）在进行此复杂场景运行图参数测试前一天，须测试单位人员、运输组织人员、机务人员等全面细致进行并做好工作对接，明确场景内容、安全措施等工作事项。

（8）在进行此复杂场景运行图参数测试前一天，设备管理部门、单位须确保设备状态良好，并做好确认工作，以免影响次日测试工作及时进行和完成。

（9）在进行此复杂场景运行图参数测试时，须尽量少运用动车组列车。

7.4.3 故障模拟和应急救援演练行车安全基本要求

在进行故障模拟和应急救援演练时,宜运用尽量少的动车组列车做尽量多的故障模拟试验内容和应急救援演练试验内容。

7.4.4 按图行车试验行车安全基本要求

在进行按图行车试验时,宜从运用少量动车组列车逐步到运用大量动车组列车进行按图行车试验。

7.5 高速铁路运行试验运输组织工作

由测试单位提报每日高速铁路运行试验计划,确定后由高速铁路运行试验运输组织组发布每日高速铁路运行试验计划,运用有关铁路局配属的动车组等进行高速铁路运行试验工作。

(1)运行图参数测试

利用计划安排的时间进行运行图参数测试,全程运行时分及各区间运行时分、车站起停车附加时分运行图参数测试在高速铁路运行试验全区段进行,追踪列车间隔时间、中间站列车运行间隔时间和车站列车到、发间隔时间以及车站、入段(所)技术作业时间运行图参数测试可在高速铁路运行试验铁路局管内区段进行。需铁路局调度所安排在指定时间前准备好运行图参数测试需用列车,并在指定地点待令。

(2)故障模拟和应急救援演练

利用计划安排的时间进行故障模拟和应急救援演练,按《高速铁路运行试验大纲》在高速铁路运行试验有关铁路局管内区段组织进行,需安排两个铁路局配合进行跨局故障模拟和应急救援演练及自局故障模拟和应急救援演练,具体按《高速铁路运行试验实施方案》组织实施。

(3)按图行车试验

利用计划安排的时间可分阶段进行按图行车试验,有关铁路局根据动车组配属情况分阶段组织动车组上线,上线动车组由本局乘务担当。可前阶段编制运行试验初期运行图、后阶段编制运行试验模拟正式运行图,并按图行车。具体阶段宜先少对数开行列车(含确认车)、后多对数开行列车(含确认车)进行按图行车试验。

(4)在高速铁路运行试验期间,需加开其他试验列车时,由高速铁路运行试验运输组织组在每日高速铁路运行试验计划安排中明确;涉及跨局列车时,由高速铁路运行试验联系协调组协调一致后纳入每日高速铁路运行试验计划安排。

(5)在高速铁路运行试验期间,可安排动车组等列车进行负重情况下等运行试验,以检验列车区间运行时分、线路状态等情况。

7.6 高速铁路运行试验行车组织工作要求

(1)高速铁路运行试验按正式运营规章制度组织行车,在故障模拟和应急救援演练前,行车组织需全部切换到铁路局调度所进行。

(2)高速铁路运行试验行车组织工作坚持集中领导、统一指挥,在高速铁路运行试验现场指挥部的领导下,铁路局调度所负责高速铁路运行试验行车指挥工作,高速铁路运行试验段所有行车正式纳入调度集中统一指挥(根据实际情况采用分散自律模式或非常站控模式)。

(3)高速铁路运行试验期间,列车严格按点按线运行,遇设备故障等原因影响列车运行时,由列车调度员按非正常情况组织行车。

(4)高速铁路运行试验期间,列车运行按正式行车执行规章制度。严格执行《铁路技术管理规程》、《铁路客运专线技术管理办法(试行)》(300～350 km/h 部分)等规章制度。

(5)高速铁路运行试验期间,严格执行“行车不施工、施工不行车”等规定,各项施工按照《营业线施工安全管理办法》等进行管理,所有施工必须由设备管理单位按规定办理登销记手续。列车开行期间,沿途各站到发线禁止停留机车车辆;停止一切影响列车运行安全和设备使用的施工作业,禁止人员上道作业;禁止人员进入封闭网内,线路上不得遗留任何施工机具、物料、垃圾等。

(6)运行图参数测试、故障模拟和应急救援演练阶段的施工、维修作业时间原则上为当日运行试验结束后的指定时间段,每日运行试验结束后,需铁路局调度所安排设备管理单位等进行设备整治施工、维修作业。按图行车试验阶段,施工、维修作业天窗时间在列车运行图中明确,所有施工、维修作业均在天窗点内进行。

(7)高速铁路运行试验严格按照《高速铁路运行试验实施方案》组织

实施。列车运行计划由高速铁路运行试验运输组织组根据测试单位提交的高速铁路运行试验阶段计划或高速铁路运行试验日计划进行编制，严禁超批复的《高速铁路运行试验大纲》内容编制列车运行计划。次日计划宜在前一日12点以前下达给各有关部门、单位，列车调度员根据列车运行计划，编制调度日班计划和三、四小时调整计划并及时下达，有关车站按照铁路局调度所下达的计划办理接发列车作业。运行试验当天或运行试验过程中，需对列车运行计划进行临时调整时，以行车调度的命令、通知和下达的三、四小时调整计划为准。

(8)在运行图参数测试、故障模拟和应急救援演练阶段，需每日开行检测列车，检测列车编组可为：DF11型机车＋接触网检测车＋轨道检查车＋电务试验车＋DF11型机车，始发站、终到站间上、下行线运行，在条件具备的情况下，运行速度可为160 km/h；铁路局安全监察室，有关客运专线公司，有关机务段、动车段(动车运用所)、工务段、电务段、供电段等部门、单位派人添乘，添乘负责人可由铁路局安全监察室等胜任人员担当。在按图行车试验阶段，可将当日首趟动车组列车作为当日动车组列车开行的检查确认车，需铁路局工务处、电务处、供电处等设备管理部门和有关客运专线公司等部门、单位安排人员上车检查和确认条件，设备管理部门在铁路局调度所办理签认手续，在条件具备的情况下，运行速度可为300～350 km/h(200～250 km/h客货共线铁路可为200～250 km/h)，按检查确认车有关管理办法执行。

(9)有关动车组列车采用ATP控车运行。

(10)动车组列车等股道运用按计划执行，需变更时，列车调度员发布调度命令。

(11)测试单位需派人到高速铁路调度台进行运行图参数测试等高速铁路运行试验，列车调度员按测试单位要求组织行车。

(12)高速铁路运行试验行车过程中，前行列车因故减速或停车时，必须立即通知后行列车并及时报告列车调度员。

(13)铁路局调度所和沿线各站每天必须指派专人盯台，设备管理单位每天必须有人驻站值守，及时发现处理高速铁路运行试验过程中出现的问题。

(14)高速铁路运行试验动车组列车等运用和乘务员换班由铁路局调度所根据高速铁路运行试验方案纳入日班计划。有关机务段需提前安排机车乘务员做好高速铁路运行试验段的看道工作。

(15)高速铁路运行试验动车组列车等列车乘务员、随车机械师、乘警等人员根据实际情况配备。

(16)高速铁路运行试验动车组列车司机、列车长、随车机械师和车务应急值守人员(车站值班员)、车站客运值班员等应配备 GSM-R 手机。

(17)为确保具备良好的高速铁路运行试验条件,各设备管理单位等人员、设备等必须到岗到位,全面、细致、及时做好有关设备的养护、检查等工作,确保设备运用状态良好。

(18)为确保具有良好的高速铁路运行试验环境,铁路公安部门和施工单位等部门、单位须配备足够的治安保卫和安全防护力量,制定并落实切实有效的治安保卫措施和安全防护方案,防止施工和闲杂人员上道等问题发生,应对突发事件。

7.7　高速铁路运行试验行车组织具体工作

7.7.1　运行图参数测试行车组织具体工作

测试方案一:

(1)测试内容:300 km/h(或 350 km/h)、250 km/h 动车组全程运行时分及各区间运行时分,250 km/h 动车组追踪列车间隔时间。

(2)所需动车组:350 km/h、250 km/h 速度级动车组各 2 组或 350 km/h速度级动车组 4 组。

(3)测试计划:

1)第一组列车,最高运行速度 300 km/h(或 350 km/h);运行区段:始发站—终点站,2 个往返。

2)第二组列车,最高运行速度 300 km/h(或 350 km/h);运行区段:始发站—终点站,2 个往返。

3)第三组列车,最高运行速度 250 km/h。运行区段:始发站—终点站,1 个往返;始发站—中间站,1 个往返。

4)第四组列车,最高运行速度 250 km/h。运行区段:始发站—终点站,1 个往返;始发站—中间站,1 个往返。

其中,第三组列车与第四组列车在始发站—中间站间进行 5 min 追踪,均进中间站正向行别侧线;第三组列车与第四组列车在中间站—始发站间进行 8 min 追踪，均进始发站正向行别侧线。

(4)具体实施：在检测列车进行先行检查确认后，进行高速铁路运行试验段运行图参数测试。

1)6 对动车组列车在始发站至终点站间上、下行线运行，沿途各站正线正向通过，350 km/h 动车组列车运行速度为 300 km/h(或350 km/h)，250 km/h 动车组列车运行速度为 250 km/h。

2)2 对 250 km/h 动车组列车在始发站至中间站间上、下行线运行，沿途各站正线正向通过，运行速度 250 km/h。可在始发站不同股道始发时，进行始发站至中间站间 5min 追踪；可在中间站不同股道返回时，进行中间站至始发站间 8 min 追踪。

测试方案二：

(1)测试内容：300 km/h(或 350 km/h)动车组追踪列车间隔时间，250 km/h 动车组全程运行时分及各区间运行时分、追踪列车间隔时间。

(2)所需动车组：350 km/h、250 km/h 速度级动车组各 2 组或 350 km/h速度级动车组 4 组。

(3)测试计划：

1)第一组列车，最高运行速度 300 km/h(或 350 km/h)；运行区段：始发站—中间站，2 个往返。

2)第二组列车，最高运行速度 300 km/h(或 350 km/h)；运行区段：始发站—中间站，2 个往返。

其中，出发时可在始发站—中间站间进行 3 min 追踪，均进中间站正向行别侧线；可在中间站—中间站间进行 6 min 追踪，均进中间站反向行别侧线。返回时可在中间站—中间站间进行 3 min 追踪，均进中间站正向行别侧线；可在中间站—始发站间进行 3 min 追踪，均进始发站正向行别侧线。2 组列车各 2 个往返。

3)第三组列车，最高运行速度 250 km/h。运行区段：始发站—终点站，1 个往返；始发站—中间站，1 个往返。

4)第四组列车，最高运行速度 250 km/h。运行区段：始发站—终点站，1 个往返；始发站—中间站，1 个往返。

其中，在始发站—中间站往返期间，出发时可在始发站—中间站间进行 5 min 追踪，均进中间站正向行别侧线；返回时可在中间站—始发站间进行 5 min 追踪，均进始发站正向行别侧线。

(4)具体实施:在检测列车进行先行检查确认后,进行高速铁路运行试验段运行图参数测试。

1)4 对 350 km/h 动车组列车在始发站至中间站间上、下行线运行,沿途各站正线正向通过,运行速度 300 km/h(或 350 km/h)。可在始发站不同股道始发时,进行始发站至中间站间 3 min 追踪、中间站至中间站间 6 min 追踪;可在中间站不同股道返回时,进行中间站至中间站间 3 min追踪、中间站至始发站间 3min 追踪。

2)4 对 250 km/h 动车组列车在始发站至终点站、中间站间上、下行线运行,沿途各站正线正向通过,运行速度 250 km/h,进行 250 km/h 动车组全程运行时分及各区间运行时分、追踪列车间隔时间测试。其中,2 对 250 km/h 动车组列车在始发站至终点站间上、下行线运行,沿途各站正线正向通过,运行速度 250 km/h。2 对 250 km/h 动车组列车可在始发站不同股道始发时,进行始发站至中间站间 5 min 追踪;可在中间站不同股道返回时,进行中间站至始发站间 5 min 追踪。

测试方案三:

(1)测试内容:中间站列车运行间隔时间,始发终到站列车到、发间隔时间。

(2)所需动车组:350 km/h、250 km/h 速度级动车组各 2 组或 350 km/h速度级动车组 4 组。

(3)测试计划:

1)第一组列车,最高运行速度 300 km/h(或 350 km/h)。运行区段:始发站—中间站等,1 个往返;始发站—中间站,1 个往返。

2)第二组列车,最高运行速度 300 km/h(或 350 km/h)。运行区段:始发站—中间站等,1 个往返;始发站—中间站,1 个往返。

3)第三组列车,最高运行速度 250 km/h;运行区段:始发站—中间站等,1 个往返。

4)第四组列车,最高运行速度 250 km/h;运行区段:始发站—中间站等,1 个往返。

其中:

1)第一组列车与第二组列车在始发站出发间隔为 5 min 始发后,进行 300 km/h(或 350 km/h)动车组的中间站列车到通、通发、发通间隔时间测试。第一组列车始发后在前方指定的第一个中间站待避第二组列车，待第二组列车通过此前方指定的第一个中间站后，CTC 自动触发第一组列车发车进路后，第一组列车立即发车。第二组列车在前方指定的第三个中间站停车 1 min 后，发车运行至前方中间站等；第一组列车在前方指定的第二个中间站停车 3 min 后，发车并通过前方指定的第三个中间站运行至前方中间站等。

2)第三组列车与第四组列车在始发站出发间隔为 4 min 始发后，进行 250 km/h 动车组的中间站列车到通、通发、发通间隔时间测试。第三组列车始发后在前方指定的第一个中间站待避第四组列车，待第四组列车通过此前方指定的第一个中间站后，CTC 自动触发第三组列车发车进路后，第三组列车立即发车。第四组列车在前方指定的第三个中间站停车 1 min 后，发车运行至前方中间站等；第三组列车在前方指定的第二个中间站停车 6 min 后，发车并通过前方指定的第三个中间站运行至前方中间站等。

3)在第四组列车与第一组列车返回时，可在上述前方指定的第三个中间站进行 250 km/h 动车组列车待避 300 km/h(或 350 km/h)动车组列车的中间站列车到通、通发间隔时间测试，到通间隔时间按 2 min、通发间隔时间按 1 min 排图。

4)在第四组列车与第二组列车返回时，可在上述前方指定的第三个中间站进行 250 km/h 动车组列车先发、300 km/h(或 350 km/h)动车组列车后通间隔时间测试。发通间隔时间按有关动车组列车在前方指定的中间站等停车等进行计算和排图。

5)可在第二组列车返回始发站前 6 min，再次发出已经到达始发站的第一组列车，在始发站进行进路交叉情况下的先发后到间隔时间测试，按 6 min 排图。

6)第三组列车、第四组列车返回始发站时，可经停有关中间站。

7)在第一组列车再次返回到达始发站后，第二组列车立即再次发车，在始发站进行进路交叉情况下的先到后发间隔时间测试，按 0 min 排图。

(4)具体实施：在检测列车进行先行检查确认后，进行高速铁路运行试验段运行图参数测试。

1)在第四组列车与第一组列车由中间站等返回时，需计算好发车间隔时间等，以保证在上述前方指定的第三个中间站进行 250 km/h 动车组列车待避 300 km/h(或 350 km/h)动车组列车的中间站列车到通间隔时间为 2 min。

2)进行 250 km/h 动车组列车待避 300 km/h(或 350 km/h)动车组列车的中间站列车到通间隔时间 2 min 测试时，300 km/h(或 350 km/h)动车组列车在接近车站其 2 min 所行距离处所时，须及时呼叫前行 250 km/h动车组列车是否在站内停妥(保证 300 km/h〔或 350 km/h〕动车组列车在距车站其 2 min 所行距离时，前行 250 km/h 动车组列车刚好在车站侧线停妥)，前行 250 km/h 动车组列车须及时正确向 300 km/h(或 350 km/h)动车组列车反馈信息。

测试方案四：

(1)测试内容：300 km/h(或 350 km/h)、250 km/h 动车组列车的车站起停车附加时分。

(2)所需动车组：350 km/h、250 km/h 速度级动车组各 2 组或 350 km/h速度级动车组 4 组。

(3)测试计划：

1)第一组列车，最高运行速度 300 km/h(或 350 km/h)。运行区段：始发站—终点站，2 个往返；上、下行全程直达。

2)第二组列车，最高运行速度 300 km/h(或 350 km/h)。运行区段：始发站—终点站，2 个往返；至少 1 个往返上、下行全部车站站停。

3)第三组列车，最高运行速度 250 km/h。运行区段：始发站—终点站，2 个往返；上、下行全程直达。

4)第四组列车，最高运行速度 250 km/h。运行区段：始发站—终点站，2 个往返；至少 1 个往返上、下行全部车站站停。

(4)具体实施：在检测列车进行先行检查确认后，进行高速铁路运行试验段运行图参数测试。动车组列车在沿途各站站停时，在运行正向侧线股道到、开。

7.7.2　故障模拟和应急救援演练行车组织具体工作

(1)安排好故障模拟和应急救援演练时间、区段、列车、人员等。机车乘务由有关机务段担当，客运乘务由有关客运段担当，随车机械师由有关动车段(动车运用所)担当，乘警由有关铁路公安处担当。动车组列车机务、客运、车辆、公安等乘务人员按正式运营标准上岗。故障模拟和应急救援演练计划由铁路局调度所纳入日班计划。

(2)按照《高速铁路运行试验大纲》要求，进行故障模拟项目(含跨局项目)模拟和应急救援演练项目演练。并需对故障模拟和应急救援演练日期、车次、运行区段、内容、地点(车站、区间)等进行逐一计划安排；对处理流程中车次和运行区间、故障设置和应急救援场景设置内容、关键流程内容和列车调度员及车站、机务、电务、工务、车辆等作业岗位作业内容等进行逐一明确。

(3)行车事项

1)动车组列车等运行按《铁路客运专线技术管理办法(试行)》(300～350 km/h 部分)等文件规定执行。

2)故障模拟和应急救援演练严格按方案要求组织，故障模拟和应急救援演练列车运行组织由故障模拟和应急救援演练列车车上添乘负责人负责，发车前由故障模拟和应急救援演练列车车上添乘负责人指定人员确认参加故障模拟和应急救援演练人员上车完毕后，通知关闭车门，司机根据故障模拟和应急救援演练列车车上添乘负责人的要求开车。

3)故障模拟和应急救援演练列车运行前方和后方区间，按站间间隔掌握行车。

4)铁路局调度所和各站要认真掌握各次列车运行状况，按计划排列接发车进路、开放信号，保证故障模拟和应急救援演练项目按计划进行。

5)铁路公安部门需安排力量，保证运用动车组列车等进行故障模拟和应急救援演练期间安全。

6)列车调度员应根据故障模拟和应急救援演练方案，及时下达有关调度命令、指示，有关车站应严格按计划办理接发列车、调车等作业。

7)故障模拟和应急救援演练期间，高速铁路运行试验段各项施工必须在指定时间前结束，各设备管理单位和施工单位等确认施工人员、工具、机具、物料等全部撤离、清除完毕，线路、道岔、信号、联锁、闭塞、接触网设备等运用状态良好，建筑限界满足要求，接触网已送电，具备行车条件后，车站组织各设备管理单位等进行联合检查，在《行车设备检查登记簿》上签认完毕后，车务应急值守人员(车站值班员)在指定时间前向铁路局调度所高速铁路调度台汇报。

8)进行动车组列车救援演练时，被救援动车组列车的随车机械师必须在距离被救援动车组列车 300 m 处进行防护。

(4)有关要求

1)各单位需高度重视故障模拟和应急救援演练工作,采取强有力的组织措施,确保线路、供电、动车组、列控与通信信号等各种设备的养护和质量,做好现场管理、制度管理、施工管理、安全环境、行车组织和调度指挥等工作。

2)各单位需提前做好准备,提前对故障模拟和应急救援演练项目细化处理措施;在故障模拟和应急救援演练过程中严格按规定程序进行处理,有关车务段(车站)和有关工务段、电务段、供电段、通信段等派专业管理人员到各站上岗盯控。由于故障模拟和应急救援演练是在非预知的情况下进行,因此,要求各单位参加故障模拟和应急救援演练人员、机具等提前准备到位,处于待令状态,确保能按故障模拟和应急救援演练需要随时出动。非故障模拟和应急救援演练人员严禁上车。

3)铁路局有关部门和各有关车务段(车站)、机务段、工务段、电务段、供电段、通信段、动车段(动车运用所)、客运段及铁路公安处等必须安排专业管理人员添乘;铁路局调度所安排副主任盯台;测试单位安排专业技术人员添乘。铁路局有关部门添乘人员须对本专业现场作业情况进行写实,原则上不参与具体作业。对每项故障模拟和应急救援演练项目,添乘专业管理人员确认本专业所负责的工作作业完毕后,均须向故障模拟和应急救援演练列车添乘负责人报告。

4)有关动车段(动车运用所)等需提前对有关动车组列车等进行检查整备,确保运用状态良好。

5)各参加故障模拟和应急救援演练的单位和人员均需服从领导,并严格按照故障模拟和应急救援演练方案组织实施。参加故障模拟和应急救援演练人员严格按规定爱护车辆等设备设施,避免人为对动车组列车等设备设施的损坏。动车组列车车内严禁吸烟。

6)各单位(部门)指定专人负责人员、机具、物料等清点,上、下车均须点清人数等,开车前确认,不得遗漏人员、机具、物料等。

7)故障模拟和应急救援演练过程中,必须确保前行列车、后行列车、地面三者之间的通信联系。有关机务段、动车段(动车运用所)在指定时间前将担当故障模拟和应急救援演练列车的司机、随车机械师使用的GSM-R 手机电话号码报铁路局高速铁路调度台。

8)铁路局有关部门对故障模拟和应急救援演练情况以书面报告形式在指定时间前报至铁路局运输处。

(5)一般可运用1～2组动车组列车多日进行并完成故障模拟和应急救援演练项目。

7.7.3 按图行车试验行车组织具体工作

在运行图参数测试、故障模拟和应急救援演练完成后，具体进行按图行车试验。可先进行少对数列车的按图行车试验，后进行多对数列车、满图列车的按图行车试验(含跨线、跨局动车组列车)。按图行车试验期间，调度、作业、维修、施工等必须一切按正常运营进行，每个岗位必须按标准作业。

7.8 高速铁路运行试验需统筹做好的有关工作

7.8.1 做好有关问题整改工作

各有关单位、部门需对静态验收发现问题和静态验收专家评审提出问题、动态验收发现问题和动态验收专家评审提出问题、初步验收发现问题、安全评估发现问题、运行试验发现问题及其他未整改销号问题等问题按工作职责分工，及时做好研究解决工作。对暂时不能及时整改、解决的问题，必须采取经铁路局同意的切实可靠的过渡、防控措施。在影响运营安全的问题整改完毕或采取有效安全措施后，有关铁路局向上级提出开通运营申请。

7.8.2 做好设备精调精整、收尾施工等工作

在高速铁路正式开通运营前，有关单位、部门需抓紧时间精心组织做好设备精调精整、收尾施工等工作。

7.8.3 做好集中整治工作

在高速铁路正式开通运营前，可安排几天时间停止高速铁路运行试验，把需要白天上线、停运上线等进行整治的工作集中整治完毕。

7.8.4 做好动车组有关工作

在高速铁路正式开通运营前，有关铁路局须提前做好新交付动车组的接车、试运行、设备保养等工作；同时，需安排做好正式开通运营后动车

组运用维护工作，确保动车组运用状态良好。

7.8.5　做好高速铁路运营各项准备工作

铁路局有关部门须督促有关单位全面、细致、及时做好高速铁路运营各项准备工作。

7.8.6　做好有关制度措施制定落实工作

各专业规章制度须细化、补充、完善到位，规章制度须做到科学、严密、全面。各站段规章制度须有针对性；须做到抓住规章制度、工作流程、有关标准三个重点和安全措施、应急办法两个关键。有关制度、措施、办法和管理等，必须在现场得到全面认真落实。

7.8.7　做好应急准备安排工作

在高速铁路正式开通运营前，有关铁路局需提前切实做好正式开通运营后应急准备工作，要充分利用各种资源，针对设备故障、列车晚点、天气不良等情况，制定切实有效的应急预案，做到人员、机具、备件等应急有备，救援人员、机具、器材和备品备件等现场须备用到位，有针对性地提高各专业应急处理能力。可安排铁路局车务、机务、车辆、工务、电务、供电等有关部门、单位人员在铁路局调度所集中办公，以利一旦发生问题迅速解决。

7.8.8　做好共同保障安排工作

在高速铁路正式开通运营前，有关客运专线公司、有关铁路局需提前安排做好正式开通运营后施工单位、集成商等单位设备保障、技术支持和人员值守等共同保障工作。

7.8.9　做好净化安全环境工作

在高速铁路正式开通运营前，有关铁路局、铁路公安部门需安排做好线路安全防护、爱路护路教育等净化安全环境工作。

7.8.10　做好联调联试及运行试验报告编写工作

测试单位需会同有关铁路局和有关客运专线公司等单位，在高速铁路联调联试及运行试验结束后，及时完成高速铁路联调联试及运行试验报告的编写工作，并提交给有关铁路局和有关客运专线公司等，报上级备案。

7.8.11 做好有关交通衔接工作

在高速铁路正式开通运营前，有关铁路局需提前做好正式开通运营后高速铁路列车运行图与地方公共交通运输的衔接工作，做到公交衔接、换乘组织、客流疏解、广场使用等科学、合理，保证旅客来去快捷、方便。

后　　记

高速铁路联调联试及运行试验工作，需要在上级的正确领导下，在有关铁路局、客运专线公司、测试单位等共同努力下，通过联调联试现场指挥部积极进行科学指挥、周密安排、精心调试，努力做到计划科学、组织严谨、保证安全、工作高效、内容全面、方法正确、完成及时、质量可靠，努力实现确保安全、有序进行、如期完成；通过有关客运专线公司、参建单位和铁路局工务处、电务处、供电处及有关站段等部门、单位精调精整、消除缺陷、保证质量，以及铁路局运输处、机务处、车辆处、安全监察室、总工程师室和有关站段等部门、单位认真、高效、有力工作；通过测试单位等精心安排调试计划、密切协作配合、全面细致检测；通过铁路公安人员严防固守、保证环境；通过有关铁路局积极配合支持；通过广大参试人员的团结一致、共同努力，高速铁路联调联试及运行试验工作才能按照《高速铁路联调联试及运行试验大纲》既定内容圆满完成。

在高速铁路联调联试及运行试验工作完成后，开通运营工作等大量艰苦细致的后续工作需要继续做好，需要有关单位、部门继续积极共同努力、认真按规做好工作。我们坚信，有中国铁路人的共同努力，中国高速铁路一定能建设好、调试好、运营好、发展好。

在本书的编著过程中，为保证内容的完整性、系统性，参考了有关高速铁路联调联试及运行试验大纲等资料，并得到了很多同仁的热心帮助和积极支持，在此一并致以诚挚谢意。

参考文献

[1]《高速铁路联调联试及运行试验实施细则》(铁总办〔2013〕107 号).

[2]《关于认真做好高速铁路和客运专线铁路联调联试前提条件件有关工作要求的通知》(铁建设〔2010〕67 号).

[3] 铁道部关于印发《高速铁路联调联试有关问题会议纪要》的通知(铁建设函〔2012〕939 号).

[4]《石武客运专线郑武段联调联试及动态检测大纲(V4.0)》(中国铁道科学研究院〔高速铁路系统试验国家工程实验室〕郑州铁路局 武汉铁路局 京广铁路客运专线河南有限责任公司 武广铁路客运专线有限责任公司 2012 年 5 月).

[5]《石武客运专线郑武段运行试验大纲(V4.0)》(中国铁道科学研究院〔高速铁路系统试验国家工程实验室〕郑州铁路局 武汉铁路局 京广铁路客运专线河南有限责任公司 武广铁路客运专线有限责任公司 2012 年 5 月).

[6]《武广客运专线联调联试及试运行大纲》(中国铁道科学研究院〔高速铁路系统试验国家工程实验室〕武汉铁路局 广州铁路集团公司 武广铁路客运专线有限责任公司 2009 年 5 月).

[7]《合武铁路联调联试及检测试验大纲》(中国铁道科学研究院 武汉铁路局 上海铁路局 沪汉蓉铁路湖北公司 合武铁路安徽公司 2008 年 10 月).

[8]《汉宜铁路联调联试及动态检测试验大纲》(中国铁道科学研究院〔高速铁路系统试验国家工程实验室〕武汉铁路局 沪汉蓉铁路湖北有限责任公司 2012 年 2 月).

[9]《汉宜铁路运行试验大纲》(中国铁道科学研究院〔高速铁路系统试验国家工程实验室〕武汉铁路局 沪汉蓉铁路湖北有限责任公司 2012 年 2 月).

[10] 关于印发《新建客运专线使用综合检测列车试验运行技术条件》的通知(运技综合〔2009〕96 号).

[11] 关于印发《石武客运专线郑武段联调联试及动态检测实施方案》的通知(武铁总函〔2012〕404 号).

[12] 关于印发《汉宜铁路联调联试动态检测运行试验实施方案》的通知(武铁总函〔2012〕143 号).

[13] 关于印发《京广高速铁路许昌东至武汉站联调联试、试运行期间施工组织规定》的通知(武铁总函〔2012〕409 号).

[14] 关于印发《汉宜铁路联调联试、试运行期施工组织规定》的通知(武铁总函〔2012〕14 号).

[15]《关于石武客运专线郑武段联调联试及动态检测试验期间现场施工管理"十

二必须十二杜绝”的通知》(武铁总电〔2012〕239 号).
[16] 《关于石武客专联调联试期间轨道车等自轮运转特种设备临时行车办法》(武汉铁路局运输处 2012 年 6 月 15 日).
[17] 关于印发《汉宜铁路联调联试及检测试验期间安全保障措施和应急救援预案》的通知(武铁安〔2011〕247 号).
[18] 关于印发《石武客运专线联调联试及动态检测期间安全保障措施》的通知(武铁安函〔2012〕420 号).
[19] 关于印发《京广高速铁路许昌东至武汉站联调联试及运行试验期间行车有关规定》的通知(武铁总函〔2012〕421 号).
[20] 关于印发《汉宜铁路联调联试及运行试验期间行车有关规定》的通知(武铁总函〔2012〕76 号).
[21] 关于印发《京广高速铁路许昌东至武汉站联调联试、动态检测及运行试验期间运输组织方案》的通知(武铁运函〔2012〕481 号).
[22] 关于印发《汉宜铁路联调联试、动态检测及运行试验期间运输组织方案》的通知(武铁运函〔2012〕240 号).
[23] 《关于公布每日石武客专武汉高速场至许昌东间联调联试及动态检测试验有关事项的通知》(石武客专联调联试现场指挥部).
[24] 《关于公布每日汉宜线联调联试及动态检测试验有关事项的通知》(汉宜铁路联调联试现场指挥部).
[25] 《武汉天兴洲公铁两用长江大桥通车鉴定试验方案》(中铁大桥局集团武汉桥梁科学研究院有限公司 2008.7.6).
[26] 《关于石武客专天兴洲大桥桥梁试验实施方案》(武汉铁路局建设处 2012 年 6 月 16 日).
[27] 《新建铁路石家庄至武汉客运专线四电系统集成工程接触网短路试验方案(武汉局管段)》(石武客专联调联试现场指挥部 2012 年 6 月).
[28] 《石武铁路郑武段信号系统联调联试武汉～许昌东动态检测及验证试验计划》(中国铁道科学研究院 高速铁路系统试验国家工程实验室 2012 年 7 月).
[29] 《石武客运专线郑武段(许昌东～武汉)阶段联调联试有关问题整改建议》(中国铁道科学研究院〔高速铁路系统试验国家工程实验室〕2012 年 7 月 28 日).
[30] 《武广客运专线武汉站高速场信号系统升级改造动态监测试验大纲》(中国铁道科学研究院通信信号研究所 武广铁路客运专线有限责任公司 2012 年 8 月).
[31] 《关于公布每日武汉高速场至乌龙泉东间等信号施工及动态检测试验有关事

项的通知》(武汉铁路局电务处).

[32] 《京石武客运专线列控系统 ITC 试验测试大纲(武汉～许昌东段)》(文件编号:JSW－ITC－01(V2.0)中国铁建电气化局 2012 年 6 月 20 日).

[33] 《武汉铁路局石武客专郑武段运行试验实施方案》(武铁运函〔2012〕707 号).

[34] 《铁道部办公厅关于明确铁路新线竣工开通前有关工作程序的通知》(铁办办〔2012〕51 号).

[35] 高速铁路联调联试及运行试验其他有关资料.